検証 繁栄と混迷の戦後70年

日本と国際社会の歩み

時事通信社　編著

はじめに　～繁栄・混迷の70年を検証

１９４５年8月、日本の敗戦によって第2次世界大戦が終結してから、２０１５年夏で70年を迎える。戦後、日本は焦土からの目覚ましい復興を果たし、「平和国家」を掲げて、世界の経済大国へと繁栄を成し遂げた。しかし、バブル崩壊以降は、政治・経済の混迷によって社会には閉塞《へいそく》感が重くのしかかり、冷戦終結後の世界情勢激変の中で、国際的な地位も危うさを増している。本企画では、この間のそれぞれの時代を画した出来事、時代を貫くテーマを取り上げ、証言者の生の声を織り交ぜながら、改めて戦後の日本・国際社会の歩みを検証する。

「戦後70年に寄せて」
——ドナルド・キーン

ドナルド・キーン

1922年、米ニューヨーク市生まれ。38年、16歳でコロンビア大に入学。在学時に「源氏物語」の英訳を読み、日本文学に関心を持つ。43年海軍語学学校を卒業し、ハワイなどで日本語の翻訳、通訳を担当。アッツ島攻撃や沖縄戦にも従軍した。終戦後、コロンビア大大学院、ケンブリッジ大を経て、53年京都大大学院に留学。現在コロンビア大名誉教授。日本文学や文化の研究、紹介に尽くし、08年文化勲章受章。11年の東日本大震災をきっかけに永住を決意し、12年に日本国籍を取得した。「日本文学の歴史」「明治天皇」など著書多数。93歳

93歳になった私は、残念ながら戦争のことを忘れられる日は少ない。アメリカ海軍の情報将校として日本語を覚えたこと以外に、戦争について楽しい記憶は全くない。

太平洋戦争は軍人対軍人のような昔の戦争と

70年前からこれまで戦死した日本人は一人もいない。これ自体は極めて喜ぶべきことであるが、実際に戦争体験のある人が大変少なくなったため、戦争の悲惨さに恐れを感じない日本人が多くなったようで非常に危険なことだと思っている。

違っていたので、戦争と関係のない、そして罪のない、おびただしい数の民間人が命を落とした。 こともあろうに軍部はそのような死を美化した。サイパンや沖縄でアメリカ軍が捕虜になった女性を強姦《ごうかん》するという嘘《うそ》を広め、それを信じた女性が小さい子供をおぶって崖の上から身を投げた。当時の日本の新聞は、このような女性を英雄として褒めたたえた。犠牲者の家族や友人を慰めるためなら理解できるが、むしろこのような犠牲者の数を増やしたいとさえ思っていたかのようである。

生きて捕虜になることは恥だと教えられたため、アメリカ軍と激しく戦ったアリューシャン列島のアッツ島で、日本兵は最後の手りゅう弾を敵に対して投げるのではなく、自分の胸に打ち付けて自爆した。これが後々、方々の島で玉砕の模範となった。沖縄に比較的捕虜が多かったのは、日本兵が大本営のでたらめな発表を信じなくなったからだろう。

捕虜の大部分は生きて日本には帰れないと思っていた。私は「新しい日本のために帰ってください」と説得したが、納得する人はまれだった。家族が〝恥〟を許さないと思っていたのだろう。しかし戦後家に帰った時、皆、家族に大歓迎された。

戦争が終わったとたん、お互いの敵愾《がい》心はなくなった。一握りの軍人は戦争を続けようとしたが、敗戦を受け入れ、終戦を喜んだ人が圧倒的だった。アメリカ軍の占領が始まる前から言論の自由は既に戻り始めていた。親交のあった作家の高見順は生まれて初めて自由を感じたという。またアメリカ軍が上陸した後も日米間の摩擦や事件は起こらなかったし、むしろ親しく付き合うようになった。

そして、現在の私から見ると、毎年8月15日は敗北や追悼の日であることは確かだが、新しい日本が生まれた日として人々の心に刻まれているようだ。

私は1945年の終戦直後、中国に派遣されたが、その年の12月の命令によって元の本部に戻ることになった。元の本部はハワイのホノルルにあり飛行機で向かった。しかし飛行機が上海から経由地の厚木に到着した時、私は目的地が横須賀にあるかのように偽って、思い切って途中で降り、日本の土を踏んだ。嘘が発見されたら困ると分かってはいたが、どうしても日本を見たかった。厚木から東京までの風景は相当荒廃していた。東京の市街地に入ると建物は遠くからは壊れていないように見えたが、実際は破壊され、ひどいありさまだった。

しかし、言葉を交わした人たちに緊張感はなく、皆驚くほど親切だった。床屋さんに入ってひげをそった。後で、かみそりで敵だった私の喉を切ることだってできたのにと気が付いたが、何の不安もなかった。戦争が終わったのはたった4カ月前だったが、悪夢から覚醒したようだった。床屋さんはもう間違いなく友達だった。

沖縄戦

太平洋戦争末期、沖縄で戦われた国内最大の地上戦。1945年4月1日、米軍は沖縄本島に上陸したが、日本軍は本土決戦まで時間を稼ぐため、県民や学徒を動員した持久戦で臨んだ。西海岸から島内に入った米軍は、日本軍を南部に追い詰めて猛爆撃。中部と南部は焦土と化した。6月23日に日本軍司令官が自決するまで続いた約3カ月間の組織的戦闘で、県民の4人に1人が死亡したとされ、死者数は民間人と日米両軍で計20万人に上った。住民の集団自決、ひめゆり学徒隊の悲劇などが広く知られている。

アッツ島玉砕

日本軍は1942年6月、米国アリューシャン列島アッツ島を占領し、守備隊約2600人を配備。これに対し、米軍は43年5月12日、1万人以上の兵力で上陸を開始した。島周辺は米艦隊に取り囲まれ日本軍は増派を断念。守備隊は20日間近い戦闘の末、最後の突撃を敢行しほぼ全滅した。大本営は発表で、悲惨な死を招いた戦闘を美化し、玉（宝石）のように美しく砕け散る「玉砕」という言葉を初めて使ったとされる。アッツ島は北極近くのベーリング海に面する小島で、第2次大戦中、北米で唯一地上戦が行われた。

出版にあたって

2015年8月15日の皇居周辺の最高気温は33・1度と、70年前のあの日とそう変わらない最高気温でした。地球温暖化による異常気象に慣れてしまったからでしょうか。今の感覚では、この程度では酷暑とは言わない感じがします。しかし、70年前の体感温度はきっとこの比ではなく、もっともっと暑かったに違いありません。ポツダム宣言を受諾する玉音放送。もちろん、リアルに聴いているはずがありません。が、わたしには蝉が激しく鳴き、吹き出す汗をぬぐうこともせず、ただ、ラジオの前で頭を垂れる、声の主の重苦しい言葉が響くにつれ、ぎんぎんぎらぎらだった日差しが、だんだん白くなっていく…そんな光景が浮かんでくるのです。

この年、安倍内閣は安全保障政策の大転換を図りました。集団的自衛権の行使を限定的に認め、自衛隊の海外活動を広げる法律を成立させたのです。終戦記念日の前日には、安倍晋三首相自身が「戦後70年談話」を発表しました。

日本はいまもなお中国、韓国、ロシアとの間で領土問題を抱え、北朝鮮とは国交もありません。歴史認識が政治・外交問題化することが常態化しています。首相の歴史認識というものが、国内政治のみならず近隣外交を大きく左右する現実がそこにあり、地域の安定までも脅かすことがあるわけですから、それはそれとしてきちんと直視していかなければなりません。起きている事象を冷静に判断し、正確に伝えることが通信社としての責務です。

実に2015年の1年間、時事通信が配信した記事のうち「歴史認識」という言葉を含む記事は、370本近くに上りました。誤解を恐れずに言えば、こうした問題を取材する上で大事なことは、歴史認識に絶対的なものはないこと、そして「歴史は利用される」ということを、深く正しく認識していることではなかろうかと思っています。だから、「不戦の誓い」を立てた日本の戦後の歩みを今一度見詰め直し、今日の視点を交え多面的に検証することが必要と考えたのでした。

この企画が持ち上がったのは、２０１４年のことです。総人口に占める戦後生まれの割合が8割を超えたのが、この年でした。確実に戦争を知る世代は少なくなり、戦後復興を担った人々も高齢化していく。そうだとすれば「戦後80年」を待っていてはできなくなることを、今やらなければ…そんな意識が芽生えてきたのです。

この70年の歩みの中で、エポックメーキングな出来事や事象をとらえ、できるだけそれらに関わった人にインタビューを試みたのも、そのためでした。きっと読んでいただければ、自分の生き様や生き方、もっと大げさに言えば、自分史との重なりを見いだすのではないでしょうか。そこまでを第一部とすれば、第二部は文字通り「戦場体験者インタビュー」です。戦争の醜さ、悲惨さを頭の中では分かってはいても、実際にそれを体験した方々の生の声は、圧倒的な迫力、具体性をもって迫ってきます。

ふと、考えたことがあります。１９４５年を起点にして、この70年を振り返っているわけですが、では１９４５年から70年前はどういう時代だったのか。１８７５年は明治8年です。明治維新からの近代化の歩みは、まだまだ始まったばかりであり、ようやくその10年後に初代内閣総理大臣・伊藤博文を首班とする内閣が発足します。明治政府が急いだ近代化・西洋化は、急ぎすぎたがゆえに独善的な傾向を強めていったのでしょう。１９２０年創設の国際連盟で常任理事国を務めるという一つの結実点に達しながら、その後、日本は決定的に針路を誤ります。

国際社会から孤立し、悲惨な戦争へと突き進んでいきます。1945年は起点ではなく、そこに至る過程があっての1945年であり、その連続性に「今」を洞察していく眼もあるのだと思うのです。

決して私たちが忘れてはならないのは、巻頭文を寄せていただいたドナルド・キーン氏の太平洋戦争末期のことに触れた一文です。米軍の捕虜になることを恐れ、小さい子供をおぶって崖から身を投げた女性を「当時の日本の新聞は、英雄として褒めたたえた」。敗戦に至るまでの過程は、マスコミが本来持つべきジャーナリズムを捨てていった過程でもあるのです。

これから「平成生まれ」の記者が主流となっていきます。この企画はベテランからそれこそ入社数年の若手まで、多くの記者が携わりました。私たちがとらえ直した戦後の歩みを広く知ってもらうと同時に、企画を通じて得たものをこれからの取材に役立てていくことが、次の世代につなぐ責務でもあると考え、出版化しました。

最後になりましたが、快く取材に応じてくださった方々、とりわけ高齢をおして戦争体験を証言してくださった方々に、この場を借りて深く感謝申し上げます。全体の企画のとりまとめは当時の編集局総務・皆川毅が当たり、出版に当たっては編集局次長・服部健司が調整し、同総務・小林治彦がサポートしました。時事通信出版局をはじめ、協力してくださった多くの社僚に感謝します。

2016年3月

時事通信社　取締役編集局長　渡邊 祐司

検証
繁栄と混迷の戦後70年
日本と国際社会の歩み

目次

はじめに　～繁栄・混迷の70年を検証 …… 01

「戦後70年に寄せて」　ドナルド・キーン …… 02

出版にあたって …… 05

Part 1　岐路に立つ通貨「円」 …… 14
配信　2015年3月23日

円高におびえた日本　＝固定相場で復興、変動に翻弄＝　14

インタビュー／野口悠紀雄・早大ファイナンス総合研究所顧問　16

地盤沈下する「円」＝再浮上、経済再生がカギ＝　18

インタビュー／行天豊雄・国際通貨研究所理事長　20

Part 2　冷戦終結と新たな戦争 …… 22
配信　2015年3月23日

信頼勝ち得た戦後対応　＝ドイツ、欧州率いる立場に＝　22

「戦勝」今も愛国心の要　＝欧米と新冷戦のロシア＝　25

「力の限界」に直面　＝使命と現実のはざまで苦悩―米＝　27

Part 3　日米安保と国際貢献 …… 30
配信　2015年3月23日

緩む9条の歯止め　＝自衛隊「専守」から海外へ＝　30

インタビュー／柳沢協二・元官房副長官補　33

台頭中国、日米動かす　＝同盟の変質進む＝　34

インタビュー／森本敏・元防衛相　36

70年の不平等にノー　＝政治家2人の「足跡」―沖縄＝　38

Part 4　日本国憲法と政治 …… 42
配信　2015年4月13日

極秘で起草、徹夜の議論　＝敗戦が生んだ「革命」憲法＝　42

国民投票法、難産の末に　＝改憲手続き、60年の空白＝　46

© 梶原一騎・川崎のぼる／講談社

インタビュー／中山太郎・元外相 49
インタビュー／枝野幸男・民主党幹事長 50
たそがれる護憲 ＝社民弱体化で失速＝ 52
首相、集団的自衛権に執念 ＝「限定なし」視野、祖父の影濃く＝ 55
配信 2015年4月27日

Part 5 ものづくり企業の盛衰 …… 58
「奇跡の復興」支えた鉄鋼業 ＝技術力で大競争時代に挑む＝ 58
インタビュー／今井敬・新日鉄住金名誉会長 61
もがく世界のソニー ＝「革新」の主役アップルに＝ 62
インタビュー／出井伸之・元ソニー社長 65
インタビュー／前刀禎明・元アップル副社長 66
自動車社会をけん引 ＝続くカイゼンと挑戦─トヨタ＝ 67
インタビュー／布垣直昭・トヨタ博物館館長 70
配信 2015年4月27日

Part 6 経済成長と環境保護 …… 72
水俣病との闘い、今も ＝企業城下町襲った「奇病」＝ 72
公害克服へ危機感共有 ＝自治体の圧力で対策加速＝ 75
インタビュー／尾田栄章・元建設省河川局長 79
待ったなしの温暖化対策 ＝期待かかる市民参加＝ 81
配信 2015年4月27日

Part 7 変わる庶民の暮らしと文化 …… 84
進んだコメ離れ ＝栄養改善、食生活は多様化＝ 84
都会に「団地族」 ＝核家族の拠点、超高齢化へ＝ 87
高度成長と「スポ根」 ＝東京五輪で「なせば成る」流行＝ 90
インタビュー／夏目房之介・漫画コラムニスト 93
広がる「カワイイ」 ＝少女文化と女性の社会進出＝ 95
インタビュー／山口裕子・サンリオデザイナー 98
配信 2015年4月27日

Part 8　日本経済を映す株式市場 …… 100

日本中が酔ったバブル ＝リスク見失った株式市場＝ 100
インタビュー／稲野和利・日本証券業協会会長 103
再生懸けたビッグバン ＝「貯蓄から投資へ」道半ば＝ 105
インタビュー／新芝宏之・岡三証券グループ社長 108

配信　2015年5月25日

Part 9　少子高齢化と社会保障 …… 110

国民皆保険・年金が実現＝付きまとう財源問題＝ 110
介護・子育ての支援強化＝担い手不足、地域に期待＝ 113
論争続き、改革後手に＝放置できない世代間格差＝ 117

配信　2015年5月25日

Part 10　被害を乗り越え、安全な暮らしへ　～列島を襲った事故・災害 …… 120

減災進め「縮災」社会に＝復旧期間短縮へ取り組み＝　―二つの大震災教訓踏まえ― 120
インタビュー／河田恵昭・関西大教授 122
未曽有の被害、防災の転換点＝温暖化で危機今も＝　―59年の伊勢湾台風― 124
インタビュー／片田敏孝・群馬大院教授 126
調査委、段階的に充実＝公共交通の安全、試行錯誤＝　―被害者支援策も充実進む― 128

配信　2015年5月25日

Part 11　戦後スポーツの軌跡 …… 132

「トビウオ」焦土の国激励＝ボクシングでも世界王者＝ 132
孤独な英雄、大鵬＝高度成長期に咲いた大輪＝ 135
世界へ先駆者登場＝樋口、青木が活躍＝ 137
こじ開けた世界への扉＝2人の異端児、野茂と中田＝ 140
頂点迫るヒーロー誕生＝20年五輪で変われるか＝ 143

配信　2015年6月22日

Part 12　地方自治の流れ …… 146

日常生活、営々と支える＝社会変えた条例も＝　―自治体の役割と施策― 146
時代と地域に応じた個性＝異なるリーダーシップ＝　―首長、住民の直接選挙に― 149

中央集権から分権へ＝市町村、平成の大合併＝―現在は「地方創生」―152

配信　2015年6月22日

Part 13　戦後70年、平和への祈り　～皇室の70年 …… 156

「現人神」から「人間」へ＝戦後巡幸で国民と向き合い＝―訪沖希望、病で幻に・昭和天皇―156

テニスコートで運命の出会い＝陛下の電話が心動かす＝―国民との距離縮めたご成婚―159

平成の皇室「国民と共に」＝床に膝つき、被災者と対話＝―戦後の節目に「慰霊の旅」―161

配信　2015年7月13日

Part 14　日中韓、国交正常化と緊張 …… 166

日中、民間貿易が橋渡し＝日韓接近は米が要求＝―正常化交渉―166

インタビュー／小倉和夫・元駐韓大使　170

インタビュー／姜尚中・東大名誉教授　171

火種解消の知恵生まれず＝「尖閣」で続く対立―日中＝173

インタビュー／藤村修・元官房長官　177

インタビュー／程永華・駐日中国大使　179

相互不信の連鎖深刻―日韓＝慰安婦問題、遠い解決＝181

インタビュー／朴裕河・世宗大教授　183

インタビュー／武藤正敏・前駐韓大使　185

尾を引く強制連行問題＝民間レベルで「解決」模索―中国＝186

経済優先、補償置き去り＝「恨み」残した植民地清算―韓国＝189

配信　2015年7月13日

Part 15　日米通商摩擦と国際経済の動乱 …… 192

通商摩擦、大国への道で激化＝「繊維」「自動車」輸出規制で対応＝192

米、対日赤字解消へ強腰外交＝制裁視野に市場開放迫る＝―スーパー301条と構造協議―194

オイルショックが直撃＝トイレットペーパー買い占め＝―産業構造高度化への転機に―197

配信　2015年7月27日

Part 16　社会を襲った事件、テロ　～戦後の凶悪犯罪、疑獄事件 …… 200

後絶たぬ猟奇事件＝増える劇場型、無差別も＝―犯罪被害者保護に光―200

オウム暴走、未曽有のテロ＝閉塞感で若者過激化も＝―警察、捜査出遅れ教訓―203

丸の内で無差別殺りくテロ＝容疑者逃亡中、「事件終わらず」＝―三菱重工爆破・警視庁― 205
インタビュー／佐々淳行・元内閣安全保障室長 208
「最強神話」にかげり＝輝き失う特捜部＝―疑獄摘発も、不祥事機に― 209
インタビュー／宗像紀夫・元特捜部長 212

Part 17 生活支えた社会資本 配信2015年7月27日 214
縮んだ領土の礎に＝全国総合開発計画とリンク＝―災害との闘いも・社会資本整備― 214
成長勢いづけた「夢の超特急」＝外国の鉄道発展にも寄与＝―新幹線、並行在来線の問題も― 217
住宅政策「3本柱」で＝団地、高度成長の原点＝―現在は既存ストック活用へ― 220

Part 18 女性の社会進出 配信2015年7月27日 224
「女性は家庭」、根強く＝高度成長期に固定化＝―仕事の継続、課題山積― 224
企業で働く、険しい道のり＝性別分業が最大の壁＝―職場や男性の意識に変化も― 227
インタビュー／今野由梨・起業家 229
専門職の世界にも変革＝急増する女性医師＝―両立支援が課題― 231

Part 19 女が語る ～戦後70年 配信2015年7月27日 234
女性を時代の犠牲にさせない＝「戦争の事実、後世に」―医師・野末悦子さん＝ 234
「陰」を想像できる力を＝児童文学作家・あまんきみこさん＝ 236
戦中の思想統制思い出す＝職場の性差別にも物言い―評論家・樋口恵子さん＝ 238

Part 20 戦場体験者インタビュー ～戦後70年の夏、体験者の声を 配信2015年6月8日 242
白骨街道生き延びる＝インパール作戦参加の元上等兵＝―望月耕一さん・静岡県― 242
シベリアの戦友名簿持ち帰還＝ソ連国境警備の元少年兵＝―阪口繁昭さん・和歌山県― 244
ビルマ退却、密林の行軍＝歩兵連隊で南方作戦参加＝―中国義さん・徳島市― 247
激戦で胸に銃弾＝歩兵で宜昌作戦参加＝―高東正義さん・広島市― 249
沈没で上官がくれた命＝「大和」生還の上等水兵＝―八杉康夫さん・広島県― 252
ミャンマー慰霊の旅、今も＝泰緬鉄道建設に従事＝―木下幹夫さん・大阪府― 254

◇記事を最初に配信した年月日を、それぞれの見出しの下に記しています。例えば「2015/03/23」は、2015年3月23日に配信した記事であることを示します。

◇記事中に登場する方たちの年齢、肩書きは、断りがない限り記事が配信された時点のものです。

生死の境目、3度経験＝真珠湾攻撃参加の元整備兵＝―滝本邦慶さん・大阪市― 257

4カ月で終戦、捕虜に＝シベリア抑留の元通信兵＝―西野忠士さん・札幌市― 259

ルソン島で極限の飢餓＝歩兵第17連隊元兵士＝―蔦屋勝四郎さん・秋田県― 261

伝染病で苦しむ兵士みとる＝インドネシア従軍の元看護婦＝―山田富久さん・滋賀県― 264

魚雷攻撃かいくぐる＝歩兵隊の元輸送船員＝―安田利夫さん・千葉県― 266

飢えとマラリアとの戦い＝ラバウル駐屯の元歩兵＝―春名源次さん・岡山県― 269

ブーゲンビル島で激戦＝前線立ち続けた元小隊長＝―遠藤毅さん・兵庫県― 271

シベリア抑留、仮病で脱出＝終戦間際に徴兵の元満鉄職員＝―小野寺哲さん・宮城県― 273

ノモンハン事件生き抜く＝後方支援の元自動車連隊員＝―東義照さん・徳島県― 275

手りゅう弾受け重体に＝ノモンハン事件経験の元歩兵＝―柳楽林市さん・島根県― 277

ゼロ戦、紫電改で空戦＝精鋭部隊の元パイロット＝―笠井智一さん・兵庫県― 279

軍旗守り抜き終戦＝モロタイ島上陸の元大尉＝―後藤由郎さん・兵庫県― 282

激戦くぐり抜け生還＝駆逐艦「雪風」の元乗組員＝―水田政雄さん・神戸市― 284

南洋で撃沈、兵学校教員に＝軽巡洋艦「鬼怒」の元操舵員＝―春名祐市さん・岡山県― 286

特攻拒否した「芙蓉部隊」＝沖縄戦参加の元パイロット＝―坪井晴隆さん・福岡県― 288

配信　2015年7月10日、7月31日～8月12日

巻末グラフ　写真で見る戦後……… 292

1945年 292／1955年 293／1965年 294／1975年 295

1985年 296／1995年 297／2005年 298

配信　2015年8月11日

執筆者・デスク一覧 299

本文デザイン・装幀／出口　城（グラム）

Part1

岐路に立つ通貨「円」

戦後70年の節目を迎える日本経済は、大きな転換点を迎えている。戦争で多くの経済インフラを失った日本は戦後復興を遂げ、経済活動の血流とも言うべき通貨「円」の存在感は高まった。しかし、金融緩和がつくり出したバブルは崩壊し、長期デフレからの脱却にも手間取っている。中国の人民元など通貨の「新興勢力」が次々に登場する中、「円」は試練にさらされている。

配信：2015/03/23

円高におびえた日本
＝固定相場で復興、変動に翻弄＝

第2次世界大戦後の国際金融システムは、米ドルと金の交換に裏打ちされた固定相場制の「ブレトンウッズ体制」でスタートした。しかし、米国が金とドルの交換を突然停止した1971年の「ニクソン・ショック」以降、円を含む主要通貨は相次ぎ変動相場制に移行、「海図なき航海」に例えられる不安定な時代に突入した。急速に復興した日本の円は、諸外国からの切り上げ圧力にさらされ、日本経済は円高におびえ続けた。

「プラザ合意」で急騰

戦後の混乱が続いていた49年、連合国軍総司令部（GHQ）が打ち出した物価安定・緊縮財政政策「ドッジ・ライン」によって、円相場は1ドル＝360円に固定された。

変動相場制移行後の円相場

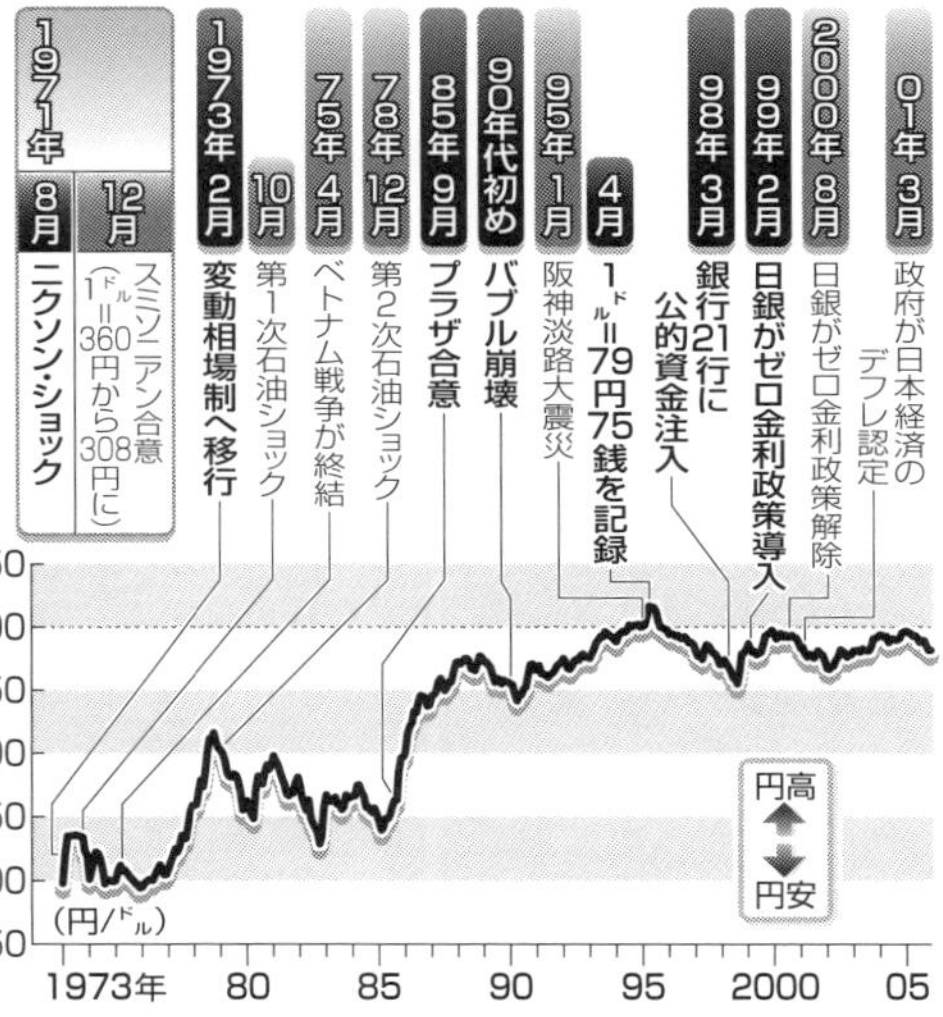

米ニューヨークのプラザホテルに集まった米、英、仏、西ドイツ、日本の蔵相と中央銀行総裁ら。右端は竹下登蔵相（当時）＝1985年9月（AFP＝時事）

資金不足だった日本は、世界銀行からの融資で道路、ダム、製鉄所などを着々と整備。米国が朝鮮戦争（50〜53年）や、75年まで続いたベトナム戦争に国力をつぎ込む中、日本は自動車や家電などの製品を大量に製造する力を付けた。固定相場による円安メリットを生かした輸出増が日本の戦後復興を支えたのは間違いない。

しかし、戦災で傷ついた日本や欧州の復興は、「1強」だった米国の経済力を相対的に低下させる。国際収支に加え貿易収支も赤字となった米国は、71年8月、ニクソン大統領が金とドルの交換を一時停止すると突然宣言。金という後ろ盾がなくなった固定相場制は事実上崩壊した。同年12月のスミソニアン合意で決まった1ドル＝３０８円時代を経て、73年には日本も他の主要国と同様に変動相場制に移行した。需要と供給のバランスで通貨価値が動く変動相場制だが、そこには各国の思惑が絡み合う。

85年9月、日本経済研究センターの岩田《いわた》一政《かずまさ》理事長が「ドル高を是正して円高に誘導する合意は、日本に強いインパクトがあった」と振り返る「プラザ合意」が発表される。米国の貿易赤字増大と景気悪化が止まらない中、米英仏、旧西ドイツと日本の蔵相・中央銀行総裁が米ニューヨークのプラザホテルで緊急会合を開き、為替市場に協調介入することで合意した。これを受け、1ドル＝２４０円前後だった円相場は急騰。約3カ月で２００円を割りこみ、1年後には１５０円近くまで上昇した。

NEWS WORD

ブレトンウッズ体制

第2次世界大戦後の国際金融体制。大戦終盤の1944年7月、連合国44カ国が米ニューハンプシャー州ブレトンウッズに集まり、米ドルを基軸通貨とする戦後の国際通貨体制や、為替の安定を目的とした国際通貨基金（IMF）や世界銀行の創設などを決めた協定に調印した。米ドルと金の交換比率を定めた上で、各国通貨とドルの交換レートを固定した。しかし、71年に米ニクソン大統領がドルと金の交換停止を宣言し、事実上崩壊。その後各国は変動相場制に移行した。

長引く緩和、バブル生む

80年代後半、他国通貨に比べ購買力が高まった強い円により「日本経済の国際的な存在感は非常に高くなった」（国際通貨研究所の行天豊雄《ぎょうてんとよお》理事長）のは事実。しかし、日本の成長をけん引してきた輸出産業は急激な円高に苦しみ、国内では政府に対し円高の抑制を求める圧力が強まった。

日銀は86年1月、それまで5・0％だった公定歩合の引き下げに踏み切り、87年2月には当時史上最低の2・5％とするなど低金利政策を続ける。東短リサーチの加藤出《かとういずる》チーフエコノミストは「金融政策は為替レートに翻弄《ほんろう》されてきた」と指摘する。低利で融資を受けやすくなった企業は本業以外にも投資を積極化し、株や土地の価格は上昇、バブルが到来した。

景気は過熱したが、政府は低金利という居心地の良い環境から抜け出せず、日銀は引き締めに転じるタイミングを逃す。90年代初め、一挙に資産価格は下落し、金融機関は巨額の不良債権を抱えた。ニッセイ基礎研究所の櫨浩一《はじこういち》専務理事は、「資産価格が膨らんでいると過剰な債務が見えにくくなる。バブルの最中にその兆しを見つけることは非常に難しい」と当時の状況を振り返る。

バブル崩壊後も円は上昇。95年4月には1ドル＝79円75銭を付け、円高の苦しみは続く。政府は98年3月、大手銀行を中心とする21行に公的資金を注入。景気悪化を受け、日銀は99年2月にゼロ金利政策を導入したのに続き、２００１年には民間金融機関が日銀に預ける預金残高を目標に資金を供給する量的緩和政策に乗り出す。円高対策に翻弄された政府・日銀は結果的に金融緩和に依存し、経済停滞下で物価が持続的に下落するデフレに長く向き合うことになる。

円の戦後最高値は11年10月に付けた75円32銭。翌年誕生した安倍政権は経済政策「アベノミクス」の第1の矢に位置付けた大規模な金融緩和で円安に誘導。息を吹き返したかに見える日本経済だが、円高へのおびえは消えていない。

INTERVIEW

人と資本の「開国」を

野口悠紀雄 早大ファイナンス総合研究所顧問

先の大戦で荒廃した日本経済は、高度成長期、バブル崩壊後の「失われた20年」を経て、新たな局面を迎えている。日本の通貨「円」の戦後70年の歩みと今後について、早稲田大学ファイナンス総合研究所顧問の野口悠紀雄氏（74）に話を聞いた。

——戦後、通貨制度における転換点は。

ニクソン・ショックはその後数年で変動相場制に移行するきっかけとなった。もう一つはプラザ合意だが、各国の協調介入で円高にしたものの、さまざまな問題が起こって金融緩和をすることになり、それによってバブルが起きた。

各国の物価変動を考慮した実質為替レートで見れば、1994年ごろをピークに円安傾向が続いている。これは日本経済が長期的に衰退し、活力が低下していることを示している。

——日本では円安・株高が続いている。

2013年からの株価上昇は日本企業の生産性向上によるものではなく、(円安で)円建ての海外売上高が増えたという受動的な変化によるものだ。

野口悠紀雄(のぐち・ゆきお)
1940年12月20日生まれ

——日本の経済力が衰退した最大の要因は何か。

世界経済の大きな変化に対応できなかったことだ。中国など新興国の工業化と、ITの変化。経営者は、現場主義にこだわって古いものを守り、仕事のやり方を変えていけなかった。閉鎖的な市場で、規制緩和も進まなかった。

——「円」の将来をどう見るか。

日本から資本逃避が起こることを懸念する。金融緩和を行う一方で、日本の財政はほぼ破綻している状況。円を持つリスクが認識され、日本売りが進めば円の存在感は維持できない。

米国では、ベンチャー企業がビットコインなどの仮想通貨の技術革命に目を向け、新たなビジネスの可能性を広げつつある。今後は新興国でもブランチレス(無店舗型)の金融が普及するだろう。日本にまだ魅力があるうちに規制緩和を進め、人と資本に対して国を開くことが最も重要だ。介護のような成長産業で生産効率性を高め、金融・IT関係の高度なサービスを成長させるべきだ。

地盤沈下する「円」
＝再浮上、経済再生がカギ＝

バブル崩壊後の「円」の歩みは、「失われた20年」と呼ばれる低迷に陥った日本経済と重なる。日本を抜いて世界第2位の経済大国に台頭した中国と通貨人民元が国際金融市場の注目を集める一方、円の存在感は低下した。円が再浮上するカギは日本経済の再生に懸かっている。

「ドル・ユーロ・元」の世界

「これからの世界では、米ドルに加え、ユーロと人民元が重要になる」――。華やかな国際会議の舞台裏で激しい通貨交渉を仕切る「通貨マフィア」として知られた行天豊《ぎょうてんとよ》雄《お》元財務官（国際通貨研究所理事長）はこう指摘し、世界通貨の中での円の地盤沈下に警鐘を鳴らす。

世界各国の外貨準備に占める各通貨の割合は、通貨に対する信頼性、経済成長への期待度を反映する。国際通貨基金（IMF）の調べによると、円はバブル末期の1991年の9・9％をピークに、2012年には3・9％へと大きく低下した。

バブル崩壊後、「失われた20年」に突入した日本経済は、90年代後半から物価が持続的に下落し経済規模が縮小するデフレ時代を迎えた。96年に発足した橋本政権は、金融制度改革を進めることにより、世界の中で円の存在感を高めようとしたが、97年には山一証券の経営破綻など金融危機が発生。日本の金融に対する信用が揺らぐ中で、夢はついえた。

各国の外貨準備に占める円資産の少なさは、「日本経済の規模が拡大せず、円の魅力も失われていった」（河合正《かわいまさ》弘《ひろ》東京大学公共政策大学院特任教授）結果と言える。

英中経済金融対話の共同記者会見に臨む英国のオズボーン財務相と中国の王岐山副首相（当時）＝2011年9月（AFP＝時事）

タイ・バンコクの銀行で下落するバーツ相場をチェックする男性。バーツ暴落はアジア通貨危機のきっかけとなった＝1997年7月（AFP＝時事）

日本と入れ替わるように台頭してきたのが新興国だ。97年7月にタイで始まり、韓国やインドネシアなどに連鎖したアジア通貨危機は、新興国・地域が世界経済を揺るがすほどの力を持つまでに成長したことを象徴した。

日本やＩＭＦの支援で何とか危機を乗り切った新興国は、通貨防衛のために外貨準備を積み上げるなどの対策を強化。アジアでは、日本が主導した多国間通貨交換協定「チェンマイ・イニシアチブ」など、外貨を相互に融通し合う仕組みの整備も進んだ。

台頭する人民元

世界経済の主導権が先進国から新興国に移る中、大きく存在感を高めたのが中国だ。国内総生産（ＧＤＰ）は10年に日本を抜き世界第2位になった。稼いだ貿易黒字を積み上げた外貨準備高は約４兆ドルと世界最大。それとともに「人民元の国際化」を熱心に進めている。

中国は09年から人民元による貿易決済を段階的に解禁。国際銀行間通信協会（ＳＷＩＦＴ）によると、決済通貨の中で人民元の利用率は14年12月に2・17％。10年10月の35位からから5位に浮上し、2・69％で4位の円と差を縮めている。潤沢な外貨準備を武器に、20以上の国・地域と人民元を融通する通貨交換協定も結んだ。

もちろん、中国は完全な変動相場制を採用しておらず、国境をまたぐ資本取引も自由化されていない。「成長が減速する中で住宅バブルなどを抱えており、完全自由化には時間がかかる」（小川英治《おがわえいじ》一橋大学大学院商学研究科教授）との見方が支配的だ。だが、将来的に人民元がますます無視できない存在になることへの異論は少ない。

国家の経済力と通貨の存在感は比例する。安倍晋三首相の経済政策「アベノミクス」で日本は円安・株高に沸くが、日本経済の実力とも言える潜在成長率は0％台のままだ。野口悠紀雄・早大ファイナンス総合研究所顧問は、経済再

デフレからアベノミクスへ、円相場の推移

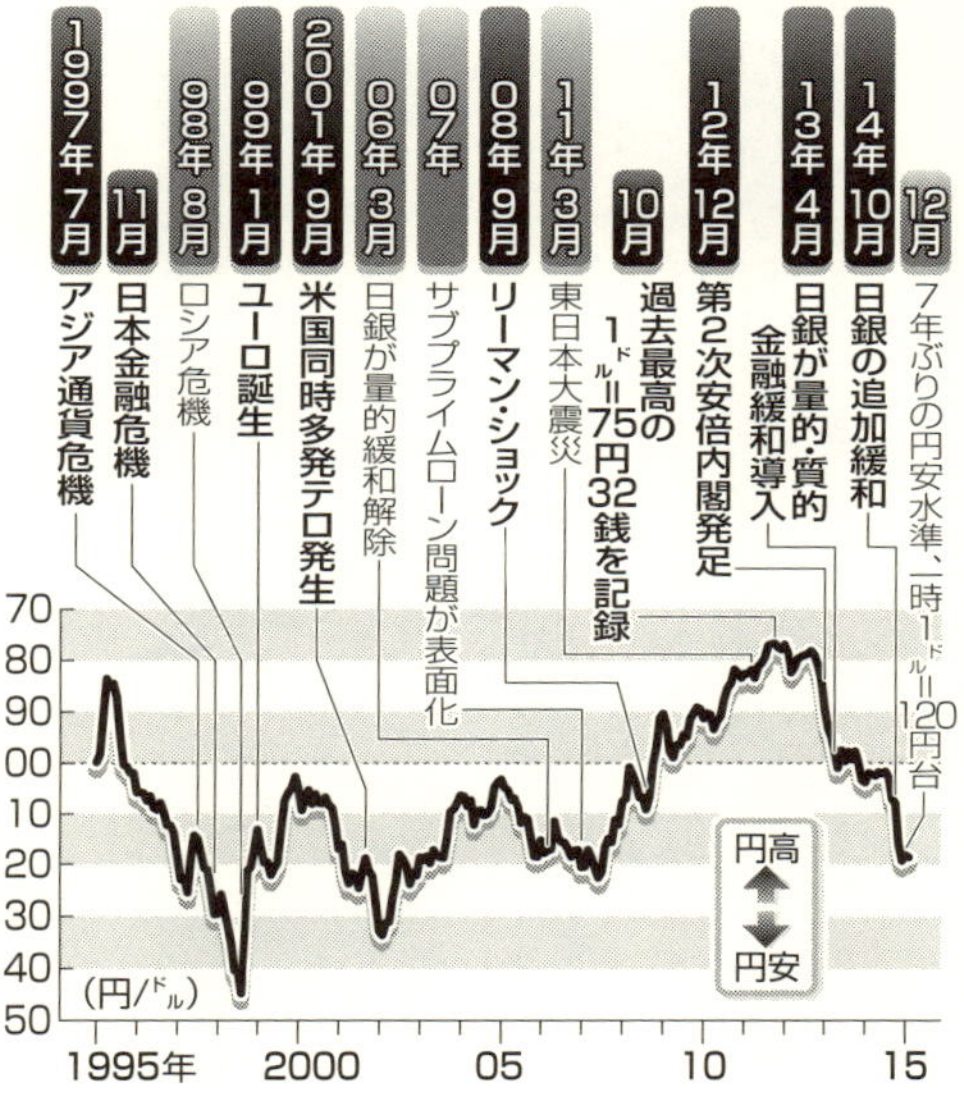

生や財政再建が失敗すれば、「日本売りが進み、円の存在感は維持できない」と、ますます円が使われなくなる事態を危惧する。

戦後70年。かつてジャパン・マネーとして世界を席巻した円に往年の存在感はない。基軸通貨ドルの背中は遠のき、人民元に激しく追い上げられているのが、円の現状だ。野口氏は「日本にまだ魅力があるうちに規制緩和を進め、人と資本に対して国を開くことが最も重要だ」と強調。痛みを伴う構造改革を急ぎ、日本経済を再生させるよう訴えている。

NEWS WORD

人民元の国際化

世界で人民元の取引量拡大を目指す中国の取り組み。元建ての貿易決済が進めば、ドルへの依存度が下がり、中国企業の為替リスクは小さくなる。将来的には人民元をドルに並ぶ基軸通貨にする狙いも見え隠れする。中国人民銀行によると、元建ての貿易決済額は2009年の36億元（1元＝約19円）から13年には4兆6300億元に拡大した。資金の急激な流出入を恐れ多くの規制を残すが、人民元を取引できる市場は英国やドイツなど世界に広がりつつある。

INTERVIEW

愛され信用される「円」に

行天豊雄 国際通貨研究所理事長

中国が日本を抜き世界第2位の経済大国になった現在、1980年代に世界を驚かせた「円」の存在感は薄れつつある。プラザ合意など円の歴史的な転換点に大蔵省（現財務省）の官僚として立ち会った行天豊雄《ぎょうてんとよお》国際通貨研究所理事長（84）に円の現状と今後の展望を聞いた。

行天豊雄（ぎょうてん・とよお）
1931年1月2日生まれ

——現在の通貨体制に至った転換点は。

71年のニクソン・ショックは世界的な通貨体制の変換点であり、輸出面で円安を享受してきた日本にとっても円相場上昇を受け入れた非常に重要な出来事だった。ただ、日本経済が円安を好む体質は現在も変わってない。

——中国の人民元が台頭する中、円の存在感は。

通貨は発行国の経済、軍事、外交など総合的な国力を反映し、その信用性や使いやすさが重要だ。日本は80年代までは順調に経済力を付け、円の取引量は世界通貨の10％超を占めていたと思う。だが、それ以上にはならなかった。経済力は突出していたが、軍事、外交力がそれに匹敵するほどにならなかったし、投資をするにもさまざまな規制があった。

——ドル基軸通貨体制に変化は起こるか。

予見できる将来、複数の主要通貨が使われる。ユーロは少なくとも現在のユーロ圏で使われ、中国は人民元がアジアで中心的な通貨になって当然だと考えている。人民元はまだ完全な交換性がなく、自由化はそう早く進められないだろう。上海がロンドンやニューヨークのような国際金融市場になり、人民元がドルやユーロと並ぶ三大通貨になるのは、数十年先の話ではないか。

——その時、日本の円は。

もし日本が今後も世界3位の経済力を持ち続け、外交力なども付け、東京が国際金融市場として発展すれば、アジアの主要通貨は人民元だけではなくなる。人民元を持つことへのリスクが解消されなければ、円に対する需要も当然残り得る。決して悲観的になるべきではない。スイスフラン、英ポンドの需要は依然ある。通貨はどれだけ他の国の人に愛され信用されるかで決まってくる。円がどうなるか心配する前に、日本はどうすれば世界の中で信用され、愛される経済国家でいられるかを考えることが重要だ。

Part2

冷戦終結と新たな戦争

ソ連の崩壊に伴い冷戦は終結し、米国は「唯一の超大国」となったが、出口の見えないテロとの戦いに苦しんでいる。ウクライナ南部クリミアを編入したロシアは欧米との敵対姿勢を強めており、「新たな冷戦」に突入しかねない情勢だ。戦後の70年は一体何だったのか。ワシントン、モスクワ、ベルリンから報告する。

信頼勝ち得た戦後対応
＝ドイツ、欧州率いる立場に＝

日本と同じ第２次大戦の敗戦国として歩んできたドイツ。戦争では近隣国などに多大な損害を与え、ホロコースト（ユダヤ人大虐殺）という人類史上の汚点も残した。それでも、東西統一を経たドイツは一定の信頼を取り戻し、冷戦終結後の欧州を率いる立場を確固たるものとしてきた。背景にはぶれることのないナチス時代への反省と、各国との未来志向の関係構築がある。

被害国「普通の関係」

「ドイツは幸運にも国際社会から受け入れてもらえた。一つには、過去と正面から向き合ったことが理由だろう」。メルケル独首相は２０１５年３月９日の訪日時に行った講演で、和解の道のりを振り返った。

ナチス・ドイツの最大の被害国と言われるのは隣国ポーランドだ。多くの市民が処刑や過酷な労働の対象となり、ワルシャワの街は徹底的に破壊された。大戦中は当時のソ連の占領も受け、犠牲者数は総人口の５分の１に及んだ。

講演するメルケル・ドイツ首相＝2015年3月9日、東京都中央区（代表撮影）

配信：2015/03/23

ポーランド人にはドイツに対する深い憎しみが刻まれた。

ポーランド南部オシフィエンチム生まれの40代男性は「外国で知り合った人に出身地を伝えた後、自分の町のドイツ語名は（強制収容所で知られる）アウシュビッツだと言うと、皆、絶句する」と話す。ナチスが犯した残虐行為の記憶をポーランドが負わされ続けているのも現実だ。

だが、対独感情は着実に改善してきた。１９６６年の世論調査では、67％が「ドイツが嫌い」と答え、「好感を持っている」人はわずか7％。それが、08年には「親しみを持てる」（29％）が「親しみを持てない」（22％）を上回った。両国関係を「全く普通の関係」と考える人は7割に上る。

ＥＵ通じ関係強化

ドイツが対ポーランドで「過去と正面から向き合った」最も印象的な出来事は、旧西独のブラント首相（当時）の行動だ。70年、ワルシャワのゲットー（ユダヤ人隔離居住区）跡地でひざまずき、謝罪の姿勢を世界に印象付けた。

独西部ダルムシュタットのドイツ・ポーランド研究所のディーター・ビンゲン所長は「戦争中の大規模犯罪に対しては補償や謝罪をし尽くすことはできないが、ポーランド国民は独政府の対応を『信用できる』と受け止めた。今のドイツは過去のドイツとは違うと感じたことで謝罪を受け入れた」と分析する。

ドイツがポーランドの04年の欧州連合（ＥＵ）入りを強く後押ししたことも両国の距離を縮めた。当時のシュレーダー独首相は「ポーランドは欧州の歴史と文化に深く根差している」「われわれにとってポーランドは東欧で最も重要な貿易上のパートナーだ」と訴え、ポーランドを迎え入れた。

ポーランドの14年の1人当たり名目ＧＤＰ（国内総生産）はＥＵ加盟前の99年と比べ約3倍まで拡大、ＥＵ入りの恩恵を享受した。ポーランドにとってドイツは最大の貿易相手国でもあり、「なくてはならない国」（ポーランド政府関係者）になっている。

ワルシャワのゲットー（ユダヤ人隔離居住区）跡地の記念碑前でひざまずく西独のブラント首相（当時）＝1970年12月7日（AFP＝時事）

ロシア念頭に結束

ドイツにとっても、ロシアに近い自国の東側に安定した友好国ができることは大きかった。ロシアのウクライナ介入により「新冷戦」の懸念が高まったことで、結束の重要性は一層増している。ビンゲン所長は「ドイツとポーランド共にそれぞれのメリットを実現しながら関係を深めてきた」ことで、順調な歩みを果たせたとみる。13年、トゥスク前ポーランド首相がEU大統領に選ばれた過程でもドイツが強力に支援。EUを舞台にしたドイツとポーランドの連携も強まっている。

だが、独政府関係者は「過去に対するドイツの態度が変わったと受け止められたり、国際関係が変化したりすれば、これまで築いた信頼が崩れる恐れはある」と慎重だ。最近もドイツが債務返済を強く求めてきたギリシャ政府から、ナチスによるギリシャ占領期の損害賠償をドイツに請求する声が上がった。ナチス問題はいまだに国家間の火種になり得ることを示した。

戦後70年を迎え、ガウク独大統領は15年2月、東部ドレスデンで、第2次大戦について「誰が戦争を始めたか」を忘れてはならないと強調した。この演説は連合国の無差別爆撃で犠牲になったドイツ市民を追悼する場でのことだったが、大統領はあえてドイツ側の責任を取り上げた。加害意識を失えば、未来は危うい。ドイツ首脳の信念に迷いは見えない。

NEWS WORD

ドイツと第2次大戦

不況からの脱却や領土拡大を目指し、ドイツは1939年9月、ポーランドに侵攻し、第2次大戦が始まった。一時は欧州の大半を支配。600万人に上るユダヤ人の大虐殺も行った。戦局の悪化を受け、ナチス総統ヒトラーは45年4月に自殺。翌月、ドイツは降伏した。

戦後、ドイツは東西に分かれたため、他国と講和条約を結べなかった。東独に対しては旧ソ連やポーランドが賠償請求権を放棄。西独は道義的観点から各国の被害者に補償を進めた。支払総額は2013年末で約711億ユーロ（約9兆1300億円）。

「戦勝」今も愛国心の要
=欧米と新冷戦のロシア=

　ロシアのプーチン政権は、戦後70年を過去の総括どころか、愛国心高揚の好機と捉え、体制強化に利用しようと躍起だ。1945年5月9日のソ連の対ドイツ戦勝に重ね合わせ、自ら軍事介入したウクライナ危機を「ナチズムとの戦い」とこじ付け、正当性を強調。さらに冷戦さながらの米ロ対立をあおって世論の引き締めを図る。政権のプロパガンダに翻弄《ほんろう》され、本気で「核戦争が起きる」と危機感を抱く国民もいる。

つくられる対立

「ウクライナ危機が第3次大戦につながれば、核兵器の脅威にさらされる」。モスクワで野党勢力が呼び掛け、定期的に行われる数万人規模の反戦デモ。18歳の男子大学生はプラカードを掲げて抗議した。

　プーチン政権は2014年3月、軍事介入とお手盛りの「住民投票」を経て「ロシア固有の領土」と見なすウクライナ南部クリミア半島を一方的に編入。国際社会から「力による現状変更」と非難を浴びた。

　4月にはロシアと国境を接するウクライナ東部で、親ロシア派を一斉武装蜂起させ、ウクライナ軍との戦闘に突入した。オバマ米政権は軍事的オプションの放棄を早々に宣言した。プーチン大統領は「ウクライナ政変は、米国がデモ隊を操ったのが原因」と主張。一連の介入は北大西洋条約機構（NATO）からの「正当防衛」と訴える。

クリミア問題で演説するために議会に到着したロシアのプーチン大統領＝2014年3月18日、モスクワ（AFP＝時事）

　核戦争を恐れてプラカードを掲げた男子大学生は、反政権派。皮肉なことに、プーチン大統領があおる米ロ対立の思考から抜け切れなかったようだ。「新冷戦」という言葉は、メディアなどを通じて国民に浸透した。

「ソ連回帰」の様相

　ウクライナ危機前からプーチン大統領が強調するのが、

歴史認識の重要性。ソ連式の体力増進運動や、共産党青年団のような青年団体も復活させて「ソ連回帰」の様相を示し、保守的な愛国主義に走る。

軍事介入したプーチン政権が一部の反政権デモを除いてほとんど批判を受けなかった理由は、国民の「愛国心」にある。実際、世論調査によると、12年5月の大統領復帰後に6割台で推移していたプーチン氏の支持率は、クリミア編入後の14年3月に8割を超え、この高水準を1年間維持している。これは、従来は反政権派だった都市中間層の一部が、クリミア編入支持に回ったためとみられている。

「ロシア国民は危機が訪れると指導者の下に結束する」。こう分析するのは社会学者ウラジーミル・リムスキー氏。プーチン政権はウクライナ危機と経済危機の原因を、欧米という「外敵」に求めた。国民は「欲しがりません、勝つまでは」の雰囲気だ。

舌ぽう鋭い野党指導者でさえ、クリミア編入の前では無力だ。反戦デモにも、クリミア返還のスローガンは皆無。獄中生活を送った「政敵」の元石油王ミハイル・ホドルコフスキー氏は「返還は次に独裁者が現れるまで無理だ。民主主義では国民が反対する」と発言。軍事介入の「結果」を認めざるを得ない。

旧東側の軍事パレード

愛国心高揚の中、15年は戦勝70周年記念行事で目白押し。その最高潮は5月9日のモスクワ「赤の広場」の軍事パレードだ。

10年前の60周年の際は、欧米を含む56カ国・国際機関の首脳級が参加し、冷戦終結を踏まえた「和解」を印象付けた。今回は中国など約30カ国・国際機関にとどまる見通しで、先進7カ国（G7）は事実上のボイコットに動く。しかし、プーチン政権は欧米との対決姿勢を踏まえ、あまり気にかけていない様子。参加国はくしくも旧東側諸国が中心で、新冷戦が浮き彫りになった。

シンポジウムで発言するゴルバチョフ旧ソ連大統領＝2014年11月8日、ベルリン（AFP＝時事）

15年は、冷戦の帰結としてのソ連崩壊につながったペレストロイカ（改革）着手からも30周年の節目だ。だが、プーチン大統領が主導する戦勝ムードの中、冷戦を振り返るどころか、欧米との新たな対立が強調される。

冷戦終結の立役者、ゴルバチョフ旧ソ連大統領は14年秋、ベルリンの壁崩壊25周年に当たって主要メディアのインタビューに応え、新冷戦に警鐘を鳴らした。ただ、「欧米がロシア（の利益など）を考慮に入れなかったことが原因の一つだ」とも強調した。ノーベル平和賞受賞者の発言も、政権の意向に近くなった。

NEWS WORD

旧ソ連・ロシアの戦勝記念日

旧ソ連・ロシアで「大祖国戦争」と呼ばれる第2次大戦の独ソ戦で、ナチス・ドイツ軍に勝利した記念日。降伏文書が調印された1945年5月9日（モスクワ時間）に合わせ、モスクワの赤の広場で毎年、軍事パレードが行われる。ソ連側の死者は2000万人規模。39年に不可侵条約を結ぶ中、独ソ戦は41年6月、ドイツの奇襲攻撃で開始。ソ連は42年のスターリングラード攻防戦から反撃に転じた。独ソ戦後の45年8月、ヤルタ協定に基づき対日参戦し、ポツダム宣言受諾後に北方領土まで占領した。

「力の限界」に直面
＝使命と現実のはざまで苦悩―米＝

冷戦に勝利し唯一の超大国になったはずの米国は今、出口のないテロとの戦いを続けている。米同時テロ以降のアフガニスタン、イラクでの戦争に終わりが見えた途端、過激派組織「イスラム国」という敵が現れ、米主導の国際秩序に挑戦する。暴力の連鎖の中で聞こえてくるのは、米国にはもはや世界の自由と民主主義の擁護という「使命」を達成する力はないのではないかという憂鬱《ゆううつ》な自問だ。

「他人の戦争」

南部バージニア州アレクサンドリアの会社員で元米兵のジョシュア・ロートンさん（32）は、戦地に赴いた経験を持たない市民の視線に、微妙な違和感を抱く。

衛生兵として2度イラクに派遣されたロートンさんは帰国後、ジョージ・メーソン大に入学。教授から「『兵士にしては』非常によく書けている」とリポートを褒められた。「軍に入ったのなら、頭は良くないはずだと考えたんだろう」というのが、ロートンさんの見立てだ。

「戦争に行ったことがなければ、戦争を真に理解できない。私たち（退役軍人）と彼ら（一般市民）の間には、大きな

米バージニア州フェアファクス郡の退役軍人会支部の事務所で、元米兵仲間と共にインタビューに応じたジョシュア・ロートンさん（中央）＝2015年3月2日（時事）

文化の違いがある」「多くの人が元兵士に喝采を送るが、自分の子供を軍務に就かせたいかと問われれば、即座にノーというはずだ」。ロートンさんは、軍をたたえる風潮の裏に潜む偽善を、鋭く嗅ぎ取る。

「イスラム国」掃討戦については、中東を舞台にした宗派間の闘争であって、米国との直接の関わりはないと述べ、「他人の戦争だ」と断じる。戦場を知らない政治家や有権者は、アフガン、イラクを経て、自らが犯した過ちに気付き始めているはずだ——。戦争を語るロートンさんの言葉には、こうした思いがにじむ。

イラクで破綻明らかに

ボストン大のアンドルー・ベースビッチ名誉教授（国際関係論・歴史学）は、ベトナム戦争末期の1973年にニクソン政権が徴兵制を廃止して以降、米国の安全保障政策の漂流は始まったと説く。同氏によれば、職業軍人だけで構成する、より小規模な「全志願制の軍隊」は91年の湾岸戦争で絶大な強さを発揮し、「世界で最も偉大な国家という米国の自己像の核となった」という。

多国籍軍の進撃を喜ぶ米兵＝1991年2月27日、クウェート市郊外（AFP＝時事）

だが、一般市民にカネ以外の負担を課さない志願制度は、社会と軍との距離を広げ、軍への過信を招いた。その結果が、独裁体制を倒せば決定的勝利を得られるという期待の下で始まり、8年以上に及ぶ血みどろの闘争に引き込まれたイラク戦争という「失敗」（ベースビッチ氏）だった。

ベースビッチ氏は「騒乱を治めるには多くの地上部隊を必要としたが、志願制に依拠するようになった米軍には十分な兵力がなかった」とイラクで露呈した軍事面の不備を指摘。その上で、以前にも増して「軍への支持を表明する全く空虚な美辞麗句」が目立つようになったとして、失敗を省みようとしない米社会に批判の矛先を向ける。

根強い「例外主義」

調査機関ピュー・リサーチ・センターが２０１５年2月に実施した世論調査では、「世界のテロリズムを打ち負かすには、圧倒的軍事力を行使するのが最善だ」との回答は47％で、軍事力への過度な依存は逆効果だとする答え（46％）と伯仲した。同年4月公表の別の調査によると、65％が「イスラム国」との戦いに当たり、何らかの形で米地上部隊を用いるべきだと考えている。

イラク戦の教訓にもかかわらず、なぜ国民の多くは軍事介入を支持するのか。オバマ大統領は14年、同組織壊滅に向けた包括戦略を説明する中で「欧州からアジア、アフリカ、戦火で荒廃した中東各国の首都に至るまで、自由と正義、尊厳のために戦う」と宣言した。世論を動かし、力の行使への抵抗を和らげるのは、米国には自由・民主主義・正義を守る特別な責務があるとする「例外主義」だ。

ただ、大統領は例外主義を鼓舞しつつ、軍事力の使用には慎重な姿勢を示してきた。同組織に対する軍事作戦では、米軍の役割を空爆とイラク軍の訓練などにとどめ、大規模地上部隊の派遣を一貫して否定している。

ベースビッチ氏は「米国の力に限界があることを大統領は理解している」と推し量った上で、次のように解説した。「あまりに多くの国民が米国の例外主義を奉じているため、大統領ですら、これを信じていなくても、信じていないとは明言できない」

NEWS WORD

全志願制の軍隊

志願者のみで構成された軍。国民に兵役を課す徴兵制に対し、志願制では軍務に就くかどうかは本人の自由意思による。徴兵制に比べ兵力規模は小さくなるものの、兵の士気や質の維持・向上に効果的とされる。ニクソン大統領（当時）は1973年7月、ベトナム戦争で高まった反戦機運を受け、40年から続いていた徴兵制を廃止して全志願制に移行させた。

国防総省などによると、米軍の現役部隊の兵力規模は、第2次大戦参戦前の40年は約46万人だったが、大戦終結時の45年には約1212万人に膨れ上がった。翌46年に約302万人に激減し、徴兵制廃止時の73年は約225万人だった。以降はおおむね減少が続き、2014年の兵力は約134万人。

Part3

日米安保と国際貢献

安倍内閣が今国会に提出する安全保障関連法案は、戦後日本の安保政策を転換し、対米支援と国際貢献の活動を広げる内容となる。自衛隊のこれまでの歩みをたどり、今後の活動の行方を展望するとともに、日米安保体制のひずみを象徴する沖縄の戦後を報告する。

配信：2015/04/13

緩む9条の歯止め

＝自衛隊「専守」から海外へ＝

憲法9条の下で「専守防衛」をモットーとしてきた自衛隊。１９９０年代以降、国連平和維持活動（ＰＫＯ）や米軍などの後方支援で海外派遣を重ねた。歴代政権は9条との整合性に腐心し、他国の武力行使と一体化しないよう「歯止め」をかけてきたが、安倍政権による安全保障法制整備で、自衛隊活動は地理的、内容的に拡大し、歯止めが緩むのは必至だ。（敬称略）

緊張の派遣

50年創設の警察予備隊などが改組され、自衛隊は54年に陸海空の現体制となった。戦争放棄と戦力不保持をうたった憲法9条との関係から、「必要最小限度の実力組織」と位置付けられ、専守防衛に徹してきた。

一転して海外派遣に踏み出すきっかけとなったのが91年の湾岸戦争だ。米軍中心の多国籍軍に対し、日本は資金協力として１３０億ドルを拠出。しかし、人的貢献を求める声が国内外で高まり、政府は停戦後、海上自衛隊をペルシャ湾に派遣し、機雷掃海に当たった。

92年に制定されたのがＰＫＯ協力法。最初にカンボジアへ陸上自衛隊の施設部隊を送った。当時、海外派遣に対して世論の抵抗が強く、歯止めとしてＰＫＯ参加5原則を設けた。停戦合意や中立的立場の厳守などの条件に加え、武器使用を要員防護目的に限った。日本人の警察官やボランティアが殺害されるなど、カンボジア派遣は危険と隣り合わせだった。「自衛隊創設以来初めて、国外で銃を使うかもしれないという緊張感があったが、皆が自制に努めた」。

第1次派遣隊の大隊長を務めた元陸将・渡辺《わたなべ》隆《たかし》はこう振り返る。自衛隊はその後、東ティモール、南スーダンなどのPKOで実績を積んだ。

ガラス細工

海外派遣は米軍などの後方支援にも広がった。2001年の米同時多発テロを受けたアフガニスタン戦争では、インド洋で海自が給油活動に従事。03年からのイラク戦争では、陸自が人道復興支援の給水活動に、空自が米軍などの輸送支援にそれぞれ当たった。

インド洋、イラクへの派遣は、ともに特別措置法を作って対応。武器使用権限を広げて武器防護も認めたが、活動範囲は「非戦闘地域」に限定した。

政府は非戦闘地域を「現に戦闘行為が行われておらず、活動の期間を通じて戦闘行為が行われることがないと認められる地域」と定義した。しかし、当時の首相・小泉純一郎は国会で「自衛隊が活動している地域が非戦闘地域だ」と答弁。歯止めの曖昧さを印象付けた。

イラク派遣時に官房副長官補だった柳沢《やなぎさわ》協二《きょうじ》は「ガラス細工のような枠組みだったが、戦闘に巻き込まれない範囲で活動した」とし、歯止めは機能したとの認識を示す。クウェートの基地からバグダッド空港へ人員・物資を輸送した空自の活動についても、柳沢は「空港より先には行かない拠点輸送で、掃討作戦を行う部隊と直接コンタクトは取らなかった」と説明する。

「殺さず」続くか

イラクでの空輸支援に全く別の見解を示したのが08年に確定した名古屋高裁判決だ。市民が訴えた空自の派遣差し

宿泊地となる飛行場跡地で、地雷探知機を使い危険物の探査をするカンボジアPKOの自衛隊員＝1992年10月12日、カンボジア・タケオ

C130輸送機を背に、見送りの家族の前を行進する航空自衛隊輸送航空隊員＝2004年1月26日、愛知県小牧市の空自小牧基地

主な自衛隊海外派遣

	根拠法	派遣先	期間
後方支援など	テロ対策特別措置法	インド洋給油	2001～07年 08～10年
	イラク復興支援特別措置法	イラク人道復興支援	04～06年
		クウェート～イラク空輸	04～08年
海賊対策	自衛隊法	ソマリア沖	09年～継続中
機雷掃海	自衛隊法	ペルシャ湾	1991年
国連平和維持活動（PKO）	PKO協力法	カンボジア	92～93年
		モザンビーク	93～95年
		ザイール（現コンゴ）	94年
		ゴラン高原	96～13年
		東ティモール	02～04年
		ネパール	07～11年
		ハイチ	10～13年
		南スーダン	11年～継続中
災害対応	国際緊急援助法	ホンジュラス（ハリケーン）	98年
		タイ・インドネシア（地震・津波）	04～05年
		パキスタン（洪水）	10年
		フィリピン（台風）	13年

止めは退けたが、武装米兵らの輸送を憲法9条違反と判断した。掃討作戦が激化していたバグダッドは「戦闘地域に該当する」とし、「他国の武力行使と一体化した行動」があったと認定した。

「政府が『非戦闘地域にしか行かない』と言ったのは詭《き》弁《べん》。多くのイラク市民に犠牲を出した戦争を、最前線まで米兵を送り込む形で深く支えていたのが自衛隊だ。悲惨な事実が司法を動かした」。原告団の弁護士・川口創《かわぐちはじめ》はこう総括する。

新たな安保法制では非戦闘地域の概念をなくし、「現に戦闘行為を行っている現場」でなければ後方支援が可能となる。川口は「前線で兵たん活動を行うことが常態化し、際限なく危険な所に入っていくことになる」と懸念する。柳沢も「今までの基準を踏み越える。支援する軍の指揮下に入らざるを得なくなり、中断もできなくなる」と警鐘を鳴らす。

活動内容面でも、後方支援での弾薬提供や、ＰＫＯでの治安維持任務を可能にする武器使用が解禁される方向で、自民党幹部は「能力があるなら可能にすべきだ」と主張する。これに対し、柳沢は「9条の中で、現地武装勢力と敵

NEWS WORD

イラク復興支援特別措置法

2003年3月のイラク戦争開戦を受け、小泉政権下の同年7月に成立した4年間の時限立法。人道復興支援や米軍を中心とする多国籍軍の後方支援のため、自衛隊のイラク派遣を可能にした。07年の改正で2年間延長され、09年に失効した。

同法に基づき、陸上自衛隊が04～06年にイラク南部サマワで復興支援の給水活動などに当たった。04～08年には航空自衛隊が輸送活動を実施。クウェートを拠点に、多国籍軍や国連の人員延べ約4万6500人、物資673トンをバグダッドなどへ運んだ。

対しないという方針でやってきた結果、日本は一人も殺さなかった。このポジションを失えば、和平や復興で主導的役割を果たせなくなる」と指摘する。

INTERVIEW

平和国家の歩み変わる

＝柳沢協二元官房副長官補に聞く＝

安倍政権による安全保障法制整備にどんな問題点があるのか、防衛省や首相官邸で実務経験を持つ柳沢協二元官房副長官補（68）に聞いた。

――政府・与党は、国の存立が危ぶまれる「新事態」で集団的自衛権行使を可能にする方針だ。

日本への攻撃に至らないが国の存立を脅かすとはどういう事態か、法律できちんと定義しないと政府が恣《し》意《い》的に判断することになる。米艦への攻撃がわが国の存立にかかわるのなら、日本有事に極めて近い状況であり、個別的自衛権で対処できる。また、米国が攻撃されたら日本が助ける、と絶えず言い続けることによって、日本自身への攻撃を誘発する危険がある。

国会承認は事前が原則だ。情勢が緊迫していく中で事前に行えるはずだ。民主的手続きを経ないまま戦争当事者になるような法律はいけない。

――自衛隊の海外派遣を随時可能にする恒久法制定も検討されている。

個別の状況に応じた立法が筋だ。特別措置法を作ることが最大の国会の関与になる。

――他国軍の後方支援は、活動の地域も内容も拡大される。

「現に戦闘行為を行っている現場」以外ならいいとなると、前線の部隊とのコンタクトがあり得る。相手の射程まで行くことになり、限りなく戦闘に巻き込まれ

柳沢協二（やなぎさわ・きょうじ）
1946年10月14日生まれ

やすくなる。前線部隊に弾薬を持って行くことはものすごく危険だ。軍事的には中断はあり得ない。

——武器使用権限も緩和の方向だ。

今までは攻められたときの最後の手段として認めていたが、今度は武器を使わないとできない国連平和活動（ＰＫＯ）の治安維持任務や邦人救出を法律に組み込もうとしている。必ず撃ち合いになり、戦死者が出る確率は跳ね上がる。本来の軍隊と同じような仕事を外地で行うのは憲法の枠内では無理だ。一人も殺してこなかった日本が殺す軍隊になれば、米国と同じになり、平和国家の歩みは変わってしまう。

台頭中国、日米動かす

=同盟の変質進む=

日本政府が「保有はしているが、行使はできない」としてきた集団的自衛権。首相安倍晋三は２０１４年７月、過去の憲法解釈を転換し、行使を可能とする閣議決定を行った。米軍の存在感が低下する一方、中国の台頭が著しい東アジアの情勢変化が背景にある。戦後70年を迎えた15年、安倍政権は閣議決定に沿って安全保障法制の整備を進める方針で、米軍などを支援する自衛隊の海外での活動は拡大。日本防衛を主眼としてきた日米同盟の変質が進む。（敬称略）

片務性解消を志向

安倍政権の決断について、民間人として初めて防衛相を務めた森本敏《もりもとさとし》は「集団的自衛権行使容認で米国との同盟関係がイコールパートナーに近づく」と評価する。日米安全保障条約は、米国の日本防衛義務を定めている一方、日本に課された義務は駐留米軍に基地を提供し、日本の施政下の領域への攻撃に共同対処することにとどまっている。こうしたことから森本は、「『（日本が応分の負担をしない）安保ただ乗り論』が米国にずっとあった」と同盟の片務性を指摘する。

負担のアンバランス解消のため、歴代の政権は米軍の日本駐留経費を負担し、米国製武器を自衛隊が購入するなど、米国への「見返り」にも努めてきた。しかし、その努力だけでは「同盟の片務性を解消することはできなかった」と森本は言う。

冷戦終結後の湾岸戦争で米国は自衛隊の派遣を日本側に求めたが、政府は財政支援にとどめ、人的貢献は見送った。当時、在米日本大使館に勤務していた外務省幹部は「米国は『なぜ自衛隊が出てきてくれないのか』と失望を伝えてきた」と振り返り、同盟強化のためには自衛隊の役割拡大が不可避と訴える。

自衛隊による貢献を望む米側の姿勢は一貫しており、民主党政権下の12年6月から12月まで防衛相を担った森本も、「米国は集団的自衛権問題を解決してほしいという希望と期待を何度も言っていた」と証言する。

迅速派遣へ恒久法

安保法制の整備では、新3要件に合致すれば米軍と自衛隊が共同で武力行使できると位置づける。その他、イラク復興支援など特別措置法で対応してきた手法を改め、米軍などへの後方支援で自衛隊を海外に派遣することを随時可能にする恒久法を導入する。

恒久法について、海上自衛隊で護衛艦隊司令官などを務めた金《かね》田《だ》秀昭《ひであき》は「特措法では立法に時間がかかる。恒久法で迅速な派遣に備えた教育訓練ができる」と歓迎。森本も「特措法では他国と比べて派遣スピードが遅れる。それで米国に不満を持たれる可能性もある」と指摘する。

米軍キャンプ・ペンデルトンで共同演習を行う自衛隊と米軍＝2014年2月9日、米カリフォルニア州（AFP＝時事）

ただ、恒久法では「現に戦闘行為を行っている現場」以外で自衛隊の支援活動が可能になる。これまで認められなかった弾薬提供も解禁する方向だ。安倍は「平和国家としての歩みは変わらない」と繰り返すが、野党からは「米国の戦争への軍事支援を歯止めなく拡大し、集団的自衛権を発動して参戦する戦争立法」（共産党委員長・志位和夫）などと手厳しい批判も上がる。

南シナ海で日米連携

安倍が安保法制整備にかじを切り、米国がそれを後押しする背景には、軍備増強を続ける中国の存在がある。既に米国防次官補シアーら米政府、軍関係者から安保法制の成立を見据え、中国が海洋進出を強める南シナ海での警戒監視を米軍と自衛隊が共同で行うことに期待する声が相次いでいる。

自衛隊は現在、南シナ海で活動はしていないが、自衛隊制服組トップの統合幕僚長河野克俊《かわのかつとし》は記者会見で、「南シナ海はわれわれのシーレーン（海上交通路）で非常に重要だ」と指摘。「その時の安全保障環境や必要性で（警戒監視の）地域が決められる」と語り、前向きな姿勢を示した。

日中の関係は、一時の最悪期は脱したものの、歴史認識や沖縄県・尖閣諸島をめぐる対立は続く。中国との対話の機運を欠いたまま、日米が南シナ海で共同警戒監視を行えば中国を刺激するのは必至。元防衛官僚で官房副長官補を務めた柳沢協二《やなぎさわきょうじ》は「中国封じ込めの手助けを日本がすることになる。日本が攻撃対象になるリスクをきちんと認識しなければならない」と警告する。

日米同盟強化にまい進する一方、中国や韓国との関係は上向かない安倍政権。安倍政権の外交政策に批判的な主張をしている弁護士の猿田佐世《さるたさよ》は「アメリカに頼るだけの外交姿勢だ。首相が集団的自衛権行使容認で何をしたいのかが見えない」と批判する。

NEWS WORD

集団的自衛権

自国と密接な関係にある他国が武力攻撃を受けた場合、自国が攻撃を受けたとみなして実力で阻止する権利。自国を防衛する個別的自衛権とともに、国連憲章で認められている。政府は戦争放棄をうたった憲法9条に基づき、集団的自衛権について「保有はしているが行使できない」との解釈を取ってきたが、安倍政権は2014年7月、武力行使の新3要件を満たせば、限定的に行使は可能とする解釈変更を閣議決定した。

INTERVIEW

戦闘に巻き込まれる恐れなし

=森本敏元防衛相に聞く=

集団的自衛権行使をかねて容認すべきだと主張して

いた森本敏元防衛相（74）に、安倍政権が進める安全保障法制整備について見解を聞いた。

──新たな安全保障法制をどう評価するか。

日米安全保障条約の片務性を完全に解消しようとすれば、集団的自衛権を行使して日本が米国を防衛する義務を負うことになる。そうすれば条約は双務的だが、それには憲法を改正しないといけない。２０１４年７月の憲法解釈変更で、武力行使の新３要件を満たせば限定的に集団的自衛権を行使できるようになった。今までより少しは双務的な性格を持つ同盟に近づいている。米国は大統領、国務長官、国防長官が日本の決定を評価している。

──政府は、自衛隊の海外派遣を迅速に行えるようにするため恒久法を制定する方針だ。

恒久法を制定し、事前に自衛隊が派遣に向けて訓練をしておく方が良い。（従来のような）特別措置法の制定過程では、国際貢献や日米同盟に消極的な国内の議論が海外に紹介される。日本は同盟、国際協力が実は嫌なんだという印象が持たれるのは国益上好ましくない。

※安全保障関連法は２０１５年９月19日に成立しました。

──集団的自衛権の行使容認で戦争に巻き込まれるという根強い不安の声がある。

首相は、集団的自衛権を行使できるようになっても湾岸戦争やイラク戦争のような戦争に参加することはないと言っている。今回の恒久法整備でやろうとするのは後方支援で、戦闘行為に巻き込まれる恐れはない。法律に規定されていないことを言うのは空論だ。

──与党協議の中で、公明党は自衛隊派遣には厳格な歯止めが必要だと主張している。

国会で派遣を承認するかどうかで歯止めをかければよい。何が国益になるかが派遣の基準であるべきで、歯止めを設けることが目的になってはいけない。

森本敏（もりもと・さとし）
1941年3月15日生まれ

70年の不平等にノー
＝政治家2人の「足跡」―沖縄＝

在日米軍専用基地の74％が集中する沖縄。普天間飛行場（宜野湾市）の名護市辺野古沿岸への移設問題で、政府との距離がかつてないほど広がっている。米軍基地の存在を一定程度容認してきた保守層が革新勢力と組み、「オール沖縄」で本土に対峙《たいじ》する構図になった。鬱積《うっせき》した思いが日米安全保障体制を揺さぶっている。1人の議員と元名護市長の「足跡」をたどり、沖縄の現状を浮き彫りにする。（敬称略）

米軍普天間飛行場移設先の沖縄県名護市辺野古の海上で抗議行動をする仲里利信衆院議員（左）＝2015年3月21日

いつか来た道

「ウチナンチュ（沖縄人）の尊厳を傷つけた」「70年も基地との共生を強いられた」。２０１５年3月21日、辺野古の海を一望できる浜辺で開かれた抗議集会。仮設の演壇から飛ぶ激しい言葉に、主催者発表で約４０００人の参加者が拍手で応えた。

移設作業が進む海上では連日のように、反対派と海上保安庁のボートが怒号とともにぶつかり合っている。

「きれいな海やサンゴ礁を守るのも当然だけど、その先にあるのは何か考えてほしい。沖縄はまた日本の防波堤にされるよ」。集会に足を運んだ衆院議員・仲里利信《なかざととしのぶ》（78）が帰り道にとつとつと語り始めた。

8歳だった１９４５年3月、沖縄戦が始まった。ガマ（洞窟）で息を潜めていたら、銃剣を持った日本兵3人が入ってきた。泣きやまない3歳の妹といとこ。毒入りのおにぎりを渡され、「これを食わせろ」と命じられた。

「死ぬときは一緒」と親族でガマを出た。逃避行の中、1歳の弟が餓死した。米軍の本土侵攻を遅らせるための「捨て石」にされた沖縄。県民の4分の1に及んだ犠牲者の中に祖父と父もいる。

靴メーカー勤務を経て30歳のころに草履工場を興し、自民党参院議員の後援会に入った。推されて92年の県議選に初出馬。当選を4回重ね、保守系の重鎮と言われるまでになった。普天間の県内移設も、当初は「苦渋の決断」と認めた。

県会議長当時の２００７年、転機が訪れた。沖縄戦の集団自決をめぐる教科書検定で「軍の強制」の記述が削られた。「これだけは譲れない」と抗議の県民運動の先頭に立ったが、当時も首相だった安倍晋三との面会はかなわなかった。「こんな自民党政権には協力できない」とその時、思った。

地殻変動

52年、独立を回復した本土から切り捨てられる形で沖縄は米国統治下に置かれた。4年後、山梨や岐阜に駐留していた海兵隊が追い出されるように沖縄へ移転。米軍基地の沖縄偏在は72年の本土復帰後も変わらなかった。

09年に鳩山政権が誕生。普天間問題で現職の首相が「最低でも県外」を掲げる初の事態に、県民は立場を超えて沸いたが、それもひととき。早々の辺野古回帰に失望が広がり、保革対立の単純な図式は当てはまらなくなっていた。「地殻変動が起きたんですよ。一種の差別的なものを感じ、本土に対抗する意識が出てきた」。保守陣営に擁立され、06年まで8年間知事を務めた稲嶺恵一《いなみねけいいち》（81）はこう解説する。

13年末、当時の知事・仲井真《なかいま》弘多《ひろかず》（75）が辺野古沿岸埋め立てを承認。14年秋の知事選へ、移設反対の保革連合の輪が広がり、それに乗った元自民党県連幹事長の翁長雄志《おながたけし》（64）が大差で仲井真を下した。

数日後、仲里は翁長陣営幹部に呼ばれた。間近に迫った衆院選に、自民党現職に対抗する「刺客」として出馬を促された。県議引退から6年、サトウキビ作りに精を出していた。一晩迷い、無所属での挑戦を決断した。移設推進を譲らない政府の姿勢が「県民を愚弄《ぐろう》している」と映ったからだった。

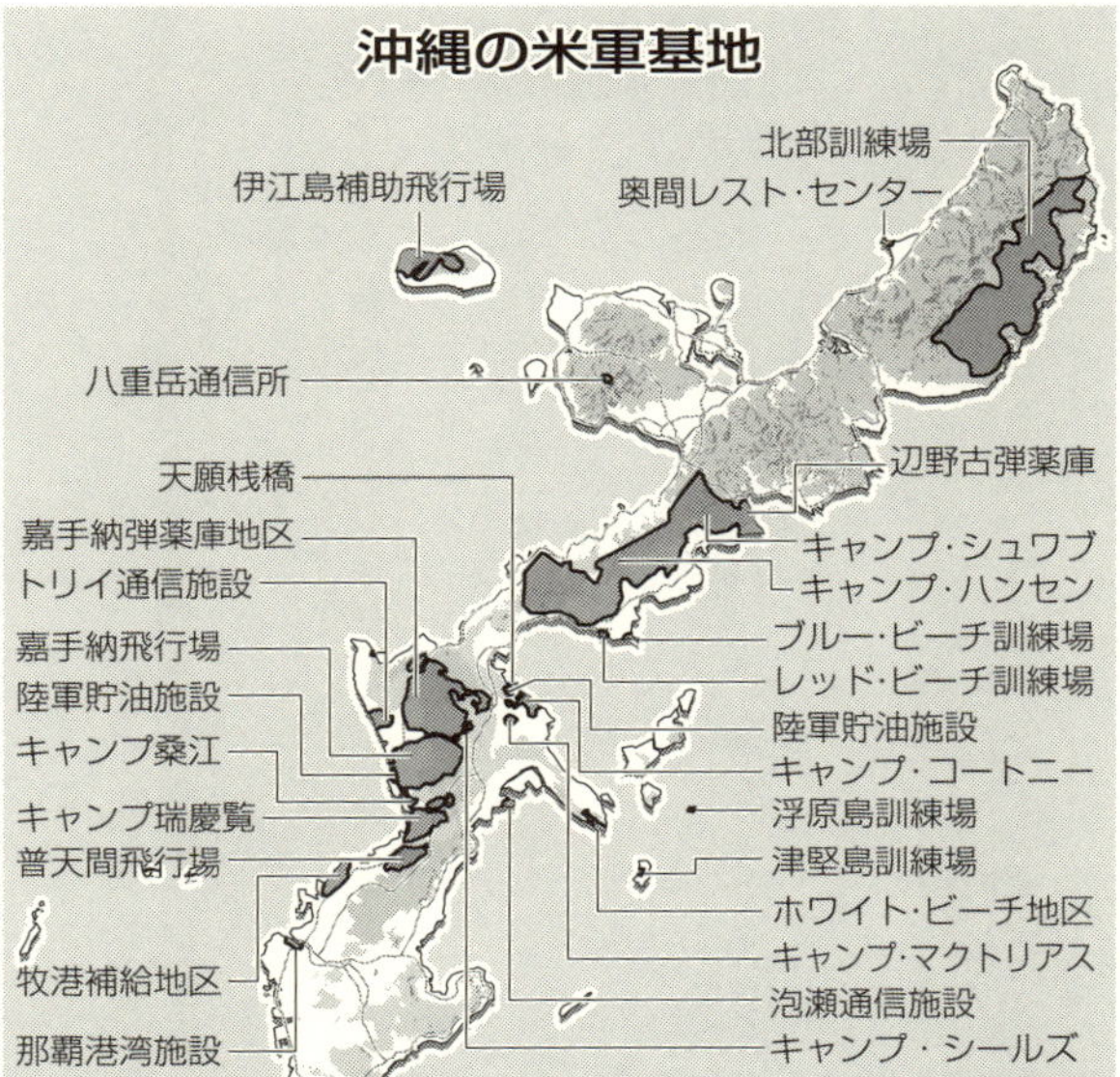

記者会見で米軍普天間飛行場の名護市移設の条件付き受け入れを表明する岸本建男市長（当時）＝1999年12月、沖縄・名護市民会館

仲里を含む沖縄の非自民候補は勢いに乗り、自民党は沖縄の4選挙区で全敗した。仲里は年末、旧知の生活の党代表（当時）・小沢一郎に入党を請われたが、「私は『オール沖縄』です」と断った。

「認めた覚えない」

「米軍基地が日本の安全保障に不可欠なら、負担は国民が等しく引き受けるべきです」。99年末、辺野古移設受け入れの記者会見に臨んだ当時の名護市長、岸本建男は用意した声明をかみしめるように読み上げた。

岸本は米軍の使用に制限を設ける協定の締結など7条件を列挙。満たされなければ「容認を撤回する」と明言した。

三晩、ほとんど寝ずに書き上げた声明だった。灰皿に吸い殻を山盛りにして原稿用紙に向かう姿が、妻の能子《たかこ》（67）の脳裏に焼き付いている。市役所に勤めながら軍用地提供を拒む「一坪反戦地主会」の会員でもあった岸本だが、助役として仕えた保守系の前任市長に後を託された。発展が遅れた本島北部地域の将来に責任も感じた。

だが、苦渋の決断は「容認」の部分だけが独り歩きした。名護市民と真剣に向き合う覚悟を国に問うた7条件は忘れ去られ、時折、能子に「僕は一度も認めた覚えはない」とこぼした。無念さをかみ殺し、06年に退任。その1カ月半後に62歳で他界した。

「16年前に当時の知事と市長が同意してくれた」。官房長

NEWS WORD

沖縄の米軍基地負担

本島の面積に占める米軍基地の割合は18％。嘉手納町では83％に上る。軍関係者による犯罪や事故は後を絶たず、航空機の不時着や砲撃による山林火災なども頻発。1959年には戦闘機が小学校に墜落し、児童ら17人が死亡した。

嘉手納、普天間両飛行場の周辺住民は国の基準をはるかに上回る騒音に悩まされ、難聴や睡眠障害など健康被害もある。基地から得る収入が県民総所得に占める割合は、72年の本土復帰時の15％から5％に減り、観光収入の半分になっている。

官・菅義偉は辺野古推進の正当性をこう強調する。菅の念頭にある市長が岸本だ。「私が本当のことを言わなきゃ」。沖縄には今、移設反対の現市長とともに走り回る能子の姿がある。

沖縄米軍基地をめぐる主な出来事

1945年	沖縄戦の組織的戦闘終結（6月）
52年	サンフランシスコ講和条約発効。沖縄は米国施政下に（4月）
50年代	日本本土の米海兵隊が沖縄移転。「銃剣とブルドーザー」による土地接収相次ぐ
59年	米軍機が石川市（現うるま市）の小学校に墜落。児童と住民計17人が死亡（6月）
72年	本土復帰。沖縄米軍基地は基本的に維持（5月）
95年	米兵による少女暴行事件。大田昌秀知事、軍用地強制使用の代理署名拒否（9月）
96年	日米、普天間飛行場の全面返還で合意（4月）
99年	稲嶺恵一知事、岸本建男名護市長が条件付きで辺野古移設容認（11、12月）
2004年	宜野湾市の沖縄国際大に米軍ヘリ墜落（8月）
06年	日米、辺野古沿岸のV字型滑走路建設計画で合意（5月）
09年	民主党政権発足（9月）
12年	日米、沖縄に集中する海兵隊をグアムやハワイなどに分散させる計画発表（4月）
	第2次安倍政権発足（12月）
13年	仲井真弘多知事、辺野古沿岸埋め立てを承認（12月）
14年	保革相乗りの翁長雄志氏が辺野古移設反対訴え知事選勝利（11月）

（注）肩書は当時

Part4

日本国憲法と政治

２０１５年、日本国憲法は施行から68年を迎えた。この間、憲法の条文は一文字も変わらなかった。長期政権を視野に入れる安倍晋三首相は、戦力不保持をうたった9条を含む改正を目指している。16年の参院選の結果によっては、改憲への動きが具体化する可能性がある。米軍占領期の憲法制定過程や、改憲、護憲両派の戦後の歩みを振り返るとともに、今後の憲法問題の行方を展望する。

配信：2015/04/27

極秘で起草、徹夜の議論
＝敗戦が生んだ「革命」憲法＝

「短い期間で連合国軍総司令部（ＧＨＱ）において、25人の方々によってつくられたのは間違いない」。首相安倍晋三は２０１５年３月６日の衆院予算委員会で、現行憲法についてそう指摘した。現人神《あらひとがみ》だった天皇を「国の象徴」に、軍国日本を「平和国家」に変えた日本国憲法。１９４７年の施行後、一度の改正も行われず国民の間に定着した一方、改憲派が「素人が８日間でつくった」と批判する憲法は、どのように誕生したのか。（敬称略。肩書は当時）

極秘指令

46年２月４日、東京都心のＧＨＱ本部。民政局に勤務していた女性職員ベアテ・シロタは約20人の同僚と共に、局長ホイットニーの呼び出しを受けた。「これは極秘だ」と前置きされ、「マッカーサー元帥（連合国軍最高司令官）の命令で新しい日本の憲法草案をつくる」と告げられた。既に日本政府が改憲準備を進めていると知っていたシロタらは驚いた。

ジープで東京の図書館を回り、各国の憲法を集めた。条文起草は分担された。シロタは朝から晩まで資料を読み、女性の権利に関する条文を書いた。ＧＨＱ草案は、１週間ほどで完成した。12年に89歳で死去したシロタは、当時22歳。他のスタッフも若く、憲法の専門知識はなかった。

憲法改正は不可避と覚悟していた幣原喜重郎内閣は45年、憲法問題調査委員会を設置して準備を始めていた。マッカーサーはなぜ、日本政府の改正作業を待たずに部下に起草を命じたのか。

理由の一つは国際情勢だ。極東国際軍事裁判（東京裁判）が46年5月に迫る中、ソ連やオーストラリアが「天皇を訴追せよ」と圧力を強めていた。占領政策遂行に天皇の権威を必要としていたマッカーサーは、日本の民主化を印象付ける憲法案を公表し、圧力をかわそうと考えた。

しかし、2月1日付毎日新聞がスクープした憲法問題調査委員会の試案は、「天皇は君主」と明記するなど、明治憲法を踏襲した内容だった。マッカーサーは失望し、GHQが「手本」を示す必要を痛感したとされる。

ホイットニーは2月13日、東京・麻布の外相官邸で憲法問題担当相の松本烝治と面会。「日本政府の改正案は受け入れられない」として、GHQ草案に沿って作り直すよう指示した。同席した外相吉田茂は手渡された草案を読み、「革命的」だと感じた。

GHQとの修正協議は3月4日に始まった。「3、4時間で終わると思ったが、最初からいろんな議論があった。特に天皇制についての議論が長かった」。通訳として加わっていたシロタは、00年に出席した参院憲法調査会でこう証言した。肉の缶詰をつっつきながらの会議は夜を徹して継続。2日後、日本政府はGHQ草案を基にした憲法改正草案要綱を発表した。

9条発案者の謎

GHQが、草案作成過程で、日本の民間団体「憲法研究会」の案を参考にしたことは有名だ。「統治権ハ国民ヨリ発ス」と国民主権を掲げ、天皇を「国家的儀礼」をつかさどる存在に位置付けた同案は、GHQ草案の原型とも言えるが、「戦争放棄」に関する条項は見当たらない。

では、憲法9条は誰の発案だったのか。定説ではマッカ

旧連合国軍総司令部（GHQ）が入っていた第一生命日比谷本社＝2015年4月22日、東京都千代田区

日本占領中にマッカーサー元帥が使ったGHQ本部の執務室。幣原喜重郎首相ら当時の日本側要人との会談が行われた＝1995年9月23日、東京都千代田区の第一生命本社

ーサーだ。毎日が報じた試案に落胆した彼は2日後、GHQ草案の指針となる3原則を部下に提示。それには「自衛を含む戦争の放棄」も含まれていた。

一方、マッカーサー自身は後に、9条は首相幣原のアイデアだったと米議会で証言。回想記では幣原の申し出に「腰が抜けるほど驚いた」と述懐している。幣原はこの件に関し沈黙を守ったが、「46年1月24日にマッカーサーと二人きりで話した際に進言した」と、亡くなる少し前に側近に語ったとされる。

これに対し、戦争放棄についてマッカーサーに話したものの、「憲法に入れるとは言わなかった」と幣原が語ったとするGHQ側の証言もある。憲法制定過程に詳しい獨協大名誉教授の古関《こせき》彰一《しょういち》は「幣原が貢献しているとすれば9条1項（戦争放棄）だが、問題になっているのは2項（戦力不保持）で、この条文を入れたのはマッカーサーだ」と分析する。

発案者は幣原かマッカーサーか。真相は今も謎のままだ。50年5月、朝鮮戦争が始まる約2カ月前にマッカーサーは衆院議長の幣原と再会した。「憲法制定に当たり、幣原君は一切の戦力を放棄すると言われた。私は50年早過ぎる議論という気がした。しかし、この高まいな理想こそ、世界に範を示すものとして深い敬意を払ったのであるが、やはり早過ぎた」。

パイプをくわえ、冗談交じりに話すマッカーサーを見て、幣原はただ苦笑していたという。

NEWS WORD

占領下の憲法改正案

終戦後の憲法改正作業は、昭和天皇の意を受けた近衛文麿元首相によって始められた。近衛氏は佐々木惣一元京大教授と改正案の調査に着手。しかし、この動きを伝え聞いた幣原喜重郎首相、松本烝治憲法問題担当相は「改正は内閣の責任で行う」と近衛氏に抗議した。

近衛氏は1945年11月、「帝国憲法改正要綱」を天皇に報告したが、12月にA級戦犯容疑者に指定されると服毒自殺した。近衛氏の要綱は「天皇ノ大権ヲ制限スル」と明記するなど、松本氏らの政府試案より民主的だったとされる。

民間では明治期の私擬憲法を研究した鈴木安蔵氏らの「憲法研究会」が憲法草案要綱を作成し12月に発表。英訳され、連合国軍総司令部（GHQ）草案に影響を与えた。政党では共産党、自由党、進歩党、社会党が独自の憲法案を発表した。（肩書は当時）

憲法制定をめぐる経過

【1945年】

8月15日	終戦
9月27日	天皇、マッカーサー元帥を訪問
10月 9日	幣原内閣発足
11日	幣原首相、マッカーサー氏訪問
25日	憲法問題調査委員会設置
11月22日	近衛元首相が帝国憲法改正要綱を天皇に報告
12月16日	近衛氏自殺
26日	憲法研究会が憲法草案要綱発表

【1946年】

1月 1日	天皇、人間宣言
24日	幣原氏、マッカーサー氏と会談（戦争放棄を提案？）
2月 1日	毎日新聞、政府試案をスクープ
3日	マッカーサー3原則を提示
4日	GHQ、起草作業開始
8日	政府、憲法改正要綱をGHQに提出
12日	マッカーサー氏、GHQ草案承認
13日	GHQ、政府草案の受け取りを拒否。GHQ草案を提示
21日	幣原氏、マッカーサー氏と会談
22日	閣議でGHQ草案受け入れ決定
3月 2日	草案を基に日本案作成
6日	政府、憲法改正草案要綱発表
4月10日	衆院選
5月 3日	東京裁判開廷
22日	第1次吉田内閣発足
6月20日	帝国議会に憲法改正案提出
11月 3日	憲法公布

【1947年】

5月 3日	憲法施行

(肩書きは当時)

象徴天皇と戦争放棄に関する条文

戦後の憲法制定過程で焦点となった「象徴天皇」と「戦争放棄」に関する条文は次の通り。

【象徴天皇】第１条　天皇は、日本国の象徴であり日本国民統合の象徴であって、この地位は、主権の存する日本国民の総意に基づく。

【戦争放棄】第９条　日本国民は、正義と秩序を基調とする国際平和を誠実に希求し、国権の発動たる戦争と、武力による威嚇または武力の行使は、国際紛争を解決する手段としては、永久にこれを放棄する。

前項の目的を達するため、陸海空軍その他の戦力は、これを保持しない。国の交戦権は、これを認めない。

国民投票法、難産の末に
＝改憲手続き、60年の空白＝

憲法96条は、憲法改正の要件を、衆参両院の３分の２以上の議員の賛成による発議と、国民投票での過半数の賛成と定めている。しかし、国民投票の具体的なルールがなかったため、改正しようにもできない状態が長く続いた。改憲手続きを定めた国民投票法の成立は、憲法施行から60年後の２００７年5月。第１次安倍政権下で与野党対立の材料となり、与党が採決を強行した上での「難産」だった。（敬称略）

湾岸戦争が転機

１９５２年に日本が独立を回復すると、国内では自主憲法制定の機運が高まった。57年には、国会議員と有識者による「憲法調査会」が内閣に設置され、

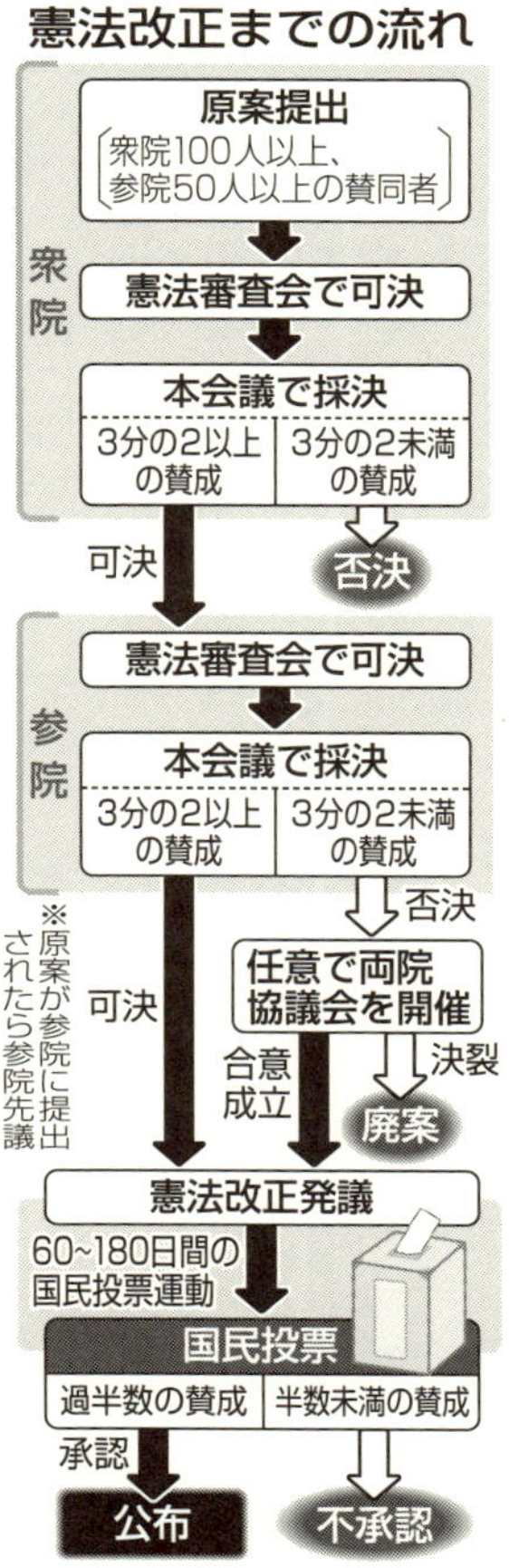

憲法の問題点に関する検討が始まった。

しかし、日米安保闘争の影響で保守と革新の対立が激化。改憲に積極的だった岸信介の後を継いで60年に首相に就いた池田勇人は、経済成長を重視し、改憲論議は次第に下火になっていった。「改憲なんて言えば批判にさらされ、自爆するようなものだった」。国会議員時代に改憲問題に熱心に取り組んだ自民党の元外相中山太郎は、当時をこう振り返る。

転機は91年の湾岸戦争だった。「テレビで銃弾やミサイルが飛び交う映像が流れ、『一国平和主義では駄目だ』と国民が認識を改めた」（中山）。自衛隊の海外派遣や改憲の議論に、国民の抵抗が薄れた。

冷戦終結で国内では55年体制が崩壊。自民党から小沢一郎らが飛び出し、保守系議員が野党に散らばった。96年の衆院選から小選挙区制が導入され、共産党や社民党などの護憲勢力が後退したこともあり、改憲が現実的な政治課題となった。２０００年には衆参両院に憲法調査会、05年9月には衆院に憲法調査特別委員会がそれぞれ設置され、国民投票法案を含む憲法論議が本格化した。

円満一転、破綻

衆院憲法調査特別委の委員長に就いた中山は、質問時間を議員勢力に関係なく平等に与えるなど、小政党配慮の「円満運営」を心がけた。改憲に必要な3分の2確保を念頭に置いた対応だった。国民投票法案をめぐり、与野党でずれがあった投票年齢について、中山は民主党案の「18歳以上」を採用。民主党の求めに応じ、運動が禁止される公務員も中央選挙管理会委員らに限定し、06年12月には法案の修正で合意した。

参議院本会議で国民投票法が成立＝2007年5月14日、参院本会議場

自民党からは「野党に譲りすぎだ」との批判も出たが、中山は意に介さなかった。常に「3分の2」が頭にあったからだった。特別委の野党筆頭理事だった民主党の枝野幸男は、修正合意の背景を「委員長が、円満な合意形成に基づく特別委運営を積み重ねたのが最大の要因だった」と振り返る。

しかし、2人の党首が状況を一変させた。07年1月、首相安倍晋三が年頭記者会見で「憲法改正を（同年夏の）参院選で訴えたい」と発言。これに、政権交代を目指していた民主党代表の小沢が反発し、「憲法を争点にしても構わない」と応戦。国民投票法案は政局の火種と化した。

中山は民主党との共同提案を諦めず、譲歩に動いたが、小沢が民主党案の「丸のみ」を突き付けたため決裂。与党は衆院で強行採決に踏み切り、参院審議を経て、国民投票法は07年5月14日に成立した。

しかし、自民党は同年7月の参院選で大敗し、安倍は9月に退陣。09年には自民党は野党に転落した。国民投票法成立に伴い衆参両院に設置された憲法審査会の始動は、成立の4年後の11年までずれ込んだ。

国民投票法の成立を見守る衆院憲法調査特別委員会の中山太郎委員長(右)、保岡興治自民党筆頭理事（右から2人目）ら＝2007年5月14日、参議院本会議場

参院選後にらむ

改憲発議に必要な3分の2ラインは、衆院が317議席、参院は162議席。自民、公明両党の議席は、衆院ではこれをクリアしているが、参院は28議席足りない。16年の参院選で自民党の非改選議席は65。公明党が非改選を含む現有20議席を維持すると仮定した場合、自民党は77議席を獲得する必要がある。

この数字は現行定数の01年以降で最多議席を獲得した前回を12議席上回り、自公のみで3分の2を確保するのは容易ではない。改憲には、維新の党や次世代の党、一部の民主党も前向き。参院選後をにらんだ与野党の動きが熱を帯びてきそうだ。

NEWS WORD

国民投票法

衆参両院の3分の2以上による賛成と、国民投票での過半数による憲法改正を定めた96条の手続きを具体的に定めた法律で、第1次安倍政権の2007年に成立。14年には投票年齢を「18歳以上」に確定させる改正が行われた。国民投票法では、改憲原案の提出は衆院100人以上、参院50人以上の賛同者が必要とし、発議から、60～180日の間に国民投票を実施するとした。投票テーマの改憲以外への拡大や、一定の投票率に達しなければ投票結果が無効となる最低投票率導入の是非などは今後の検討課題となっている。

INTERVIEW

首相1人で改憲できない

＝中山太郎元外相に聞く＝

衆院憲法調査特別委員長として国民投票法の成立に尽力した中山太郎元外相に、同法成立までの経緯や憲法改正についての考えを聞いた。

――憲法の施行から国民投票法の成立まで60年もかかった原因は。

戦争のイメージが残り、憲法改正は軍国主義復活だという一抹の不安があった。「戦争はもう駄目」という強い国民の共通認識があった。憲法改正に言及すると批判にさらされるため、「自爆するようなもんだ」と言われた。

――その雰囲気が変わった契機は。

湾岸戦争の影響だ。テレビでミサイルや銃弾が飛び交う映像が流れたのが大きかった。国際的に緊張が高まったので、国民が世界に対する認識を改めた。平和維持システムの構築は、今のままでは難しいということが分かったんじゃないか。一国平和主義では駄目だと。東欧の変革、ソ連の民主化の影響もあった。

――2000年に設置された衆院憲法調査会の活動内容は。

外国への調査に毎年出掛けた。憲法調査会の与野党のメンバーが世界の変革を現実に認識できた。日本の方が時代遅れに見えた。

――委員会運営で留意したことは。

公平な運営を徹底した。改憲のためには衆参両院で3分の2以上の賛成が必要だから。徹底的に民主党の人たちと話をした。いつも3分の2が頭にあった。

――06年に小沢一郎氏が民主党代表になると、政局的な対応が増えたが。

政局的になった。しかし、国民投票法を成立させる目標は崩さなかった。あそこで崩れたら成立は何年間も遅れただろう。

――改憲はどのテーマから取り組むべきか。

緊急事態条項だ。地震や津波をテレビで絶えず報道する時代だから、国民は共通の不安を持っている。民主党も乗りやすい。

——安倍晋三首相は16年夏以降の改憲発議を目指しているが。

そうするべきだ。日本人に自分たちの国をつくる新しい自覚が起こる。改憲を乗り越えたら、社会の変革がスムーズに進む。

——野党の反発を避けるため、首相が改憲へ意欲を示すのは控え静観すべきでは。

同感だ。改憲は首相1人でできることじゃない。国民がやることだから。

中山太郎元外相＝大阪市内

INTERVIEW

改憲論議、首相沈黙が前提

＝枝野幸男民主党幹事長に聞く＝

民主党の憲法調査会長として国民投票法の成立に携わった枝野幸男幹事長に、当時の審議の状況や憲法改正に対する考えを聞いた。

——２０００年に設置された衆院憲法調査会と、05年に始まった衆院憲法調査特別委員会での与野党の議論は円満だったが。

委員長だった中山太郎元外相の功績だ。各会派の議席数に関係なく共産党など野党にも同じ時間を与えて発言させ、円満な合意形成に基づく調査会運営を積み重ねたのが最大の要因だ。

——国民投票法の採決で反対に転じたのは、小沢一郎民主党代表の指示があったからか。

当時の安倍晋三首相が（改憲を争点化する）余計な発言をしたからだ。強行採決に至るプロセスで、民主党が求めていた国民投票の改憲以外へのテーマ拡大や公務員の政治的行為の在り方も議論が詰まっていなかった。小沢氏も余計なことを言ったようだが、私は全く影響されていない。

――首相は16年夏の参院選以降の改憲発議を目指している。

（その日程では）無理だ。中山方式で丁寧にやるならいくらでも相談には応じるが、70年間の憲法について一定の評価をするのが前提条件だ。どこかから押し付けられたなんて、ばかなことは言うな。首相が黙り続けていることが前提だ。彼が動けば動くほど、（護憲派は憲法を）変えないという動きになる。首相こそ「究極の護憲派」だ。

――民主党として改憲案の賛否をまとめたときに、まとまって行動できるのか。

できる。

――賛成でまとめる場合、党内の護憲派が反発するのでは。

本音ではそう思っているかもしれないが、絶対にまとまる。まとめる。

――現在の国会は、各党が静かに議論を始めるような環境にないのでは。

立憲主義違反の安全保障法制を議論しながら、憲法典の議論を落ち着いた状況でできるとは思わない。

――共産、社民両党が護憲の受け皿として支持を集める可能性は。

ないと思う。護憲の人は2、3割いるかもしれないが、ほかの要因を優先して投票している。バリバリの護憲派が縮小しているわけではなく、（以前と）それほど変わってない。

民主党の枝野幸男幹事長＝東京・永田町の衆院第1議員会館

たそがれる護憲
＝社民弱体化で失速＝

国会で護憲勢力の衰退が著しい。かつて護憲派の代表格として一時代を築いた旧社会党が分裂、その中核を継承した社民党が弱体化し、じり貧傾向から抜け出せないことが大きな要因だ。戦争放棄をうたう憲法9条の改正を目指す自民党を筆頭に、改憲志向の政党が国会で勢力を増す一方で、護憲派の出番は見えてこない。（敬称略）

転換点

「十分な議論や国民の理解を得ることなく政策転換し、社民党の議席を減らすことになった」。党首・吉田忠智は、党が低迷する大きなきっかけをつくったのは、前身の社会党委員長・村山富市が首相当時の1994年に打ち出した「自衛隊合憲」だったと振り返る。

自民党が長期政権を築いた「55年体制」の下で防衛力整備を進める中、社会党は「反安保・自衛隊違憲論」を基本政策に据えて平和路線を堅持、野党第1党の地位を占めていた。だが、自民党などと連立政権を組んだ村山は従来路線を大きく転換。党内外に衝撃が広がった。

首相に就任して陸海空3自衛隊の最高指揮官となった村山には、安全保障政策で現実路線に踏み出さざるを得ないとの考えが強かった。同時に、党が硬直的とも指摘された安保政策から脱却し、「万年野党」から「責任政党」に生まれ変わることへの期待もあった。

衆議院本会議で「自衛隊合憲」を表明する村山富市首相（当時）＝1994年7月20日

だが、村山の真意は十分には理解されなかった。「社会党はもう護憲政党ではない」。社会党を支援してきた市民団体や地方組織からは、不満や失望の声が噴出。当時、大分県職員労組書記長だった吉田も、同郷の村山を支えていたことから、労組の会合で激しい批判にさらされた。

社会党が94年秋の臨時党大会で村山の路線転換を追認すると、所属議員が反発して離党、新党を結成するなどの動きが相次いだ。有権者の離反も加速し、「社民党」に党名を変更して臨んだ96年の衆院選では、前回93年の70議席から15議席に激減した。

さらに2005年衆院選では、党の精神的支柱として「平和・護憲」を訴え続けてきた土井たか子が比例代表で落選。党の落日を決定付けた。

原点回帰

「『憲法9条は変えない』と言う政党が国会からなくなったら困る」。危機感を抱き、弁護士から参院議員に転じた福島瑞穂。土井の後を継いで党首に就いた福島は06年、自衛隊を「現状、明らかに違憲状態にある」と明記した「社民党宣言」を打ち出し、党の「原点回帰」を鮮明にした。

福島は「平和や自衛隊に対する立ち位置をもう一回はっきり言った方が良いと思った」と説明する。だが、基本政策が大きく揺れた社民党の支持は伸び悩む。背水の陣で臨んだ13年参院選は過去最低の1議席で、福島は党首の座を降りた。

14年5月の大型連休。福島辞任を受け党首となった吉田は、大分市の大分赤十字病院に入院中の村山を訪ねた。高齢の村山は政界引退後、体調を崩すと、自宅にほど近い同病院の個室で静養する。党立て直しへの助言を求めた吉田に対し、村山が口にしたのは、自らの決断を党の発展につなげられなかった後輩への不満だった。「せっかく(自分が)首相になったのに。首相であることを社会党はその後にもっと生かしてほしかった」。

社民党は今、衆院2議席、参院3議席の小所帯にしぼんだ。吉田は、労働団体や市民団体との連携に活路を見いだそうとしている。ただ、「団体が活動に政党色が付くのを避ける傾向にある」とも感じる。手詰まり感は否めない。

躍進にも限界

「斜陽」の社民党とは対照的に、同じ護憲勢力として徐々に盛り返しつつあるのが共産党。14年の衆院選に続いて、15年4月12日の統一地方選前半戦でも議席を大幅に伸ばし

NEWS WORD

社民党宣言

2006年の党大会で採択した、旧社会党からの党名変更後初の綱領的文書で、「『戦争のできる国』へと回帰させることを否定する」と憲法9条堅持の立場を表明。「明らかに違憲状態にある自衛隊は縮小、非武装の日本を目指す」とうたい、1994年に村山富市首相が打ち出した「自衛隊合憲」を事実上打ち消した。経済面では「格差社会の是正」を訴え、構造改革路線を推進した当時の小泉純一郎政権との対立軸も明確にした。だが、95年に11万1200人余だった党員数は、14年に1万6000人余に減少。党勢低迷に歯止めはかかっていない。

た。国対委員長・穀田恵二は同月15日の記者会見で、社民党との違いについて「明確な旗印を掲げ、ぶれずに戦ってきたことが一番大きい」と胸を張った。

もっとも、共産党の「躍進」は、「民主党に向かうはずの政権批判票が流れたため」とみる向きもあり、どこまで持続するかは見通せない。議席も衆院21、参院11にすぎず、護憲勢力としては社民党と合わせても少数派。自民党や維新の党に「加憲」を唱える公明党などを加えた改憲志向の勢力との数の開きは埋めようもない。自民党は16年夏の参院選後の改憲発議も視野に入れており、今後、国会で改憲論議が本格化すれば、共産、社民両党は「蚊帳の外」に置かれかねない状況だ。

15年4月3日、東京都調布市。護憲派の市民団体「9条の会」の呼び掛け人を務めた憲法研究者、故・奥平康弘の「志を受けつぐ会」が開かれた。約900人の出席者は、9条堅持を訴え続けていくことを確認。賛同する動きが全国にあるのは確かだ。

こうした活動に支えられているはずの共社が、国会で改憲勢力の拡大を止められない現状は何を意味するのか。護憲派の草の根の運動が先細っているのか、それとも政党が受け皿になり切れていないのか、判然としない。

NEWS WORD

憲法改正発議

憲法96条は、改憲の発議要件を衆参各院の総議員の3分の2以上の賛成と規定している。発議された改正原案は、その後の国民投票で可否を決する。賛成が過半数を占めれば承認され、直ちに公布される。

与野党は2015年5月7日の衆院憲法審査会で、憲法改正に関する実質討議に入る。改憲に前向きな自民党と維新の党は、早期の発議を目指し、改憲テーマの絞り込みを加速させたい考え。これに対し、議論が自民党ペースで進むことを警戒する民主党と公明党は、絞り込みに期限を設けることに否定的だ。

首相、集団的自衛権に執念

＝「限定なし」視野、祖父の影濃く＝

首相・安倍晋三が目指す憲法改正は、解釈変更によって限定容認した集団的自衛権の行使を全面的に可能にすることに主眼がある。それは、「日米対等」を目指した祖父の元首相・岸信介の遺訓とも言える。安倍の改憲戦略は第1次政権以来、曲折をたどった。現在は、在任中に最初の改憲発議を果たし、国民投票を行うことを射程に入れている。（敬称略）

「恥ずかしい見解」

安倍の憲法観は、衆院当選2回だった2000年5月の衆院憲法調査会での発言に凝縮されている。現行憲法が米国の占領下で制定されたことが「日本人の精神に悪い影響を及ぼした」と断じ、他国に安全保障を委ねる姿勢を疑問視。集団的自衛権を保持していても行使はできないとの当時の政府見解を「わが国が禁治産者であると宣言するような、極めて恥ずかしい政府見解だ」と非難した。

安倍のこうした考え方の源流は、岸の政治思想に見て取れる。「岸信介回顧録」（1983年刊行）によれば、米国による初期の占領政策の基本方針を、岸は「（日本人の）祖国を愛し、日本を防衛する気持ちを徹底的になくす」ことと捉えていた。「日本国民を骨抜き」にする政策であり、「その集大成が、今の日本国憲法である」とも断言。

国会前の安保反対デモ。この日のデモで東京大学文学部の樺美智子さんが死亡した＝1960年6月15日

岸が政治生命を懸けた日米安保条約改定は、占領による「劣等感」を拭い去り、「真の平等の立場」を築くためだった。

58年10月、岸は米NBCテレビのインタビューで「日本が憲法第9条を廃止すべき時は到来した」と語っている。

安保条約は、岸による60年の改定で「米国が一方的に権利を行使して義務は何ら負わない形」（岸）を捨て、「相互防衛条約の建前」（同）を得たが、憲法9条の制約による片務性は残った。岸が退陣後も目指したのが改憲。安倍が改憲を「歴史的使命」と位置付ける背景には、岸が成し得なかった悲願達成への決意がある。

安倍内閣は14年7月、憲法解釈の変更を閣議決定し、集団的自衛権行使を限定的に認めた。しかし、安倍は満足はしていない。

14年8月29日、安保政策をめぐる見解に違いがある当時の自民党幹事長・石破茂に安保法制担当相就任を打診した際、安倍は「自分だって思想信条を抑えている」と語った。「抑えた」結果が限定容認で、安倍の視線の先には、改憲による限定なき集団的自衛権行使の容認がある。

長期戦略に転換

「憲法改正には時間がかかるだろう」。岸が58年のNBCインタビューの際に口にしたこの言葉を、安倍は実感し、かみしめているに違いない。

第1次政権時の07年の年頭記者会見で、安倍は「私の内閣として（憲法）改正を目指したい。当然、参院選でも訴えていきたい」と表明した。言葉通り、その年の夏の参院選に改憲を掲げて臨んだが、結果は惨敗。参院の与党勢力は過半数を割り込み、安倍の改憲シナリオは崩れた。

12年に自民党総裁に返り咲いてから優先したのは、96条が定める発議要件の緩和。日本維新の会やみんなの党（いずれも当時）の賛同を得やすいと判断したからだった。だが、連立を組む公明党が96条の先行改正に反対。13年5月の憲法記念日に合わせた報道各社の世論調査でも、軒並み反対が賛成を上回り、安倍は「（国民の）理解が十分と言

NEWS WORD

日米安保条約の片務性

米国に日本防衛の義務があるのに対し、日本には米国防衛の義務がない日米安全保障条約の特性。

1951年のサンフランシスコ講和条約と同時に締結された旧安保条約は、日本の安全を確保するため、米軍に対して日本への駐留・基地設置の権利を与えていたが、米国による日本の防衛義務が明確ではなかった。

岸政権下の60年に改定された条約には「日本国の施政の下にある領域」で「自国の憲法上の規定および手続きに従って共通の危険に対処するように行動する」と明記され、米国の日本防衛義務が規定された。しかし、日本側には集団的自衛権行使を禁じた憲法解釈の制約があり、米国を防衛することはできない状態が続いてきた。

2014年7月、安倍内閣は閣議決定で憲法解釈を見直し、集団的自衛権行使を限定的に容認。閣議決定を踏まえた安保関連法案が成立すれば、日米同盟は双務的な性格に近づくことになる。

えない」として、96条先行論を撤回した。

「私の思いが邪魔になる場合もある」。改憲へのアプローチで2度失敗した安倍は、15年2月20日の衆院予算委員会でこう語り、自身は前面に出ない考えを示した。

自民党憲法改正推進本部長の船田元は「(改憲に)慣れることが必要だ」と安倍の胸中を代弁している。安倍は、まずは多くの党と足並みをそろえやすいテーマを模索し、2回目以降の改憲で9条改正を目指す構えだ。

だが、積年の思いはあふれ出す。15年4月20日のBSフジの番組では、安倍の憲法観に幹部がしばしば警戒感を示す民主党に矛先を向け「子供じみた議論だ」と自ら対立をあおった。

安倍氏の衆院調査会での発言

2000年5月の衆院憲法調査会での安倍晋三氏の発言要旨は次の通り。

制定過程は（日本が）占領下にある。誰が考えても、大きな強制の中で憲法が制定された。これは日本人の精神に悪い影響を及ぼしていると思う。私たちの手で新しい憲法をつくることが極めて重要だ。

憲法の前文に「平和を愛する諸国民の公正と信義に信頼して、われらの安全と生存を保持しようと決意した」とある。国連の常任理事国は、（第2次世界大）戦後に全て戦争をしている。しらじらしい文だと言わざるを得ない。この前文によって、私どもの中から安全保障という観念がすっぽりと抜け落ちている。まず前文から全面的に見直していく必要がある。

国連憲章の中に9条に似た条文がある。しかし同時に、集団的自衛権と個別的自衛権が明記してある。日米安全保障条約でも、両国に個別的自衛権と集団的自衛権が存在することを確認している。その中での安保条約であって、国連の中での活動である。集団的自衛権を、権利はあるが行使できないというのは、極めて無理がある。

集団的自衛権は自然権だ。憲法をつくる前からある権利と考えるべきではないか。権利はあるが行使できないというのは極めておかしな理論で、わが国が禁治産者であると宣言するような極めて恥ずかしい政府見解だ。9条にかかわらず、集団的自衛権は、権利はあるし行使もできると思う。

Part5

ものづくり企業の盛衰

戦後の日本を世界有数の経済大国に押し上げた立役者は、「ものづくり」を窮めようとした多くの企業だった。一時は世界を席巻した「メード・イン・ジャパン」。しかし、新興国の追い上げや技術革新の波にもまれ、日本の製造業は厳しい試練の時を迎えている。

配信：2015/04/27

「奇跡の復興」支えた鉄鋼業
＝技術力で大競争時代に挑む＝

戦争で焼け野原となった日本を復興させるため政府がまず着手したのが、あらゆる分野の基礎素材で「産業のコメ」と呼ばれる鉄の復活だった。鉄鋼業は、高度経済成長期に高い技術力で多くの産業の振興に貢献し、日本経済の「奇跡の復興」を支え続けた。石油ショック後の長い低迷期を抜けて突入したのは、新興国との大競争時代。磨き続けた世界一の技術力を武器に、日本の鉄鋼業は新たな試練に挑む。

「鉄は国家なり」

「終戦直後は鉄鉱石も石炭もなく、鉄を作れなかった」――。新日鉄住金の今井《いまい》敬《たかし》名誉会長（85）が振り返るように、旧植民地からの原料輸入が途絶えたことで、鉄鋼生産は休止を余儀なくされた。１９４６年に稼働していた高炉は全国で３基のみ。鉄鋼の基になる粗鋼の生産量は56万トンと、戦時中の7％に落ち込んでいた。

「鉄は国家なり」。鉄の生産量が国力を表すことを例えた格言に従うように、政府は47年、資金や資源を鉄鋼と石炭の増産に集中させる「傾斜生産方式」を導入した。50年に始まった朝鮮戦争の特需も追い風に、生産量は53年に戦時中のピークを越え、経済白書が「もはや戦後ではない」と宣言した56年には初めて１０００万トンを突破した。

58年の東京タワー開業、64年の東海道新幹線の開通など、高度成長下で社会インフラの整備は加速。造船や電機などの製造業も日本経済のけん引役に加わった。急成長する産業界の要請に、鉄鋼業は大規模な設備投資と欧米をしのぐ技術革新で応えた。

　当時の日銀総裁の反対を押し切って53年に稼働した川崎製鉄（現ＪＦＥスチール）千葉製鉄所を皮切りに、全国で

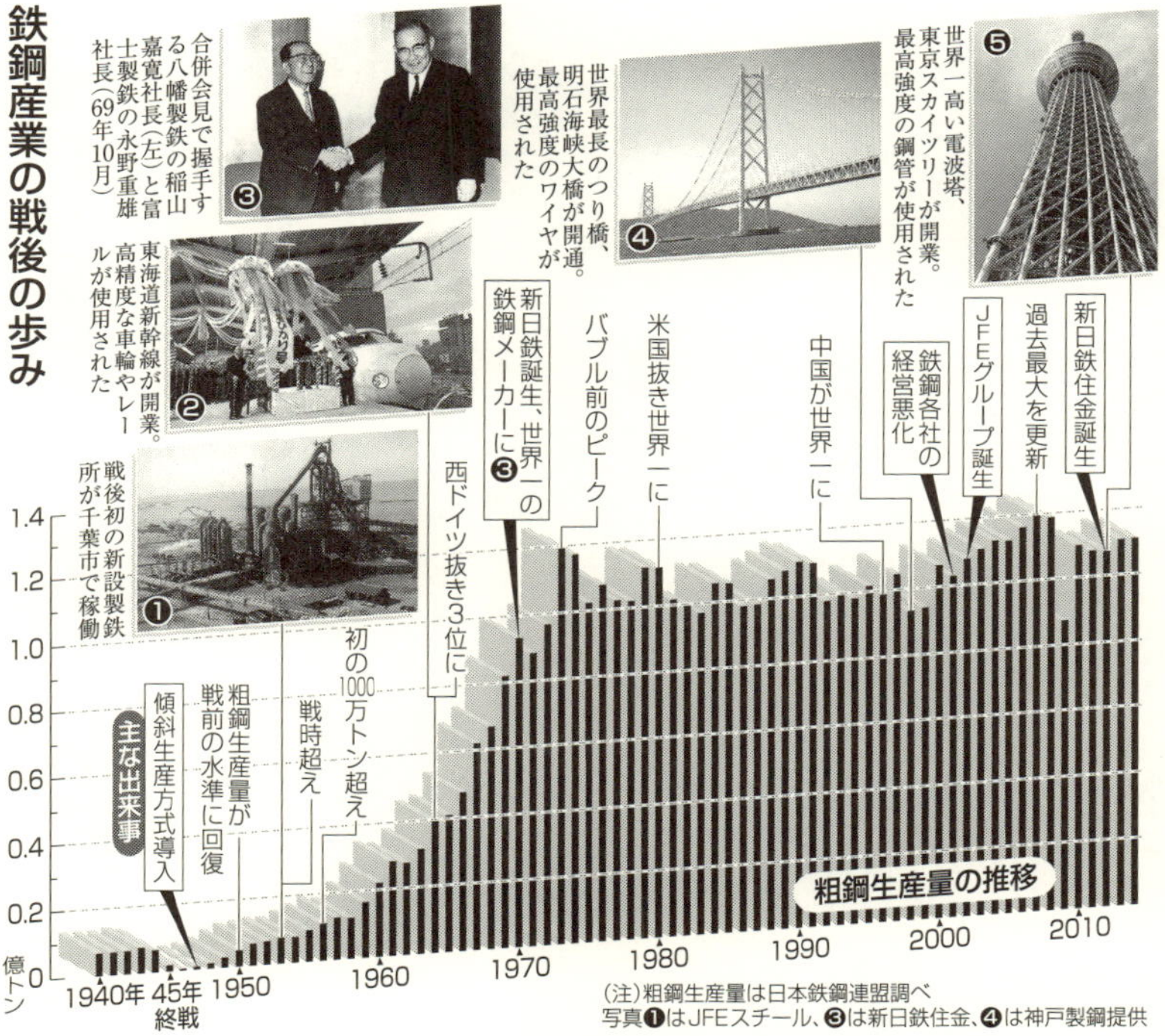

合併会見で握手する八幡製鉄の稲山嘉寛社長(左)と富士製鉄の永野重雄社長(69年10月)

世界最長のつり橋、明石海峡大橋が開通。最高強度のワイヤが使用された

世界一高い電波塔、東京スカイツリーが開業。最高強度の鋼管が使用された

東海道新幹線が開業。高精度な車輪やレールが使用された

戦後初の新設製鉄所が千葉市で稼働

(注)粗鋼生産量は日本鉄鋼連盟調べ
写真❶はJFEスチール、❸は新日鉄住金、❹は神戸製鋼提供

大型高炉の建設が相次いだ。粗鋼生産量は5年ごとに倍増し、73年には終戦直後の２００倍に達した。粗鋼の生産性を従来の6倍に向上させる新技術「転炉」を世界に先駆け普及させ、欧米をはるかに上回るコスト競争力も手にした。

　安くて品質が高い大量の鉄は、地震大国・日本で超高層ビルの建設に寄与し、世界最速の鉄道・新幹線に高精度の車輪を供給。日本鉄鋼連盟の林田《はやしだ》英治《えいじ》前会長（64）は「競争力のある材料を供給することで（高度成長期の）インフラ整備や産業の発展に貢献したと自負している」と胸を張る。

冬の時代、迫る新興国

　しかし、70年代の石油ショックと、当時の先進5カ国がドル高是正へ協調介入を決めた85年のプラザ合意を転機に、鉄鋼業は長い冬の時代に入る。石油価格の急騰と急速な円高進行は日本経済の競争力をそぎ、鉄鋼需要も減少。90年代にはバブル崩壊と金融危機が追い打ちをかけ、粗鋼生産量は73年をピークに90年代終わりまで右肩下がりを続けた。製鉄所の象徴である高炉は閉鎖が相次ぎ、84年の65基から90年には45基に。90年代後半には製鉄会社の経営問題も表面化した。

　それでも、日本の鉄鋼業は技術革新を止めなかった。80

年代には、コストを画期的に下げる「連続鋳造」技術が世界で最も早く普及。高い強度を持つ鋼板や鋼材は、世界を席巻する日本車の軽量化に貢献した。生産量が減りながらも、コスト削減と技術革新で厳しい産業界の要請に応じ続けた鉄鋼業界は、「基盤を損なわず、停滞期を乗り切った」（今井氏）格好だ。

21世紀に入っても、リーマン・ショックや東日本大震災など逆風はあったが、「爆食」とも称される中国の鉄鋼需要の急増を追い風に、日本の粗鋼生産量は回復した。２００２年にはＮＫＫ（日本鋼管）と川崎製鉄が、12年には新日鉄と住友金属がそれぞれ合併し、ＪＦＥホールディングスと新日鉄住金が誕生。再編が進んだことで、業界の過当競争体質も改善した。

しかし、目の前には、新たな試練が待ち構えている。経済が成熟した日本では「鉄鋼需要がこれ以上増えることはない」（林田前鉄連会長）。各社は海外に活路を求めるが、中国の輸出急増で鉄鋼製品はだぶつき、アジアでは生産能力１０００万トン規模の大型製鉄所の新設計画も目白押しだ。

技術面でも、韓国や中国などの新興国が肉薄してきた。最新の日本車に使用される最高強度の鋼板や東京スカイツリーに使われた鋼管は、まだ日本の製鉄会社にしか作れない。ただ、業界関係者からは「日本が世界一の技術力を持っていることは間違いないが、大きくしのいでいるとまで言えるかは分からない」との声も漏れる。

日本の鉄鋼産業は今後も成長し、社会の発展に貢献することができるのか。林田前鉄連会長は「まだまだ成長産業たり得る。それには最新技術の開発を惜しまないことだ」と業界全体を鼓舞する。

NEWS WORD

高炉

セ氏2000度にも達する高温の中で鉄鉱石を石炭（コークス）と化学反応させ、「鉄」（銑鉄）を取り出す溶鉱炉。設備全体の高さは100メートルを超え、製鉄所のシンボルになっている。高炉を用いた近代的な製鉄方法は18世紀初頭に英国で確立された。日本では、1857年に釜石鉱山（岩手県）で初めて稼働。その後、官営八幡製鉄所（福岡県）で操業が本格化した。第２次世界大戦後は全国で大型高炉の建設が相次ぎ、戦後復興で急増した日本の鉄鋼需要に応えた。

INTERVIEW

今井敬（いまい・たかし）
1929年12月23日生まれ

まねできない技術強み

今井敬 新日鉄住金名誉会長

戦後のがれきの中から立ち上がり、「総合力世界一」と称されるまでになった日本の鉄鋼産業。１９５２年に富士製鉄（当時）入社後、業界の中心で苦楽を経験した新日鉄住金の今井敬名誉会長（85）に、鉄鋼業の歩みを聞いた。

――戦後はゼロからのスタートだった。

戦争が終わった時は、全てがれきだった。荒廃の中から復興を始める際、一番大事だったのは、エネルギーと鉄。予算面で焦点が当てられたおかげで、50年に粗鋼生産量が戦前の水準を回復、73年まで生産量が5年ごとに倍増する勢いが続いた。

日本にとって幸運だったのは、鉄鉱石を全て輸入に頼るため、太平洋沿岸に大型船が入る新しい製鉄所を造ったこと。これにより（輸送面で）大きくコストダウンが進み、欧米に対し圧倒的な競争力を持つに至った。鉄鋼業の急成長がなければ、日本の経済復興はなし得なかったと思う。

――73年から低迷期に入る。

決定的だったのが石油ショック。それでも鉄鋼業界はコスト削減策を推進した。連続鋳造という新技術の導入も進め、十分に鋼材を供給した。ただ、85年のプラザ合意による急速な円高で鉄鋼需要も急減し、製鉄所を合理化せざるを得なくなった。高炉休止に反対してトラックいっぱいの陳情書が届くなど大変な状況だったが、あの時リストラしなければ会社はつぶれていただろう。90年代も、自動車大手による取引先の絞り込みが響き、鉄鋼業界は地獄を見た。

――米国では戦後、鉄鋼業が衰退したが、日本ではなぜ復権できたのか。

一つは技術力だ。転炉の導入で生産性が、連続鋳造の普及で歩留まり率が飛躍的に向上した。主要顧客の厳しい品質要求に応えてきたことも強みだ。例えば80年代、トヨタ自動車が米国で鋼板を買ったら、加工する際に約3割にひびが入ったという。自動車向けの「薄くて固くて加工しやすい」高張力鋼板は、（設備だけでなく）ノウハウが必要で、他国の製鉄会社はまねできない。日本の鉄鋼業は、重要な素材を提供することで戦後復興や加工組み立て産業の成長に貢献してきた。

もがく世界のソニー

＝「革新」の主役アップルに＝

終戦直後の１９４６年、東京・日本橋で「東京通信工業」として産声を上げたソニー。戦後復興、高度経済成長の時代を通して革新的な製品を次々と世に送り出し、世界の「ＳＯＮＹ」へと上り詰めた。しかし、２０００年代以降、インターネットやデジタル化に対応した新商品の開発に手間取り、その地位を米アップルに奪われた。ソニーは今もヒット商品を出せずにもがいている。

無理難題が生む独創性

東京都品川区の御殿山地区の一角。閑静な住宅街にあるソニー歴史資料館には、発色の良さで世界を驚かせた「トリニトロン」カラーテレビ、携帯音楽プレーヤーの「ウォークマン」など、草創期からのヒット商品が年代ごとに並ぶ。しかし、２０００年代のコーナーは誰が見ても物足りない。

東京通信工業は47年、資料館のある御殿山に本社を移転。ソニーへの社名変更を経て60年間、ここから最新技術を世界に発信し、「ものづくり大国・日本」を体現してきた。

ソニーの強みは「他人のやらないことをやる」という「ソ

ソニーのヒット商品と売上高

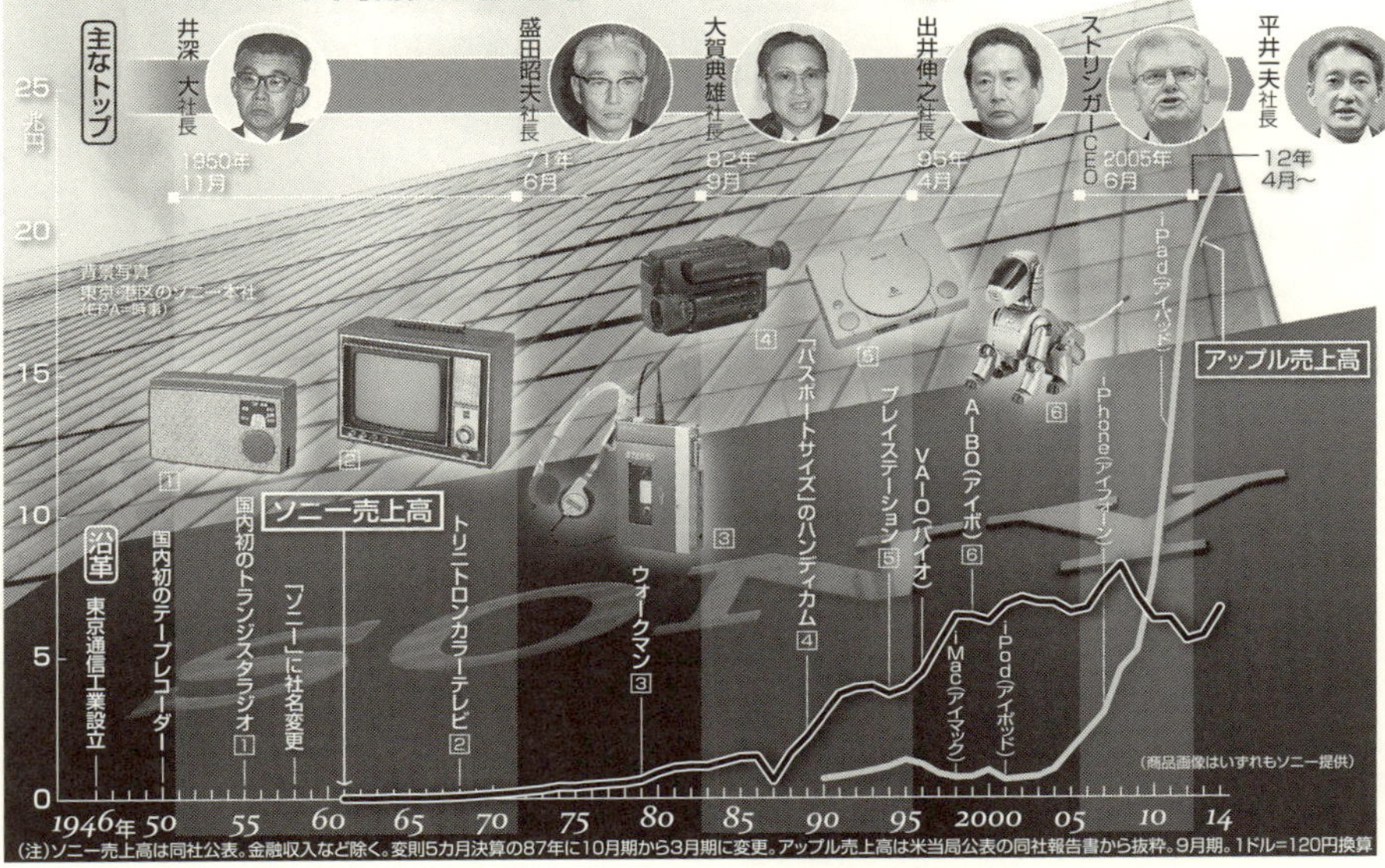

（注）ソニー売上高は同社公表。金融収入など除く。変則5カ月決算の87年に10月期から3月期に変更。アップル売上高は米当局公表の同社報告書から抜粋。9月期。1ドル=120円換算

ニースピリット」だった。創業者の一人、故井深《いぶか》大《まさる》氏はかつて米雑誌のインタビューで、革新的な製品を生み出す秘訣《ひけつ》を「強烈な目的意識を満たすために独創性を入れざるを得なかった」と説明した。

ウォークマンの開発を手掛けた大曽根《おおそね》幸三《こうぞう》氏（81）の言葉を借りれば「ソニースピリットは井深さんの無理難題の産物だ」。リーダーの高い要求に応えようと優れた技術者が知恵を絞り続けたのが、ソニーの歴史だったというわけだ。井深氏は開発現場にふらっと現れて「せめてこれくらいの大きさがいいな」などとつぶやいて帰った。技術者は井深氏の喜ぶ顔を見ようと難題をクリアした。

55年に発売したトランジスタラジオは小型軽量化を進めて、米国で大ヒット。62年にオープンしたニューヨーク5番街のショールームの玄関には日の丸の旗が掲げられ、日本の戦後復興の象徴となった。

68年発売のトリニトロンテレビは、ソニーの成長を30年以上支えた。さらに、「屋外で音楽を聴く」という新しいライフスタイルを創り出したウォークマンは、80年代の黄金期をけん引した。79年の発売から累計出荷台数は4億2000万台以上（14年3月末時点）に達する。

大きすぎて変えられない

しかし、90年代から2000年代にかけ、電機産業では

世界的な構造変化が起きる。パソコンとインターネットの普及を背景に製品・サービスのデジタル化が加速。部品の規格化が進み、部品生産や組み立てを外注する動きが広がった。自社ですべて作り上げる「垂直統合」から、コストの低い新興国などに生産委託する「水平分業」へ。製品価格はたちまち下落し、ハード単体では差別化が難しくなる。

　この流れに乗ったのがアップルだ。ソニー出身で04～06年にアップル副社長兼日本法人代表取締役を務めた前刀禎《さきとうよし》明《あき》氏（56）は「ハード、ソフト、サービスを組み合わせて価値を生み出した」と強みを解説する。

NEWS WORD

垂直統合と水平分業

　垂直統合は、製品の研究開発、設計、製造、組み立て、販売まで自社で全て賄う「自前主義」のビジネスモデル。日本の製造業の典型的なスタイルで、独自技術を囲い込み、付加価値の高い製品を供給できるのが強み。

　水平分業は、主に部品の生産や組み立てを外注する「開放主義」のビジネスモデル。自社で生産設備や雇用を抱えないため、スピード感のある経営が可能だ。米アップルは、日本や中国、台湾のメーカーに部品生産や組み立てを委ねている。

アップルは01年に発売した「ｉＰｏｄ（アイポッド）」に、音楽管理ソフト、音楽配信サービスを組み合わせて提供し、ユーザーを囲い込んだ。スマートフォン「ｉＰｈｏｎｅ（アイフォーン）」は、世界中の開発者が競って発表するアプリ（ソフト）で手軽に機能を拡張できる携帯電話のイノベーション（革新）を起こした。

　ソニーも手をこまねいていたわけではない。95～05年にトップを務めた出井《いでい》伸之《のぶゆき》氏（77）は、パソコンとネットを起点とした時代の変化にいち早く気づき、培ってきた音響・映像（ＡＶ）技術とＩＴの融合を図り、アップルを買収することも検討した。

　しかし、出井氏は「僕にはできなかった。ソニーは大きすぎた」と振り返る。社長就任当時の従業員は約14万人。「トップは超能力者ではない。社内はＡＶ系とＩＴ系に分かれていた」とも釈明する。

　ソニーは今、利益のほとんどを金融や映画、音楽など「ものづくり」以外で稼ぐ。テレビや音響機器などの看板事業は次々に分社化し、所帯を小さくすることで活力を取り戻す狙いだ。本社は新規事業の創出に集中する。

　ただ、現役幹部の一人は「構造改革で多くの優秀な人が去り、目に見えてイノベーションの力が下がった」と現状を危惧する。ソニーの復活を期待するアナリストは「ものづくりの成功体験が邪魔になることもある。イノベーションを起こすには、海外や別会社に完全にビジネスを移し、しがらみを断つことが必要だ」とアドバイスする。

INTERVIEW

出井伸之（いでい・のぶゆき）
1937年11月22日生まれ

社内不一致で変われず

出井伸之 元ソニー社長

１９９５年から10年間にわたってソニーを社長、最高経営責任者（ＣＥＯ）として率いた出井伸之クオンタムリープ代表取締役（77）に、ソニーが長期低迷した要因と復活の可能性を聞いた。

——戦後の日本企業の歩みをどう見るか。

戦後50年は自動車や電機など消費財が伸びた時代。それが90年代に終わり、パソコンとインターネットの時代が来た。米国でアマゾン、グーグル、フェイスブックなど（交流、取引の場を提供する）プラットホームの会社が伸び、日本は乗り遅れた。

——社長時代は、音響・映像（ＡＶ）とＩＴの融合に努めたが、結果は。

ソニーは大きすぎた。戦略転換すべきだと気付いたが、会社のコンセプトは変えられなかった。社内はＩＴ系とＡＶ系に分かれていた。

国の規制も障害になった。日本は従業員を（事実上）解雇できない国だ。（企業が業態を）変えていくことが法律で想定されていない。

——90年代に米アップルの買収を検討したことを明らかにしているが。

ソニーが得意なのはＡＶ、アップルはＩＴ。二つのブランドは世界最強の組み合わせだ。アップルは今、基本ソフト「ｉＯＳ」というプラットホームを使ってハードでもうけているが、その戦略はソニーになかった。

——ソニーが復活する可能性は。

復活ではなく変身。ヒット商品を作ればいいという時代ではない。過去に答えはない。今からアップルのまねをしてもだめで、アップルの先を行くべきだ。

INTERVIEW

技術力の時代終わった

前刀禎明 元アップル副社長

ソニー出身で2004年から06年まで米アップル副社長を務めた前刀禎明リアルディア社長（56）に、ヒット商品を出せないソニーと、アップルの違いを聞いた。

——ソニーからヒット商品が出ない。

「差別化のための差別化」で、ユーザーが期待する方向を向いていない。本当の差別化はユーザーのことを突き詰めて考えた結果生じるものだ。

前刀禎明（さきとう・よしあき）
1958年8月5日生まれ

——技術力はあるが。

技術格差が価値を生む時代は終わったにもかかわらず、技術を追い続けている。インターネットが普及した今はハード、ソフト、サービスが一体的に価値を生む時代だ。

——アップル時代は日本法人トップとしても携帯音楽プレーヤー「ｉＰｏｄ（アイポッド）ミニ」をヒットさせ、「ウォークマン」の市場を奪った。

ファッション性重視の戦略でユーザーの感性に訴求して成功した。技術・機能ではない価値でアプローチした結果だ。

——革新的な商品とは。

人々の想像や期待を超えるものだ。スマートフォン「iPhone（アイフォーン）」が出るまで携帯電話から数字キーが消えると予測した人はいない。そういうものが価値の基準を再定義する。

——ソニーに何が必要か。

スティーブ（・ジョブズ氏＝アップル創業者）は最高の形で新商品を出そうと、最後まで何度もやり直しをさせた。ソニーにも情熱を持って妥協せず徹底的に考える人が必要だ。

自動車社会をけん引
＝続くカイゼンと挑戦―トヨタ＝

新車販売台数が２０１４年にグループ合計で年間１００万台を超え、世界最大の自動車メーカーとなったトヨタ自動車。戦後、空襲で被災した工場から再出発したトヨタは、敗戦国・日本のモータリゼーションを先導し、高度成長期のマイカーブームをけん引した。製造現場の無駄を徹底的に排除する「カイゼン（改善）」を続ける一方、燃料電池車（ＦＣＶ）「ミライ」を世界に先駆けて市販し、ガソリンに頼らない水素社会の実現という新たな挑戦にも踏み出している。

倒産の危機越えクラウン誕生

名古屋市中心部から車で30分ほどの丘陵地帯にあるトヨタ博物館（愛知県長久手市）。19世紀の欧米車を含む展示車約１５０台の中で、ひときわ目を引くクラシックカーがある。トヨタの前身、豊田自動織機製作所自動車部が初の量産乗用車として１９３６年に発売した「トヨダＡＡ型」。トヨタの創業者、豊田《とよだ》喜一郎《きいちろう》（１８９４～１９５２年）が周囲の反対を押し切って開発したＡＡ型はトヨタの原点だ。

しかし、トヨタの乗用車の歴史はいったん途切れる。日本が戦争に突入する中で、政府から軍需会社に指定されたためだ。戦後の物資不足の中、大衆車の原点となる小型車「ＳＡ型」（愛称トヨペット）の生産を開始したのは、終戦から2年たった47年だった。

トヨタで長年、車体のデザインを担当してきた布垣直昭《ぬのがきなおあき》トヨタ博物館館長（57）はＳＡ型を「技術的には優れていたが、商業的には失敗だった」と評する。トヨタでさえ「食べるためにフライパンや鍋を作っていた」（布垣氏）時代。日本社会にまだ車を買う余裕はなかった。

トヨタは間もなく、大規模な金融引き締めを発端とする「ドッジ不況」のあおりで資金繰りが悪化し、倒産寸前に追い込まれる。労働争議と１６００人の人員整理を経て復活したトヨタは55年、高級車として今も販売する「クラウン」を世に送り出す。

日本メーカーによる初の純国産車となったクラウンは57年、米国への輸出も果たす。国内では高度成長期の到来とともに急増するハイヤー・タクシー需要を取り込んだ。

クラウン発売4年後の59年、トヨタは当時「東洋一」とうたった元町工場（愛知県豊田市）を完成させる。「トヨタが町工場から始まったことを忘れないために」と命名された元町工場は、クラウンのほか、「マークⅡ」や「プリウス」など歴代の主力車種を生産。ここでは「カイゼン」として海外でも知られる「トヨタ生産方式」が磨かれ、生産効率を窮める手法は業種を超えて産業界に大きな影響を与えた。

東京五輪から2年後の66年に発売した「カローラ」は、国民的大衆車として大ヒット。11代目を数える現在までの累計販売台数は、国内で１０００万台、世界で４０００万台を超える。

復元されたトヨタ自動車初の乗用車「トヨダＡＡ型」＝2015年6月、愛知県長久手市のトヨタ博物館

トヨタ自動車の初代カローラ＝2015年6月、愛知県長久手市のトヨタ博物館

トヨタ 戦後の歩み

年	月	
1945	8	終戦
47	10	初の小型乗用車「SA型」生産開始
50	4	人員整理で労働争議
57	10	米国トヨタ設立
59	8	元町工場生産開始
68		年産100万台
69		年間国内販売100万台……
72	1	生産累計1000万台
73	10	国内販売累計1000万台
75		米輸入乗用車販売で初の首位
76		年間輸出100万台
79	5	輸出累計1000万台
82	7	トヨタ自工とトヨタ自販合併 ……
84	2	米GMと合弁会社設立
86	9	米国でトヨタ車生産開始
89	9	米国でレクサス車発売
	10	シンボルマークを刷新…
97	10	初代プリウス発売
		世界生産累計1億台
2002	3	F1参戦 ……
05	8	国内でレクサス店の営業開始
09		リーマンショックで赤字転落（09年3月期）
	6	豊田章男社長就任 ……
	11	F1撤退を発表
		米国で大規模リコール問題発生
10	2	豊田社長が米議会公聴会に出席
11		東日本大震災、タイ洪水で減産
12		世界生産累計2億台
13		新工場の建設を凍結
14		グループ世界新車販売が1000万台突破
	12	燃料電池車「ミライ」発売……
15		連結純利益が2兆円突破（15年3月期）
	4	新工場建設再開を発表

「マークII」の船積み（69年、名古屋港）

本社で新社名の碑を眺める豊田章一郎社長（愛知県豊田市）

拡大路線のつまずき

70年代に入ると、日本車の米国への輸出が急増。80年代初頭には、これに歯止めをかけたい米国との「日米自動車摩擦」が勃発した。トヨタも、米国での現地生産を本格化させ、グローバル化へ歩み出す。89年には、高級車ブランド「レクサス」を米国で立ち上げた。

日本のバブル崩壊もトヨタの海外シフトを後押しし、07年には海外生産台数が国内生産台数を逆転する。しかし、翌年のリーマン・ショックで世界の新車販売が一気に縮小すると、拡大路線はつまずく。余剰設備を抱えたトヨタは、09年3月期連結決算で４３６９億円の純損失に転落した。

工場で生産活動に従事する技能系社員の中から初めて役員に就任した河合《かわい》満《みつる》専務役員（67）は、リーマン・ショック前の拡大路線を「技術も知恵もない工場をたくさん造った」と、反省を込めて振り返る。

09年には、米国で大規模リコール（回収・無償修理）問題にも直面。10年2月24日に、豊《とよ》田《だ》章《あき》男《お》社長（59）が米議会公聴会で証言を迫られる事態に発展した。豊田社長は、この日を「トヨタ再出発の日」と位置付け、品質重視の戒めとしている。

トヨタグループの世界販売台数は、13年度に世界の自動車メーカー初の１０００万台を突破。15年3月期の連結純利益は日本企業として初めて2兆円を超えた。ただ、販売台数では独フォルクスワーゲンとの競り合いが続き、利益面では日銀の大規模金融緩和による円安効果が大きい。

トヨタは15年7月、同社初の量産車「トヨダＡＡ型」にちなんで名付けた新型株を発行。長期保有の安定株主から資金を調達する新型株導入の狙いを豊田社長は「１００年先のイノベーションに挑戦したいというトヨタのベンチャ

トヨタ新車販売台数の推移

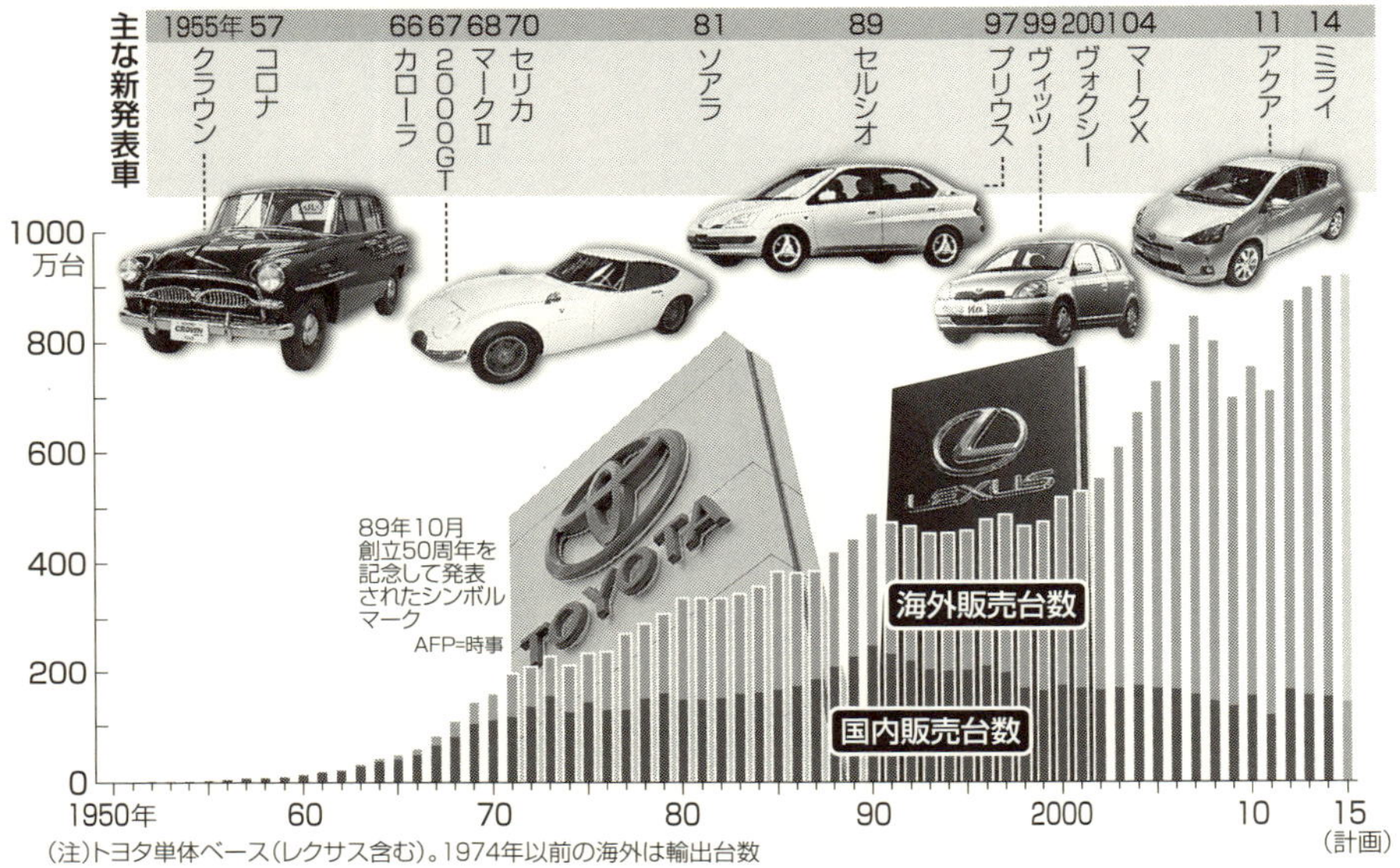

（注）トヨタ単体ベース（レクサス含む）。1974年以前の海外は輸出台数

ー精神の表れ」と説明する。世界の頂点に立ったとはいえ、魅力ある車を作り続けるには、創業期の「ベンチャー精神」を取り戻す必要があることをトヨタも自覚している。

INTERVIEW

失敗重ね成長

布垣直昭　トヨタ博物館館長

トヨタ自動車で、車体デザインに長年携わった布垣直昭トヨタ博物館館長にトヨタ車の戦後の歩みを聞いた。

――戦後初めて発売した「ＳＡ型」はどうやって生まれたのか。

ＯＢによると、終戦直後、自動車で食べていけるかどうか確信が持てない状況の中、当時30代で取締役だった故豊田英二《とよだえいじ》元会長から「いずれ乗用車の時代が来るから準備しておけ」と言われ、下準備していたという。だから、連合国軍総司令部（ＧＨＱ）の許可が出るとすぐに作れた。ただ、技術的な思い入れが先行し、商業的には失敗だった。国民にも車を買うほどの経済力はまだなかった。

――1955年に誕生した初代「クラウン」は。

車を作れるようになった日本メーカーは当時、欧米車に早く追い付こうとしていたが、完全に自社で作ることはできなかった。トヨタがクラウン生産のため「設備5カ年計画」で多くの機械を導入し、すべてを作れるようになった。クラウンが初の本格的国産乗用車と言われるゆえんだ。

布垣直昭（ぬのがき・なおあき）
1958年7月9日生まれ

――クラウンはトヨタ初の米国輸出車にもなった。

終戦から12年後の57年に米国への輸出を始めることができ、感慨深かったそうだ。敗戦の傷を引きずる中で「何とか自分たちも輸出の夢を実現できた」という気持ちだったのではないか。ただ、販売は芳しくなかった。性能が不十分で、米国のお客さまからいろいろなクレームをもらった。

――その後、日本は大衆車の時代に突入する。

66年に発売した「カローラ」がヒットしたのは、当時としてはスタイリッシュで性能も良かったためだ。装備を簡略化しすぎてうまくいかなかった「パブリカ」から教訓を学んだ。ユーザーは、安さだけを求めているのではなく、車への憧れを持っていた。

――バブル期には米国で「レクサス」の販売を始めた。

当時のトヨタは米国でトラックのイメージが強かった。「カローラ」も売れていたが、一番売れていたのは「ハイラックス」などだった。しかし、レクサスは比較的短期間にアメリカで認められた。偏見抜きに良いものを受け入れる米国の国民性に負う部分もあったと思う。

Part6

経済成長と環境保護

戦後日本の高度経済成長は公害という負の遺産を残した。環境汚染が人々に健康被害をもたらし、患者の苦しみはなお続く。公害の深刻化は環境保護政策を前進させたが、今、地球温暖化という新たな難題を突き付けられている。戦後の環境問題をめぐる歩みを振り返り、今後を展望する。

配信：2015/04/27

水俣病との闘い、今も
＝企業城下町襲った「奇病」＝

高度経済成長期のさなか、熊本県にある人口約5万人の企業城下町を奇病が襲った。４大公害病の一つである水俣病の始まりだった。健康被害に加え、患者は差別や偏見とも闘わなければならなかった。工場の排水が原因と判明し、法廷闘争などの末、企業と国、県の責任が認定された。しかし、根本的な治療法は依然確立されておらず、患者らは半世紀を経た今も、つらい症状に苦しめられている。

豊かな漁村が一転

「魚が湧く」と言われるほどに豊かな漁場だった水俣の海。地元の水俣市で１９５０年代以降、原因不明の病気が急速に広まった。突然、しびれやけいれんに襲われ、もだえ苦しみながら亡くなっていく人々。伝染病と恐れられ、患者や家族はいわれない差別にも苦しめられた。

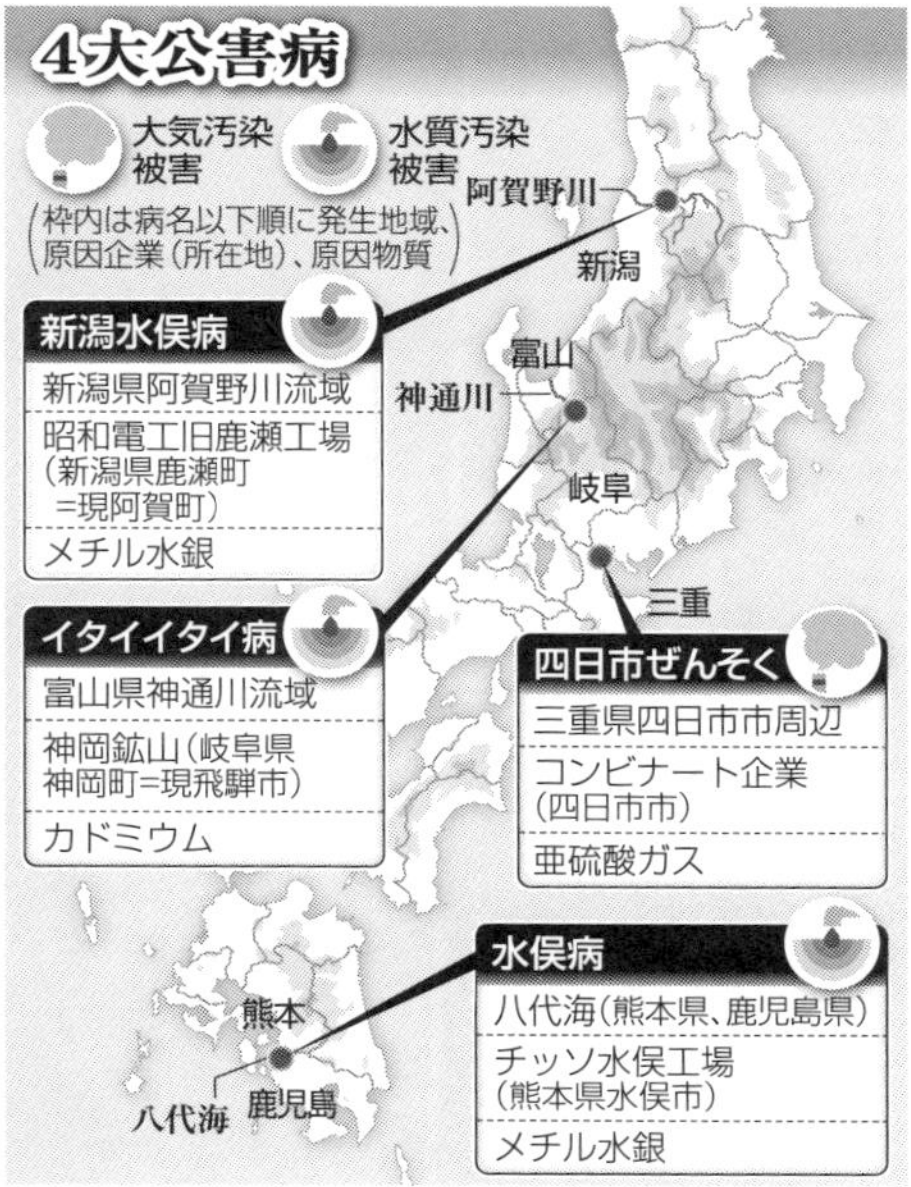

病気の原因は、チッソ水俣工場の排水に含まれたメチル水銀だった。政府が68年に公害病と認定するまで、排水は流され続け、魚介類を汚染した。

市立水俣病資料館の島田《しまだ》竜守《たつもり》館長（50）は「患者と家族は家から出るなと言われ、井戸も使えなかった。買い物でお金を受け取ってもらえず、石を投げられた方々もいる」と話す。水俣出身と分かり、就職を断られたり、結婚が破談になったりした人もいたという。

患者らは、原因企業であるチッソの責任を問い、裁判を起こした。国や県を被告に加えた訴訟も起こされ、95年に当時の村山富市首相が「遺憾の意」を表明し、補償に関するスキームを含む解決案が提示された。

大部分の患者はこれを受け入れ、裁判は終結に向かったが、一部の原告は訴訟を継続。２００４年に国と県の責任を認める最高裁判決が出され、救済の範囲を広げた特別措置法が制定された。

住民同士が対立

こうした中、水俣病患者救済の先頭に立ったのが、水俣市議も務めた故川本輝夫《かわもとてるお》さんだ。きっかけは、一本釣りの漁師だった父の死だった。父はある日を境に、徐々に体調が悪化して寝たきりとなった。最後は錯乱状態に陥り、息を引き取った。川本さんはチッソと行政の責任追及にのめり込んでいった。

語り部として父川本輝夫さんの闘いを伝える愛一郎さん。背後に八代海が広がる＝2015年3月20日、鹿児島県出水市

川本さんは父の水俣病認定に奔走したが、医師らには取り合ってもらえず、逆に「そんなに金が欲しいのか」と厳しい言葉を浴びた。結局、患者認定はされなかった。その後、ひどい症状があるのに、水俣病と名乗り出ない人が大勢いることを知った。

背景にあったのは、チッソの「企業城下町」という事情だった。市経済は、チッソなしには成り立たない。水俣病がチッソによる公害と認定された後も、補償交渉をする被

小学校入学の日に撮影した家族写真。ランドセルを背負う川本愛一郎さんの後ろが父輝夫さん（川本愛一郎さん提供）

害者側と、「チッソ擁護派」と呼ばれる住民の間にあつれきが生まれた。71年ごろには対立が激化し、ビラをまいての中傷合戦に発展した。

川本さんは毎晩のように自転車で患者の家を一軒一軒回り、差別を恐れ認定申請を出せない被害者を説得していった。71年12月には、チッソ東京本社前で座り込みを始めた。「1週間で帰る」と言って家を出たが、73年7月まで続いた。

その間、家族が残る自宅には、中傷のはがきが届き、夜中に「ばか」と言って電話が切れた。玄関先に消火器が置かれるなどの嫌がらせもあった。

交渉の結果、現在まで続くチッソとの補償協定が成立した。しかし、患者救済に半生をささげた川本さんへの評価は、すぐには変わらなかった。

チッソ水俣工場から流されたメチル水銀を含む排水は、百間排水溝を通じて水俣湾に流出した。写真は昭和30～40年ごろの様子（水俣市立水俣病資料館提供）

父の足跡実感

「入院費は掛からないんだって」。川本さんの長男愛一郎《あいいちろう》さん（57）は２０１３年、病院で入院患者と見舞客の会話を聞いた。「あんた川本さんの悪口を言いよったばってん、あの人たちのおかげで」。愛一郎さんは「やっと分かってくれた。本当にうれしかった」と涙を拭う。

愛一郎さんは水俣市に隣接する鹿児島県出水市でデイサービスなどの事業を手掛けている。保険適用となる訪問看護の利用者のうち、３割ほどは医療費を免除される水俣病被害者の手帳を持っており、父たちの足跡を実感している。「名誉回復じゃないが、誤解があったからそれを解いていかないといけない」。愛一郎さんは水俣病の語り部として、父の闘いの歴史を次世代へと伝えている。

NEWS WORD

4大公害病

日本の高度経済成長期に当たる1950年代から60年代にかけて表面化した、企業による環境汚染と住民の健康被害。一般的に熊本水俣病、新潟水俣病、四日市ぜんそく、イタイイタイ病の四つを指す。戦後の急激な重化学工業化によって汚染が広がり、深刻な健康被害を引き起こした。いずれも工場からの排水や排気が原因だった。

公害克服へ危機感共有
=自治体の圧力で対策加速=

全国各地で公害問題が深刻化したのを受け、公害対策基本法をはじめ、公害対策や環境保護のための法整備が急ピッチで進んだ。「公害国会」と呼ばれた1970年の臨時国会では公害関係法14本が一気に成立。経済成長か環境保護か――。両立の道を選んだ行政と企業は危機感を共有し、公害克服に向き合った。

産業界に本気度

NPO法人環境文明21を主宰する加藤三郎《かとうさぶろう》さん（75）は、霞が関官僚として公害・環境行政を27年間にわたり担当した。東大、同大学院で学んだ環境工学を生かそうと66年に旧厚生省に入り、できたばかりの公害課で働きだした。71年に旧環境庁が発足すると、同庁に移り、大気保全局で環境基準の設定や三重県四日市市のコンビナート公害対策などに当たった。公害対策の最前線で駆けずり回った一人だ。「最初に反応したのが地方自治体だった」――。当時を振り返りこう語る。公害の被害を受ける住民に最も身近な行政は自治体で、「住民や市民団体の声をバックに中央省庁が突き上げを受けた」という。そして、「中央省庁や政治家、産業・経済界とあらゆるセクターが危機感を共有し、全力を挙げた」ことで、法整備や厳しい環境基準への対応が加速度的に進んだと解説する。

さらに「本気度が半端じゃなかった」と力を込める。加藤さんは、公害対策基本法に基づき69年に設定された硫黄酸化物の環境基準の達成に向け、旧通産省が設けた対策検討部会の名簿を取り出した。部会長の植村甲午郎《うえむらこうごろう》経団連会長（故人）以下、当時の産業界首脳陣が勢ぞろい。「びっくりするほど豪華メンバー。名簿を見ただけで、いかに当時の産業界がまともに取り組んだかが分かる」と興奮気味に話す。

この部会がまとめた報告書には、「産業政策の展開に当たって最も重要なのは公害対策」といった文言が盛り込まれている。そこには「日本が将来生きていくためには工業

発足した「環境庁」の看板を掛ける山中貞則初代長官（右）＝1971年7月1日、東京都渋谷区

発展の道しかない。その道を選ぶなら公害を何とかしなければならないという本気度」があった。その本気度は、環境技術や省エネ技術の開発を加速させ、日本企業の国際競争力を高めた。

「横浜方式」が全国に

公害対策で国に圧力をかけた自治体の一つに京浜工業地帯を抱く横浜市がある。国の法整備が不十分な中、工場進出や増設に伴う環境汚染への市民の意識が高まり、いち早く対応に乗り出した。

その先頭に立ったのが市公害対策局長などを務めた猿田《さるた》勝美《かつみ》神奈川大名誉教授（88）＝医学博士＝だ。特に、64年に石炭火力発電所（磯子区）の立地をめぐり電源開発株式会社と結んだ公害防止協定に深く関わった。企業との協定

NPO法人環境文明21の加藤三郎共同代表＝2015年2月26日、東京都大田区

名古屋市内で講演する猿田勝美神奈川大名誉教授＝2013年12月1日、名古屋市

締結で公害を未然に防ぐ取り組みは「横浜方式」と称され、全国の自治体に急速に広がった。

当時、国の石炭政策に基づく電源開発の発電所建設計画を受けた飛鳥田《あすかた》一雄《いちお》市長（故人）は「市の要求する公害防止対策を受け入れない場合は立地を認めない」とする方針を決めた。市長から公害対策の検討を指示された猿田さんらは「（62年制定の）ばい煙規制法は（抜け道だらけの）ザル法。これに基づいた排出基準は認められない」と考え、風洞実験などを繰り返し、市独自の基準による条件を設定。これを踏まえ飛鳥田市長は、公害対策に関する14項目の申し入れを行い、電源開発はこれを受け入れ協定締結に至った。

この間に猿田さんは旧通産省に通い詰め、市の取り組みに了解を取り付ける一方、具体的な風洞実験結果に基づいた対策を電源開発に示し、交渉を重ねた。「技術やデータに基づいて科学的に根拠のあることを要求すれば、必ず解決手法は出てくるだろうと信じた」という。その成果物の公害防止協定は「法律や条例に基づかない私的契約」だが、当時発電所に対する監督権限のなかった自治体が、公害防止対策の主導権を握る道を開いた。

猿田さんは現在も、神奈川県鎌倉市などの環境審議会会長として活躍。今後の環境行政については「経済が悪くなったから環境が悪くなった、経済が良くなったから汚染発

NEWS WORD

公害対策基本法

深刻化する公害問題に対し、それまでの「ばい煙規制法」など対症療法的な既存法では不十分なため、1967年に制定した公害防止対策の基本となる法律。大気汚染や水質汚濁などを公害の範囲と定め、事業者だけでなく国、地方自治体にも公害防止の責任があることを明示した。環境基準の設定も規定。基本法に続いて大気汚染防止法、水質汚濁防止法などが制定された。93年の環境基本法の成立に伴い廃止された。

戦後の環境問題をめぐる動き

1949年　東京都など自治体が公害防止条例制定
50年　60年代にかけ水俣病など4大公害をはじめ公害問題が各地で発生
62年　ばい煙規制法制定
67年　公害対策基本法制定
68年　大気汚染防止法、騒音規制法制定
70年　公害国会で水質汚濁防止法など公害関係14法制定
71年　環境庁設置
72年　自然環境保護法制定
75年　ラムサール条約、ワシントン条約発効
82年　ナイロビで国連環境会議
85年　オゾン層保護のウィーン条約採択
86年　チェルノブイリ原発事故
87年　国連の環境と開発に関する世界委員会が「持続可能な開発」を提言
88年　オゾン層保護法制定
92年　リオデジャネイロで国連環境開発会議（地球サミット）、気候変動枠組み条約署名、自動車NOx法制定
93年　環境基本法制定
95年　容器包装リサイクル法制定
97年　京都で国連気候変動枠組み条約第3回締約国会議（COP3）、京都議定書採択、環境アセスメント法制定
98年　家電リサイクル法、地球温暖化対策推進法制定
2000年　循環型社会形成推進基本法制定
2001年　環境省発足
05年　京都議定書発効
2011年　東日本大震災と東京電力福島第1原発事故
12年　リオで国連持続可能な開発会議（リオ＋20）
15年　パリでCOP21、京都議定書に代わる新枠組み合意へ

生源が増えた、では困る。いかに現状をキープするかが一番大事」と考える。戦後70年の今、ともすれば経済最優先で環境保護が後回しになりがちな傾向に警鐘を鳴らしている。

INTERVIEW

尾田栄章（おだ・ひであき）
1941年7月2日生まれ

河川環境重視し法改正

尾田栄章 元建設省河川局長

戦後、急速な都市化が進む中、河川環境も悪化した。人が楽しめる水辺が減り、水質汚濁などが発生。そうした中、１９９７年の河川法改正で、治水や利水に加え、河川環境の整備や保全が河川管理の目的に据えられた。旧建設省技官で河川環境問題を見つめ続け、河川局長時代に法改正に手を付けた尾田栄章さん（73）に話を聞いた。

――97年の河川法改正の背景について。

明治以降、機械の力を使えるようになると、川の蛇行部分の直線化や護岸工事などの治水事業が容易になった。特に戦後は事業が大規模化。人間に都合よく河川を扱った結果、河川環境が悪化した。「河川環境」に関する明文規定が必要だと考え、治水・利水最優先でつくられた河川法を見直すことになった。70年代後半の課長補佐の頃に河川局内で議論していたが、改正は局長時代。「治水至上主義」は根強かった。

――法改正のポイントは。

河川整備事業を検討する際に、少なくとも治水、利水、河川環境という3方向から光を当てて事業を評価することにした点。各河川の整備計画に地域住民の意見を反映させる仕組みも取り入れた。

――住民参加の河川づくりは進んだか。

残念ながら積極的な参加が進んでいるのは、ごく少数の河川にとどまる。住民を交えて物事を決めるという手法の開発は遅れている。大事なのは具体的な計画をめぐり、皆でわいわい議論するプロセス。まとまらないなら時間をかけたらいい。その結果、災害時の住民の対応力も増し、レジリエント（災害に柔軟に対応する）な社会につながる。

――尾田さんは今、東京電力福島第1原発事故の被災地、福島県広野町の役場で任期付き職員として勤務している。復興事業を目の当たりにして、考えることは。

復興に向け町民の意見を聞くと「あれもこれも欲しい」ということになる。だが、実際にやれるのは、あれかこれかどっちかしかない。「あれもこれも」から「あれかこれか」に住民とキャッチボールしながら絞り込んでいく必要がある。復旧は急がれるが、復興は長期的視点で街づくりをする絶好のチャンス。だが、そこはなかなかそうならないようだ。

――土木工事が中心の復興事業が進み、環境保全が二の次になると懸念する声がある。

どちらが先というのではなく、復興事業に当たっては生活・環境、防災と全ての視点から見て何がベストか考えるべきだ。例えば除染。すごく立派な木も含め一律に伐採し、地表の土を入れ替えている。地表の土壌は生物の宝庫。それを破壊した結果として放射線量が減っているということだが、比較考量していない。少なくとも議論すべきだ。

待ったなしの温暖化対策
=期待かかる市民参加=

公害を教訓に環境保護政策を前進させた日本は、１９９７年に地球温暖化対策の国連会議を招致した。会議は先進国に温室効果ガスの排出削減義務を課した京都議定書を採択、ホスト国として重要な役割を果たした。しかし今、温暖化問題における日本の存在感は薄い。気候変動に伴う異常気象が頻発し、温暖化対策は待ったなし。国民の危機意識を高めることも課題となっている。

COP3誘致へ勢い

公害の克服に向け法規制が整うと、80年代には日本の環境の質はおおむね改善、代わりに地球環境問題が浮上した。環境庁は90年7月、専門的に対応する組織として地球環境部を新設。当時同庁国際課長だった加藤三郎《かとうさぶろう》・現NPO法人環境文明21共同代表（75）が初代部長を務め、対応に当たった。

最大の任務は、今後取り組むべき温暖化対策をまとめた地球温暖化防止行動計画づくり。加藤さんは「北川石松《きたがわいしまつ》長官（故人）から辞令をもらった7月1日は日曜日。その日のうちに作業に取り掛かった。27年間の官僚生活で最も厳しい日々だった」と振り返る。根拠法もない中での計画づくりとなり、エネルギー業界などの激しい抵抗に遭った。しかし、「当時の政治家も温暖化問題の重大性に気付いていた。公害の経験を思い出し、『ほっておいたら駄目だ』と奮起し、土日返上で部下全員と火の玉になって作業した」という。

政府は90年10月に計画を決定、「国際的にも早い段階に

国連気候変動枠組み条約第３回締約国会議で議定書を採択し握手する議長ら＝1997年12月11日、京都市左京区

議定書を採択し閉会する国連気候変動枠組み条約第３回締約国会議＝1997年12月11日、京都市左京区

できた計画。国際会議などで紹介する場もあり、『日本は頑張っている』と評価され、京都に国連気候変動枠組み条約第３回締約国会議（ＣＯＰ３）を誘致する一つの足掛かりになったのではないか」と思っている。

ＣＯＰ３の開催国となり、温暖化問題の初動対応では勢いを見せた日本。しかし、その後の温室ガス削減に向けた政府の取り組みはのろく、外交的な主導権を握ることはできていない。

加藤さんの部下として汗を流した元環境省地球環境審議官の浜中裕徳《はまなかひろのり》地球環境戦略研究機関理事長（70）は、「相次ぐ異常気象に、国民は目を背けられない脅威だとますます感じている。それを政治経済の現実とどうつなぐかだ」と指摘。気候変動への市民の切迫感を政界、経済界も共有し、「ウィンウィンの方策」に結び付けるべきだと訴える。

環境ＮＰＯ、今後に希望

こうした中、国民と温暖化問題の橋渡し役として期待されるのがＮＰＯだ。日本でも欧米の影響を受け、90年代から環境問題に取り組むＮＰＯが誕生したが、多くは資金や人材不足などに悩みながら活動している。政策に影響力を持つＮＰＯが複数存在する環境先進国のドイツなどとは程遠い状況だ。

環境文明21は13年、一般市民を対象にアンケート調査（有効回答数７２９人）を行い、結果を分析。これによると、環境問題に関心を持っている人は１００人中70人、それなりの知識がある人は同40人いるが、環境ＮＰＯなどの会員になった経験のある人は、わずか同１・８人。

共同代表の加藤さんと藤村コノヱさん（61）はこの結果を「日本人は官、行政を尊重する面があり、民間団体やＮＰＯを評価する風土がない」と見る。ただ、「あと10年くらいすれば、１・８人が18人ぐらいに増える可能性がある。そうなれば雰囲気は大きく変わる」と悲観していない。阪神・淡路大震災、東日本大震災が起き、多くの市民がボランティア活動に参加したように、「気候変動への対応の鈍さに気付き、政府や自治体に任せちゃいられないと思う市民が出てくるだろう」と考える。

ＮＰＯ法人「環境文明21」の事務所で話す加藤三郎共同代表（右）と藤村コノヱ共同代表＝2015年2月26日、東京都大田区

両代表は、日本でのＮＰＯの存在感が高まらない背景として、政府によるＮＰＯ支援の手薄さも挙げるが、「私たちにも原因がある」と話す。そこで市民に直接働き掛ける力を強めようと、有志のＮＰＯが緩やかに連携した組織『市民環境団体連合（グリーン連合）』を発足させる。全国集会を年１回開いたり、環境問題に熱心な議員や記者、経営者を増やしたりするという。「ＮＰＯに関心のある人が一気に増えるとは思わない。でも発信力は高まるだろう」――。戦後の公害問題克服に向け、市民が立ち上がり、自治体や国を動かした経験を胸に期待が高まる。

NEWS WORD

京都議定書

法的拘束力のある温室効果ガスの削減目標を先進国に課した初の国際協定。1997年12月に京都市で開かれた国連気候変動枠組み条約第3回締約国会議（COP3）で採択された。2008年～12年の第1約束期間の温室ガス排出量を先進国全体で90年比で5％削減する目標を明記。国ごとに目標は異なり、日本は6％。

13～20年の第2約束期間は欧州連合(EU)などが参加する一方、日本やロシアなどは参加していない。各国は15年末にパリで開かれるCOP21で、京都議定書に代わる20年以降の新たな枠組みの合意を目指している。

※２０１５年12月12日、ＣＯＰ21は20年以降の地球温暖化対策の新たな国際的枠組み「パリ協定」を採択しました。

Part7

変わる庶民の暮らしと文化

敗戦後、焼け野原から庶民は立ち上がった。食糧難を脱し、豊かになっていく日本。懸命に働く勤労者が昭和の経済成長を支えた。食卓はコメ離れが進んで多様化し、家族と住まいの風景も様変わり。女性の社会進出は平成の今も、なお途上だ。世相を映す暮らしと文化を点描し、70年の軌跡をたどる。

進んだコメ離れ
＝栄養改善、食生活は多様化＝

日本人の主食はコメ。しかし、国民1人が食べるご飯の量は半世紀以上、ほぼ一貫して減り続けている。戦後、食生活の洋風化と多様化が進んだ結果、食卓の風景は様変わりした。

飢えからの再出発

終戦後も、庶民の多くは戦中から続く深刻な食料難に苦しんだ。コメの配給は滞り、サツマイモやトウモロコシなどの代用食も足りなかった。都会の住民は農村に買い出しに行ったり、駅前に出現したヤミ市の食料品を買ったりして飢えをしのいだ。海外から食料援助を受けた日本は、国を挙げてコメなどの増産に励んだ。

全国各地を巡回した栄養指導車（キッチンカー）＝日本食生活協会「栄養指導車のあゆみ」（1961年刊）より

戦後10年たった1955年、乳児死亡率はなお1000人当たり39・8人と高水準だった。厚生省（現厚生労働省）の外郭団体として、日本食生活協会（東京）が設立されたのはこの年

配信：2015/04/27

だ。

　同協会は翌年から、バスを改造して後部に調理設備を設けたキッチンカーを全国各地に巡回させ、栄養改善運動を展開。欧米風の食事の作り方を実演して見せ、普及に努めた。当時まだ珍しかったフライパンと油を使う調理法も披露した。

　ご飯を基本にみそ汁、魚、野菜、芋などが並ぶ伝統的な和食で、問題視されていたのは炭水化物や塩分の取り過ぎだ。同協会の上谷律子《うえたにりつこ》会長は「主食の米飯に偏って栄養バランスの悪かった食事内容の改善が当時の活動目的だった」と話す。

洋風化でパン食普及

　55年は、ご飯を釜で炊くという家事労働に革命が起きた年でもある。自動式電気釜の発売だ。手間が大幅に省力化されたため、爆発的に売れ、4年で全家庭の約半数に普及した。多くの人が手軽に白米を食べられる時代になっていく。

　「コメを食べると頭が悪くなる」という「米食低脳論」が世間をにぎわせたのも、この頃だ。大脳生理学の権威だった林髞《はやしたかし》慶応大教授（当時）が著書「頭脳」（58年刊）で、パンの原料、小麦に含まれるビタミンB群が白米には含まれていないと指摘し「頭の正しい働きができなくなる」と強調。パンを主食にするよう提唱した。

　上谷会長によると、栄養改善運動のキッチンカー12台の製作費は米オレゴン州小麦栽培者連盟の援助金で賄われた

キッチンカーでは料理の試食が人気だった＝日本食生活協会「栄養指導車のあゆみ」（1961年刊）より

アルマイトの食器や脱脂粉乳のある1964年当時の小学校の給食風景（東京都）

という。米側には、日本を余剰農産物の大口輸出先にしたいとの思惑があった。ただ、米側からは活動内容に関する条件は「一切なかった」と同会長。61年発行の協会パンフレットによると、実演料理の試食では、レバーサンドイッチ、みそペーストサンド、サバのホットドックなどが特に好評だった。

高度成長期、生活全般の洋風化とともに、パン食は広く普及した。食卓には肉や卵、牛乳・乳製品が多く並ぶようになり、果物や野菜の摂取量も増えた。

和食の再評価も

１人当たりのコメの年間消費量は62年度、１１８キログラムに達し、戦後のピークを迎えた。60年代後半には消費が減り、コメが大量に余るようになる。政府は70年から、計画的に生産量を少なくする減反政策にかじを切った。

やがて、肥満や生活習慣病が問題になる時代になった。動物性たんぱく質や脂肪の過剰摂取が指摘され、米食中心の「日本型食生活」が再評価されるようになったが、コメ離れは止まらなかった。コメの消費量は２０１２年度には１人当たり57キログラムになり、半世紀で半減した。

「私が子供の頃は丼に2杯、3杯食べるのが普通だったが、今は小さな茶わんでお替わりする人も少ない」。そう嘆くのは、コメ卸大手、神明ホールディング（神戸市）の田中《たなか》義昭《よしあき》常務だ。人口減と高齢化が進む日本で、コメ消費が今後回復する可能性は小さいとみる。

和食は13年、国連教育科学文化機関（ユネスコ）の無形文化遺産に登録された。海外では米食中心の健康食として人気が広がる。ただ、シンガポールでおにぎり店を開いた

中学校の給食。1970～80年代の給食はコッペパン、瓶牛乳、冷凍みかんが定番。食器はアルマイト製。下部にあるのは先割れスプーン。

加藤辰也ミラノ国際博覧会日本政府代表

アグリホールディングス（本社東京）の前田一成《まえだいっせい》社長は「ラーメンでさえ日本食なのでヘルシーと思われています」とも話す。5月から「食」をテーマにイタリアで開かれるミラノ国際博覧会の加藤辰也《かとうたつや》日本政府代表は「ご飯を基本に一汁三菜で多くのものをバランスよく取る食べ方を世界に発信したい」と語る。

NEWS WORD

日本型食生活

生活習慣病が問題となり、1980年代以降、政府は「日本型食生活」を推奨するようになった。農林水産省によると、「昭和50年代（75～84年）ごろの食生活」のことで、米を主食としながら、主菜や副菜に適度の牛乳・乳製品、果物も加わった、バランスの取れた食事を指す。

同省は米中心の食事の長所として「和・洋・中ともよく合うおかずがいっぱいある」とした上、米食とパン食では食料自給率にも違いが出ると強調。「パンなど小麦を使った主食や、肉を中心とした主菜は自給率が低い食事になる」として米食への回帰を提唱している。

都会に「団地族」
＝核家族の拠点、超高齢化へ＝

東京、大阪などの大都市圏は戦後、大量の労働力を地方から受け入れた。郊外には巨大なニュータウンが次々と建設され、「団地族」の生活は時代の象徴だった。

ベビーブーム

東京の都心から地下鉄で30分。駅前に、14階建てを中心とする高層住宅群が広がる。板橋区の高島平団地だ。もともと広大な田んぼがあり、「東京の穀倉地帯」とも呼ばれた地域。日本住宅公団（現都市再生機構＝ＵＲ）が東京への人口集中に対応するため、計画人口3万人の人工都市として建設し、１９７２年から入居が始まった。

住民の多くは戦後の第1次ベビーブームで生まれ、民主主義教育を受けた団塊世代の20代夫婦。すぐさま赤ちゃんの誕生ラッシュが始まった。「団地内だけで毎年２０００人が生まれる状況が数年続き、あっという間に子供だらけになりました」と振り返るのは、団地の歴史を当初から見守ってきた高島平新聞社の村中義雄《むらなかよしお》会長（73）だ。

共働き夫婦が多く、すぐに保育園が不足。「住民が団地の集会所の和室を全部予約で占拠して自主保育運動を始めました」。この取り組みが自治会の結成や、小中学校増設などを求める活発な住民運動につながった。

72年は日本列島改造論を発表した田中角栄が首相に就任した年。高度成長期も終わりに近づく中、農漁村の過疎と都市の過密は大きな政治課題だったが、団地は若い住民の活気にあふれていた。

2DKの暮らし

日本住宅公団が設立され、勤労者向け住宅の供給を始めたのは55年。翌年の経済白書は「もはや戦後ではない」とうたったが、尾を引く戦災の影響と人口流入で、都会の住宅不足は深刻だった。

鳩山内閣の公団設立方針に対し、ある野党議員は国会質疑で「コンクリートの住宅を建設して、日本人から大和魂を奪うのか」と庭付き一戸建て論をぶった。答弁に立った政府担当者は東京大空襲の体験から、今後の住宅は耐火構造であるべきだとの信念を表明。「大和魂の養成は教育にお願いし、土の生活は緑の公園で」と述べた。

公団住宅の間取りの特徴はダイニングキッチン（DK）。台所を広げて食事テーブルを備え付ける「食寝分離」のスタイルで、2DKが公団住宅の代名詞だった。冷蔵庫などの電化製品を備えた新しい団地は、両親と子どもの2世代で暮らす核家族の拠点。「団地族」の言葉が生まれた。

結婚2年目の74年に高島平団地の高層住宅9階に入居したという鈴木《すずき》幸子《さちこ》さん（仮名、71）は図書館勤務の共働き夫婦で、当初は2DK住まい。子どもはいなかった。「戸建ての家だと近所付き合いが大事だが、この団地ではそう

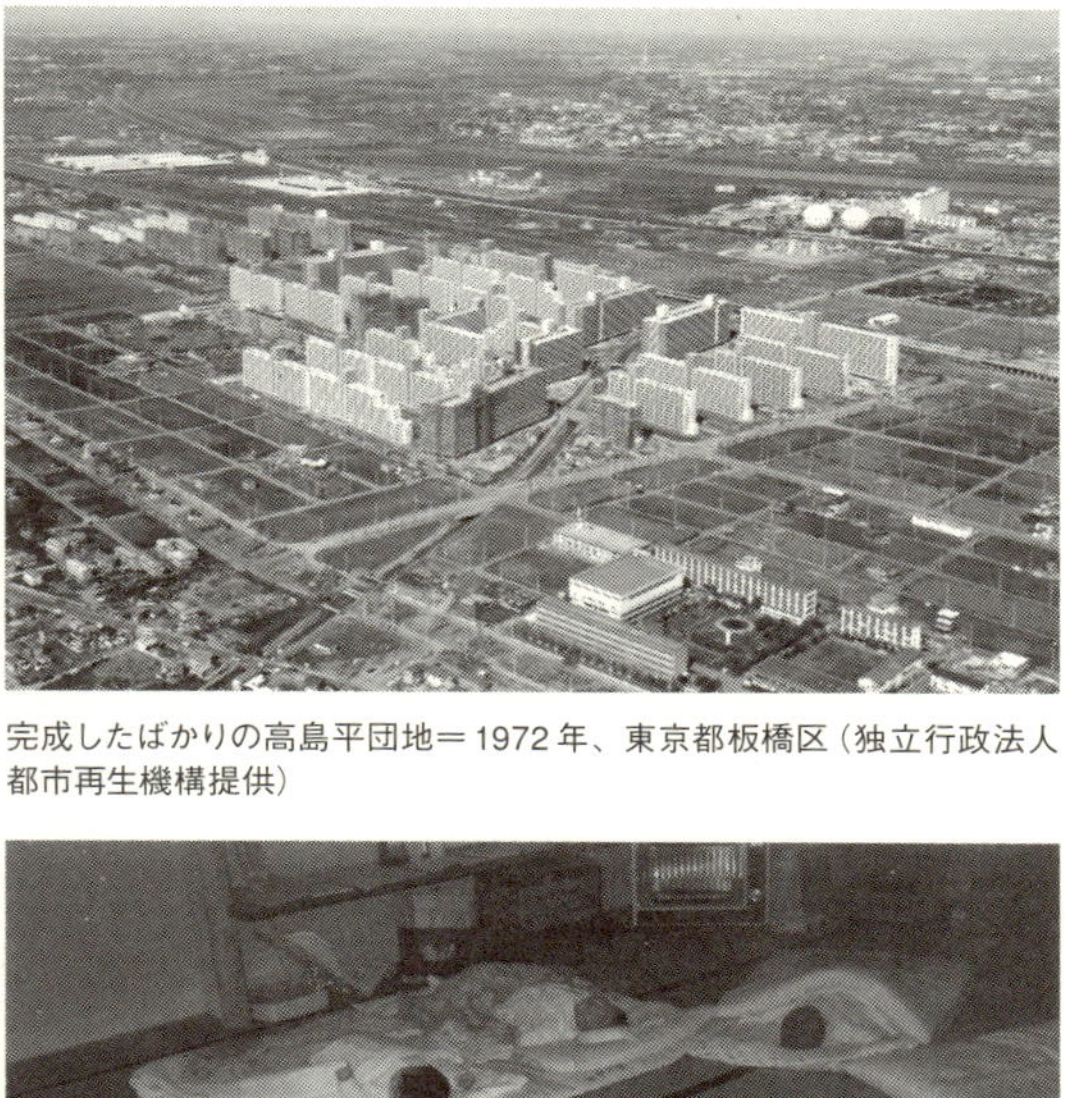

完成したばかりの高島平団地＝1972年、東京都板橋区（独立行政法人都市再生機構提供）

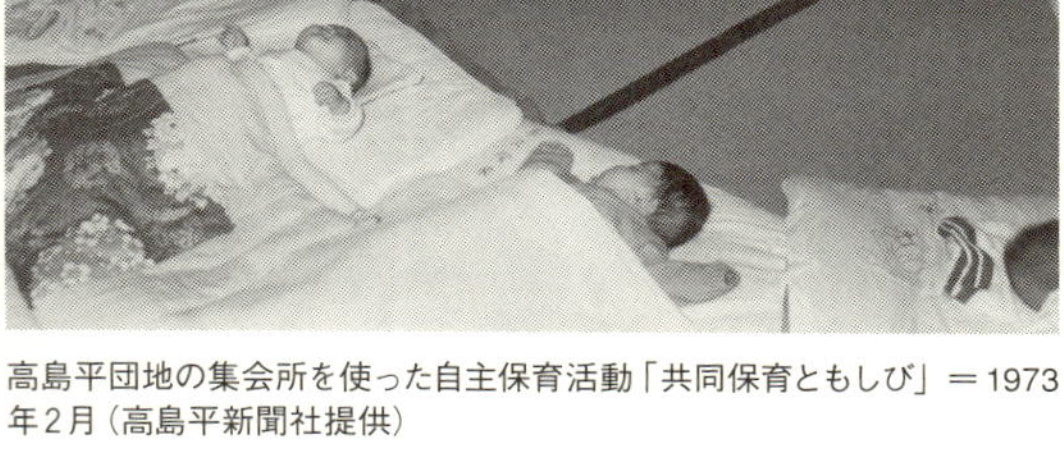

高島平団地の集会所を使った自主保育活動「共同保育ともしび」＝1973年2月（高島平新聞社提供）

いう気遣いの必要がなく、付かず離れずの人間関係が暮らしやすかった」と語る。

増える空室と単身者

70年代に生まれた団塊ジュニア世代が巣立っていく90年代以降、高島平団地は高齢化の時代を迎えた。現在、住民約1万6000人のうち、65歳以上の割合は約47%。4人に1人という全国平均を大きく上回る。かつて商店街に軒を並べた鮮魚店や青果店は、多くが整骨院や介護サービス事務所などに入れ替わった。

退職後まで、いつも夫婦二人で行動していたという鈴木さんに団地内で友人ができたのは、2年前に夫を亡くしてからだ。落ち込んでいた時、掲示板でコミュニティーカフェの案内を見つけ、行ってみた。「温かく迎えてもらって知り合いができ、月の半分はそこでお昼を食べるようになりました。お花見や催し物にも参加しています」

今住んでいるのは、住宅1棟の空き住戸30戸をバリアフリーに改装したサービス付き高齢者向け住宅「ゆいま〜る高島平」の一室。鈴木さんは夫との思い出が詰まった団地に終生住み続けるつもりだ。

日本の総人口は2010年の国勢調査で1億2806万人。既に人口減少時代に入り、48年には1億人を割ると推計されている。DK以外にもステンレス流し台、水洗トイレといった革新的生活様式が導入されてきた団地は今、急速に進む高齢化と単身世帯増加への対応を迫られている。

日本住宅公団が東京西部（現西東京市、東久留米市）に造ったひばりが丘団地を訪れた皇太子（現天皇陛下）ご夫妻＝1960年（独立行政法人都市再生機構提供）

NEWS WORD

団地

もともとは「一団の土地」を意味する言葉で、住宅団地、工業団地のように、一つの広い土地の中に住宅群や工場群が並んでいるものを指す。

住宅団地の中でも、地方公共団体が管理する公営住宅が低所得者向けなのに対し、日本住宅公団（現都市再生機構＝UR）の公団住宅は中間層を主な対象とし、入居者の所得下限が定められている。公団住宅は1950年代後半～70年代前半の高度経済成長期、勤労者の住宅難解消策として大都市周辺に数多く建設された。現在、URが管理する住宅は全国で約75万戸。

高度成長と「スポ根」

＝東京五輪で「なせば成る」流行＝

１９６４年に開かれた東京五輪は高度成長期を象徴する一大イベントだった。戦後、手塚治虫らの活躍により、日本の大衆文化を代表する分野として花開いた漫画・アニメ界では、オリンピックをきっかけに「スポーツ根性もの」が流行した。

星飛雄馬は父・一徹の猛特訓に耐えて巨人軍を目指す＝「巨人の星」© 梶原一騎・川崎のぼる／講談社提供

試練越え巨人の星に

インド人演歌歌手チャダさん（62）にとって、「巨人の星」は人生の教科書だ。

原作・梶原一騎、作画・川崎のぼるのコンビで有名な作品。主人公の星飛雄馬が、父・一徹の猛特訓に耐え、幾多の試練を乗り越えて成長し、王貞治、長嶋茂雄らが活躍していたプロ野球の巨人軍に入団するという物語だ。

チャダさんは68年、16歳で来日し、福岡県内で3年間、ミカン栽培の研修を受けた。つらい重労働の日々。厳しい試練を課して突き放す「鬼コーチ」の先生、先輩。何度もくじけそうになったが、テレビで見た飛雄馬の姿が自分と重なった。

「人生には厳しさが必要だと、僕は漫画から学んだ。僕を成長させたい気持ちがあると分かったから、なにくそっという思いで耐え抜いた」とチャダさん。研修が終わった時、「鬼コーチ」も先輩たちも「つらく当たったことを許してくれ」と言い、抱き合って泣いてくれたという。

研修体験は日本人の心を歌いたいとの思いにつながった。再来日して75年にデビュー。「あの頃の日本人は戦争で何もかも無くした中からはい上がっていこうという気概があった」と振り返る。

「僕は『巨人の星』から人生を学んだ」と語るチャダさん＝東京都渋谷区

時代の空気反映

東京五輪には日本中が熱狂した。「東洋の魔女」と呼ばれ、優勝した女子バレー代表に、スパルタ式の猛特訓を課していた大松博文監督の著書「おれについてこい！」はベストセラーになり、「なせば成る」が流行語となった。

漫画原作者としての梶原は「巨人の星」以外にも「柔道一直線」や「あしたのジョー」（高森朝雄名で発表）といったスポーツ漫画を、次々と世に送った。少女漫画にも「アタックＮｏ．１」「サインはＶ」といった「スポ根もの」が登場。主人公が猛特訓を重ねて必殺技や魔球を編み出していく点が共通していた。

本来は「生まれつき持っている性質」を表す「根性」という言葉が「困難を克服する精神力」の意味で使われるようになったのも、この頃からだ。必死に努力すれば成功するという楽観的精神論は、スポーツだけでなく社会全般に広がった時代の空気だった。

スポ根漫画は、経済成長を支える企業戦士育成のプロパガンダだったと見られがちだ。だが、漫画コラムニスト夏《なつ》目《め》房《ふさ》之介《のすけ》さんは「梶原作品は決してサクセスストーリーではなく、挫折を描いている」と指摘する。「巨人の星」で原作に忠実な漫画版の最終回、飛雄馬はライバルの結婚式を遠くから見守り、独り寂しく去っていく。「タイガーマスク」では主人公のプロレスラー伊達直人が最後に車にはねられ、不慮の死を遂げる。

梶原一騎さん

あしたのジョーと反体制

ちばてつや作画のボクシング漫画「あしたのジョー」にも、梶原の美学がのぞく。週刊少年マガジンでの連載は68年から。主人公の矢吹丈は最大のライバル力石徹を失った後、完全燃焼して「真っ白な灰」になることを願い続ける。たとえ不幸や破滅が待っていても、前に進む姿が描かれていた。

「あしたのジョー」©高森朝雄・ちばてつや／講談社提供

当時はベトナム戦争や日米安全保障条約の延長に反対する学生運動が盛んな季節でもあった。中心は戦後間もない第1次ベビーブームに生まれた団塊世代。新聞社系の「朝日ジャーナル」とともに、少年マガジンを愛読した。「右手にマガジン、左手に（朝日）ジャーナル」という言葉が当時の学生気質を伝える。

過激派の赤軍派学生らが日航機を乗っ取り、北朝鮮へ渡った70年の「よど号ハイジャック事件」で、メンバーは「われわれはあしたのジョーである」との声明を残した。夏目さんは「作品に潜む破滅への美意識を、彼らも直感的に感じ取ったのでは」と推測する。

やがて学生運動の季節は終わり、政治に無関心な若者が増えた。日本は石油ショックを経て安定成長期に入っていった。

NEWS WORD

巨人の星

梶原一騎原作、川崎のぼる作画による、スポ根野球漫画の元祖。1966年から週刊少年マガジンで連載、68年からはアニメ放送が始まり、国民的な人気となった。

戦争による負傷がもとで巨人軍を追われた幻の名三塁手、星一徹から野球の英才教育を受けて育った息子の飛雄馬は、甲子園で花形満や左門豊作らライバルたちと死闘を繰り広げるが、無実の罪で高校を退学。その後、巨人にテスト生として入団を果たし、特訓の末、魔球「大リーグボール」を編み出す。

INTERVIEW

「梶原一騎作品の主人公たちは最後に挫折する」と語る夏目房之介さん

努力で「行き場」があった―夏目房之介氏
＝今は成立しにくい「巨人の星」＝

漫画コラムニストの夏目房之介さん（64）に「巨人の星」とスポ根漫画をテーマに話を聞いた。

――熱血スポ根ブームはいつからですか。

梶原一騎さん以降ですね。1966年に「巨人の星」連載が週刊少年マガジンでスタートし、アニメが始まった68年から国民的ブームとなった。当時は社会の階層間の流動性が高い時代。梶原さんは近代的な成長物語を書く人で、貸本漫画から生まれた劇画との出合いがあった。川崎のぼるさんも貸本出身でした。

――60年代は東京五輪の影響で「根性」「なせば成る」の風潮でした。

梶原さんも編集者も「根性もの」を意識していたわけではないが、世間が言っているならよいという話でスポ根ブームが起きてくる。だけど「巨人の星」も「あしたのジョー」も、階級上昇の物語であってもサクセスストーリーではありません。

――下層階級や孤児の主人公が努力でのし上がる。格差社会と言われる今、そういう物語は受け入れられますか。

階層間の流動化で70年代、膨大な中産階級が生まれ、80年代に安定する。梶原さんの時代は努力で行き場があったが、今はそうした物語が空々しく感じ、成り立ちにくいんじゃないでしょうか。

――梶原漫画は、反体制的な学生たちにも支持されました。

赤軍派が「われわれはあしたのジョー」と言ったのは有名。梶原さんのイデオロギーは一見反動的にも見えるのに、直感的に彼らは「あしたのジョー」を選んだ。そこに破滅に向かっていく美意識があったからです。

――70年代半ばになると、スポ根がパロディー化され、漫画の主人公もだんだんチームプレーになったり、魔球に頼らなくなったりしています。

あだち充の「タッチ」が典型的で、非常にクール。むしろ女の子が大事なわけですよ。80年代は根性ものは暑苦しいとか暗いとか言われてはやらなくなる。軽いのがかっこいいという時代です。

――飛雄馬的な人間が今いたら怖い気もします。

でも、僕の取材したＩＴ企業の社長の2、3割は、地方から成り上がり、愛読書が本宮ひろ志の「サラリーマン金太郎」といった人だった。純粋な人は自己啓発本などに行っているのでは。今は真面目な人たちの行き場がないんですよね。

広がる「カワイイ」
＝少女文化と女性の社会進出＝

戦後70年、家庭や職場での女性の立場は変化を続けている。その中で日本独特の少女文化が発展し、海外まで広がった。未成熟なものへの賛美を込めた「カワイイ」が共通語だ。

西洋文化の影響

１９４８年、戦争の傷痕が残る東京・神保町に、女学生が詰めかける「カワイイ」文化の一大拠点が出現した。イラストレーター中原淳一が主宰する「ひまわり社」。３階建てビルの１階は今で言うファンシーショップで、千代紙や封筒、便箋といった淳一グッズの他、アクセサリーやネッカチーフ、フランス人形なども並んだ。２階は美容室で、映画スターの高峰三枝子や高峰秀子らが訪れた。

1948 年にオープンした東京・神保町のひまわり社屋。©JUNICHI NAKAHARA ／ひまわりや提供

「東京の流行の中心として銀座の千疋屋（高級フルーツ店）と並び称された」と振り返るのは、１階の店員だった巻島《まきしま》京子《きょうこ》さん（83）。「淳一先生は、まだ物のない時代、同じ服や生地でもかわいく何通りにも着られる方法を雑誌に載せた。心の持ちようで楽しく生きられることを教えてくださった」

日本の少女文化は、大正期に活躍した日本画家竹久夢二の叙情画に源流がある。千疋屋のポスターでも知られた夢二は、西洋文化の影響を受けた「大正ロマン」の作風で人気を博した。

戦後、その少女文化に革新をもたらしたのが中原だ。描

自身を描いた中原淳一のイラストを見せる巻島京子さん＝東京都台東区

いた女性の目は、現実離れして大きく、後の少女漫画の表現手法「デカ目」の元祖だった。「日本の『かわいい』図鑑」の著書がある弥生美術館（東京）の中村圭子《なかむらけいこ》学芸員は「外国人の家で育ち、幼い時から西洋文化になじんでいた中原だからこそ、育まれた感覚ではないか」と話す。

中原淳一が描いた雑誌「ひまわり」1948年4月号表紙絵。©JUNICHI NAKAHARA／ひまわりや提供

未成熟に美見いだす

中村さんによると、未成熟さをめでる少女文化の感覚が広く一般化していくのは、経済成長と核家族化が急激に進む50年代後半からだ。

戦前から戦後にかけ、多くの貧しい家庭で、少女の頃から働きに出たり結婚したり、きょうだいの子守をしたりするのは当たり前だった。しかし、豊かになって生活にゆとりが生まれ、核家族化も始まって、世話をすべき弟や妹がいなくなる。

「その結果、少女たちはそんなに急いで大人にならなくてもよくなり、未成熟であることに美を見いだす社会に日本がなってきた」というのが、中村さんの分析だ。この頃以降、イラストで活躍する内藤ルネや水森亜土らの描いた女の子は、身体比率が3頭身の幼女体形。顔立ちも目が大きくて幼児を思わせた。欧米文化はこの時期の少女文化にも影響した。60～70年代に人気を集めたイラストレーター田村セツコさん（77）は「日本的なしっとりした感じが苦手

田村セツコがイラストを描いた「THE TIGERS NANO!」ハンカチ（弥生美術館蔵）。高度成長期に活躍した田村は明るく活動的な少女たちを描いた

でした」。下積みの頃は暇があるとオードリー・ヘップバーンらが出演する外国映画を見たり、フランスのファッション雑誌を買い集めたり。描いたのはおちゃめで活動的な女の子だった。

卒業しない時代

子猫を擬人化したキャラクター「ハローキティ」が誕生したのは74年。以来、開発元のサンリオは全国各地で毎年、キティのサイン会を開いてきた。異変が起きたのは87年のことだ。

本来キティは8歳前後の小学生向けキャラだった。「最初の十数年は、小学校を卒業した子はキティも『卒業』し、入れ替わりに新しい小学生ファンが付く繰り返しでした」と、80年から3代目デザイナーを務める山口裕子《やまぐちゆうこ》さんは語る。

ところが、サイン会に高校生や大人の女性が訪れるようになったのだ。ファンからは「大人になってもキティを卒業したくない。大人向けのグッズを出してほしい」と手紙が届いた。こうしてグッズを買い求めた女性会社員、主婦らへと、キティの世界は広がっていく。

変化の背景について、山口さんは「女性の社会進出があったのではないか」と推測する。かつての職場では、結婚退職や男性との賃金格差は当たり前だったが、85年に男女雇用機会均等法が成立。折しもバブル景気のさなかで、女性の社会進出が進むにつれ、自由にできるお金も増えていた。

均等法成立から30年たつ今、女性の社会進出の歩みはなお途上だ。

NEWS WORD

ハローキティ

サンリオの猫をモチーフとしたファンシーグッズのキャラクター。子供向け財布の絵柄として初登場した際は名前も付いていなかったが、その後、「キティホワイト」という名の女の子で、英ロンドン郊外出身、身長はリンゴ5個分、体重は同3個分といった設定が付け加えられた。

1990年代に米ハリウッドの有名人が愛用していることが知られて海外での人気にも火が付いた。現在、130カ国でキティグッズが販売されている。誕生40周年の2014年には世界各地で記念イベントが開かれた。

「ハローキティ」のグッズを抱くデザイナーの山口裕子さん＝東京都品川区

少女たちが卒業しなくなった

＝親子で共有する感覚　山口裕子さん＝

サンリオの「ハローキティ」3代目デザイナー山口裕子さんに、キャラクター誕生以来の歴史やファン層の変化について聞いた。

――もともとは子供向けキャラクターでした。

小学生低学年向けで、文房具やナイロン製リュックが主流。1987年、高校生から「いいかげんに卒業したらと、両親や友達から言われ悲しい」と手紙をもらい、高校生向けのアパレル製品などを始めた。96年あたりから1人暮らしのOLを対象にグッズを増やし、それが主婦にも売れて、鍋やまな板やリビング用品も作り始めました。

――欧米への輸出はもっと前からですね。

76年ごろから始めたが、80年代は欧米向け（普及）は無理と思っていた。97年ごろ、日本に来るたび買っているセレブの方を知った。マライア・キャリーさんが最初。その後、パリス・ヒルトンさんやレディー・ガガさんらも。「素晴らしい」「癒やされる」と言ってくれるようになりました。

――女性たちはなぜ「キティになりたい」と思うのでしょうか。

私は、キャラクター界のアイドルとして育てようと思っていた。キティはセレブをまねて付けまつ毛や付け毛をし、だて眼鏡がはやったら掛けた。極め付きは99年の交際宣言。当時、日本のアイドルがボーイフレンドを公表し始め、遅れちゃいけないと思いダニエルをデビューさせたんです。

——キティは猫ではなかった?

最初はミルクを横に置くなど猫を思わせるモチーフがあったが、どんどん擬人化が進みました。時代の進化をタイミングよく先取りして、消費者を飽きさせないことが大事ですね。

——80年代後半以降、大人がカワイイものを卒業しなくなった理由は何ですか。

カワイイままでいたい女子が増え始めたんだと思う。男女雇用機会均等法ができて女性がどんどん社会進出し、自由になるお金ができて、好きな物を買う人が増えました。

——少女のものだったカワイイという感覚が年代を超えたものに変質したのも、この頃ですか。

そうですね。親子が非常に仲良くなった時代でもある。同じ洋服を着たり、一緒に買い物して同じ物を買ったりという感じになり始めましたね。

Part8

日本経済を映す株式市場

第2次世界大戦の終結から70年。日本の株式市場は、終戦直後から現在に至るまで日本経済を映す鏡だった。「証券よ、こんにちは」の掛け声とともに多くの国民を株式市場に呼び込んだ高度成長期。バブル期に4万円近くまで上昇した日経平均株価は、バブル崩壊と米国発の金融危機「リーマン・ショック」を経て約7000円まで沈んだ。安倍政権の経済政策「アベノミクス」の追い風を受け、今再び息を吹き返そうとしている。

配信：2015/05/25

日本中が酔ったバブル
＝リスク見失った株式市場＝

戦後の日本の株式市場は、焼け跡から立ち上がった日本経済の復興とともに40年にわたって右肩上がりで推移した。頂点を迎えたのは1989年12月。日本中が「バブル経済」に酔った。証券業界関係者が一様に「リスク資産である株式の本質が見失われていた」と振り返るバブルの崩壊は、株式市場にとっても大きな転機となった。

時価総額40年で3800倍

49年5月16日。東京証券取引所で株式の取引が再開され、日本株の戦後の歩みが始まった。戦時統制により全国11カ所の取引所を統合した日本証券取引所が立ち会い停止を余儀なくされた45年8月10日から、すでに4年がたとうとしていた。取引再開初日、東証修正平均株価（現在の日経平均株価）の終値は176円21銭、49年5月末

売買立会いを開始した東京証券取引所＝1949年5月16日、東京・日本橋兜町

の時価総額は１５３２億円だった。

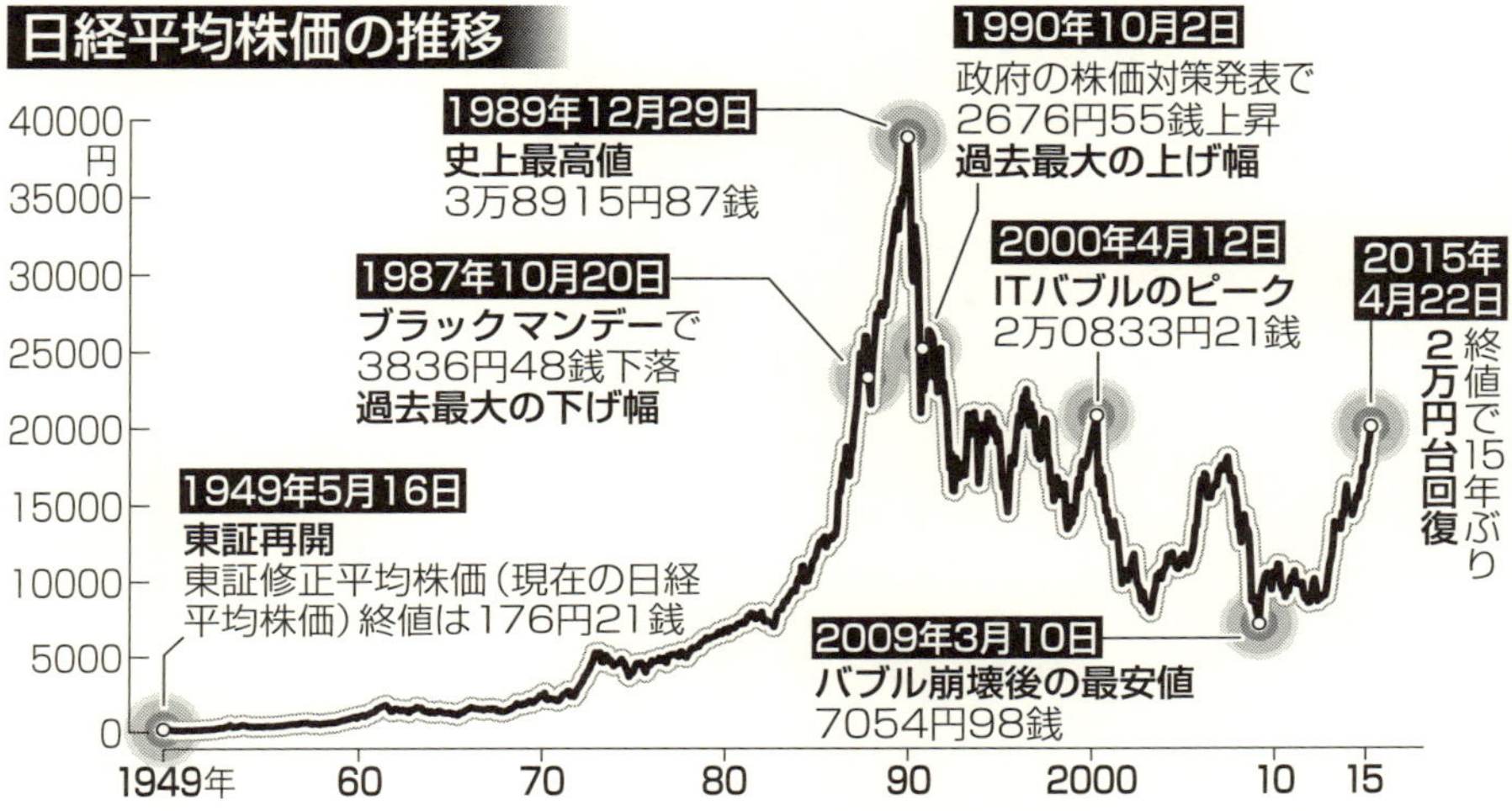

　日本経済が復興、高度成長へと進むに伴い、取引所は人であふれた。69年に日興証券（当時）に入社したSMBC日興証券の西広《にしひろ》市《いち》投資情報部　部　長（64）は「東証の立会場には、取引関係者が2千人はいた。ネクタイは曲がり、眼鏡は飛ばされる。顧客の注文をできるだけ早くさばこうと、ある意味で命懸けの商いだった」と懐かしそうに語る。

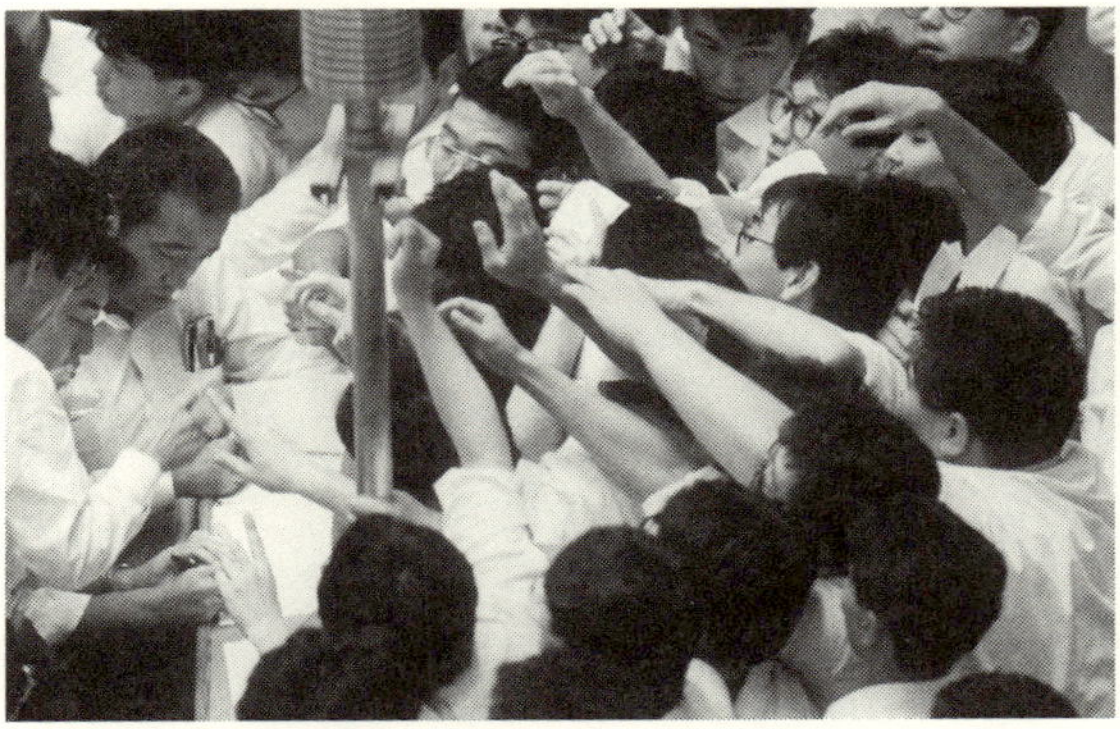
東京証券取引所の立会場で、売買に殺到する市場関係者ら＝1989年9月27日、東京・日本橋兜町

　87年10月、米国株の急落を引き金に世界の株式市場が大暴落した「ブラックマンデー」に見舞われた。しかし、日本経済は金融緩和を背景に急速な回復を見せ、バブル相場が形成される。89年12月29日、日経平均株価は終値で３万８９１５円87銭の過去最高値に達した。東証１部上場企業の時価総額は５９０兆円超。取引再開から40年で約３８００倍に膨らんだ。

　当時の熱気を西氏は「北海道の山の急斜面でも土地を持っているというだけで株が買われた。日経平均は１年後には４万８０００円まで上昇するとささやかれた」と振り返る。

岡三証券グループの新芝《しんしば》宏之《ひろゆき》社長（57）は「企業は本業が赤字にもかかわらず、資産取引の財テクで黒字化させていた」と、見せ掛けの好業績がバブルを膨らませたと解説する。当時は、証券会社や銀行などの金融機関もこぞって不動産や株式を買い、ことごとく値上がりした。投資リスクが忘れ去られ、「資産を買い増すことが当然」（新芝氏）という空気が日本全体を覆っていた。

証券界の暗部さらす

バブル崩壊のきっかけは、90年3月、社会問題化した土地価格の高騰を抑制するために大蔵省（当時）が金融機関に通達した不動産向け融資の総量規制だった。当時３万１０００円台だった日経平均は半年で１万円以上下落。株価急落に慌てた政府は同年10月、株式など有価証券を担保とする取引の規制緩和を発表するなどてこ入れを図ったが、バブルの破裂を回避することはできなかった。

91年、バブルが崩壊する過程で証券界の暗部があらわになる。野村証券や大和証券など証券大手が軒並み、大口顧客に巨額の損失補填《ほてん》を行っていたことが発覚した。証券界は激震に見舞われ、長期低迷を余儀なくされる。97年には、三洋証券が会社更生法の適用を申請。四大証券の一角を占めた山一証券は損失隠しにより自主廃業に追い込まれた。

現ソニー銀行社長の石井《いしい》茂《しげる》氏（60）は当時、山一証券の経営企画室に勤務し、大蔵省に営業休止届を提出した。山一は証券不況さなかの65年に日銀から特別融資を受ける経営危機を経験していただけに、石井氏は自主廃業の翌年、「歴史に学ぶことができなかった。収益力が低下していたにもかかわらず、株価の上昇に頼り、抜本的な改革ができなかった」と振り返った。

自主廃業を伝える記者会見で、涙ながらに質問に答える山一証券の野沢正平社長＝1997年11月24日、東京・日本橋兜町の東京証券取引所

90年代後半のＩＴバブルの勃興と崩壊などを経て、日経平均は09年3月、バブル後最安値となる７０５４円98銭まで沈んだ。しかし、２０１２年12月に発足した第2次安倍政権が掲げた経済政策「アベノミクス」が空気を変える。15年4月、日経平均は15年ぶりに2万円台を回復。5月には時価総額が一時、バブル期のピークを越えた。

だが、12年末以降の株高は、日銀による「異次元の金融緩和」という非常手段がもたらした円安に負うところが大きい。証券界からは「バブルが崩壊する前の状況に似てきた」との危惧も漏れている。

NEWS WORD

バブル経済

　不動産や株式などの資産価格が実体経済と懸け離れて高騰すること。価格上昇の根拠が乏しく、下落基調に転じると過熱状態が一気にしぼんで持続性に欠けることから、泡（バブル）になぞらえられる。日本では1980年代から低金利を背景に地価が高騰し、株価も急伸した。90年3月の大蔵省（当時）通達で不動産向け融資を抑制する総量規制を導入したことを契機に、資産価格は急落し、バブルは崩壊。後に「失われた10年」と呼ばれる長期不況に突入した。

INTERVIEW

稲野和利（いなの・かずとし）
1953年9月4日生まれ

規律なきバブルの反省生かす

稲野和利　日本証券業協会会長

　野村ホールディングス副社長などを務めた稲野和利・日本証券業協会会長（61）に、戦後70年の日本の株式市場の歩みと今後の証券界の課題について聞いた。

――日本の株式市場が果たしてきた役割は。

企業の資金調達への貢献は積極的に評価されていい。1950～60年代、資金調達の大半は銀行借り入れだったが、額面増資が一定の役割を果たした。70年代は公募時価発行増資が定着し、80年代は一大資金調達ブームとなった。しかし、その資金が特定金銭信託など財テク運用に回り、バブル発生につながった面は否定できない。

――株式市場の強みは何か。

株式市場には資金調達機能のほかに、良い会社に資金が集まる資本配分・再配分機能がある。多数の投資家の意見が反映され資本が配分されるため、特に新興企業に対する選別眼は、銀行よりも株式市場に一日の長がある。ただ、日本では必ずしも十分に機能しなかったのも事実だ。

――日本株の低迷が長引いた原因は。

バブル崩壊後の急落により、銀行などの持ち合い株式の売却が続き、90年代を通してずっと株式市場の売り圧力となった。その後のITバブルもはじけ、08年にはリーマン・ショックも起き、デフレ圧力がかかり続けた。

ただ、バブル期と現在を比べると確実にいい方向に向かっている。バブル期の最大の問題は規律がなかったことだ。証券業界、株式市場、上場企業、金融機関全てに言えるが、その反省を踏まえ、今はいい方向に進んでいる。

――好転したきっかけは。

91年のバブル崩壊だ。97年の日本版ビッグバンとともに、分水嶺《れい》としての意味は大きい。バブル崩壊は証券業界や株式市場だけでなく、銀行や金融システム全体に影響を与えた。ビッグバンは、銀行の投信窓販自由化や株式委託手数料の自由化を実現し、金融商品取引法の制定などにもつながった。最近のスチュワードシップ・コードやコーポレートガバナンス・コード策定も評価すべき動きだ。

――証券界は再編が進んだ。

独立系証券会社が存在する良さは間違いなくある。銀行と証券が持ち株会社傘下にあることは認められているが、資本市場のプレーヤーは利益相反の問題に敏感であるべきだ。銀行系証券も含め強い独立性、透明性が要求される。

再生懸けたビッグバン
＝「貯蓄から投資へ」道半ば＝

バブル経済の崩壊とともに右肩上がりの「神話」がついえた日本の株式市場は１９９０年代後半から、市場を縛っていたさまざまな規制を緩和する金融システム改革「日本版ビッグバン」により再生を目指した。しかし、２００８年には戦後最大とも言われる世界的な金融危機「リーマン・ショック」に襲われ、市場への信頼は再び失墜。預貯金に偏在している国民の金融資産を投資に向ける「貯蓄から投資へ」の流れも道半ばだ。

ニューヨーク、ロンドン並みに

96年11月、橋本龍太郎首相（当時）は日本の金融市場を「01年までにニューヨーク、ロンドン並みの国際金融市場として再生」させることを目指し、金融システム改革を急ぐよう三塚博蔵相（同）らに指示した。

翌年発表された改革の工程表には、株式売買委託手数料の自由化、インターネット証券の参入を可能にする証券会社業務の多角化、デリバティブ（金融派生商品）の全面解禁、銀行による投資信託販売解禁などを明記。戦後の成長を支えた「護送船団方式」からの決別を証券業界にも求めた。

証券史に詳しい駒沢大学専任講師の深見《ふかみ》泰孝《やすたか》氏（39）は「金融市場の自由化論議は60年代後半から始まっていた。しかし、証券不祥事が改革の動きを加速させたことは間違いない」と断言する。証券業界は、91年の大口顧客への損失補填《ほてん》事件、97年の総会屋への利益供与事件と損失隠しによる山一証券の自主廃業など、相次ぐ不祥事に見舞われていた。

金融ビッグバンが掲げた「フリー（自由）・フェア（公正）・グローバル（世界的）」の原則に従い、世界の金融市

戦後70年の株式市場の歩み

1949年5月	東京証券取引所で取引再開
50年9月	東証修正平均株価（現在の日経平均株価）の算出開始
69年7月	東証株価指数（TOPIX）の算出開始
87年10月	世界同時株安が発生（ブラックマンデー）
89年12月	日経平均、過去最高値（3万8915円87銭）
91年7月	損失補填問題で大手証券が行政指導受ける
96年11月	橋本首相（当時）が金融ビッグバンに取り組むよう指示
97年11月	三洋証券が会社更生法の適用申請 山一証券が大蔵省（当時）に自主廃業を申請
98年12月	金融システム改革法の施行
99年4月	東証が立会場閉鎖、システム売買へ完全移行
2007年8月	米サブプライムローン問題が欧州に飛び火（パリバ・ショック）
08年9月	米大手証券会社が経営破たん（リーマン・ショック）
09年3月	日経平均、バブル後最安値（7054円98銭）
12年12月	第2次安倍内閣が発足、「アベノミクス」始まる
13年1月	東証と大証が経営統合。日本取引所グループ誕生
4月	日銀が量的・質的金融緩和を開始
14年1月	少額投資非課税制度（NISA）がスタート
15年4月	15年ぶりに2万円台回復

場に足並みをそろえたかに見えた日本の株式市場だが、08年に米国発の国際金融危機に直撃される。

　前兆は07年8月にあった。仏大手銀行BNPパリバの傘下ファンドが投資家からの解約を凍結したことで、米国を中心に流通していた低所得者向け高金利型（サブプライム）住宅ローンの焦げ付きに伴う信用不安が表面化した。08年9月には、米証券大手リーマン・ブラザーズが経営破綻し、世界同時株安が発生。日経平均株価は09年3月にバブル後最安値（7054円98銭）まで急落する。リスクを覆い隠したプロ向けの金融商品が、結果的に日本の一般投資家にも大きな損失をもたらした。

リーマン・ショックによる株価暴落に揺れるニューヨーク証券取引所＝2008年9月15日（AFP＝時事）

　サブプライム関連商品は日本の証券会社もグループ会社を通じて販売していた。野村ホールディングス副社長を務めた稲野《いなの》和利《かずとし》・日本証券業協会会長（61）は「求める投資家が世界中にいたため、劣悪な金融商品もつくられた」と、自戒を込めて語る。

経営破綻した米リーマン・ブラザーズ本社＝2008年9月15日（EPA＝時事）

リスク資産まだ1割

「銀行よ、さようなら。証券よ、こんにちは」というスローガンがもてはやされたのは、高度成長期だった。しかし、金融ビッグバンを指示した橋本元首相が「経済の活力を保つには、わが国の個人貯蓄を十二分に活用していくことが不可欠だ」と強調したように、預貯金中心の個人金融資産を、株式などリスク資産に振り向けることは日本経済の課題であり続けた。

　リーマン・ショック後、世界各国の中央銀行は景気てこ入れのため量的金融緩和を相次ぎ導入。日銀も13年4月、

東京証券取引所の大納会のセレモニーで鐘を打つ安倍晋三首相（中央）＝2013年12月30日、東京・日本橋兜町

国債や株価指数に連動した上場投資信託（ＥＴＦ）の購入額を大幅に拡大する量的・質的金融緩和策に踏み切った。年金積立金管理運用独立行政法人（ＧＰＩＦ）による株買い増しも加わり、株式市場は公的資金が買い支える「官製相場」の様相を見せる。

14年１月からは年間１００万円までの株式・投信購入を非課税とする少額投資非課税制度（ＮＩＳＡ）が始まり、証券各社は投資初心者の囲い込みに精を出す。

長引く金融緩和で預貯金の金利は０％近くに張り付く一方、物価は上昇している。目減りが避けられない預貯金から、リスク覚悟で資産を振り向ける「貯蓄から投資へ」と、国民はいや応なく迫られている。

それだけに、日本取引所グループ（ＪＰＸ）最高経営責任者（ＣＥＯ）の斉藤《さいとう》惇《あつし》氏（75）は「リスクに関する情報をしっかり出し、投資家を犠牲にしてはいけない」と、市場関係者に規律を求める。

日銀によると、個人の金融資産残高は14年末に１６９４兆円と過去最高を記録した。しかし、預金が８３０兆円と依然5割を占め、株式の92兆円、投資信託の92兆円を合わせてもリスク資産は全体の１割強にとどまっている。

NEWS WORD

リーマン・ショック

2008年9月、米証券大手リーマン・ブラザーズが連邦破産法11条（日本の民事再生法に相当）適用を申請したことに端を発した世界的な金融危機。低所得者向け高金利型（サブプライム）住宅ローンの焦げ付きに伴う信用不安が原因で、負債総額は6000億ドル（約72兆円）を超えた。金融市場には激震が走り、世界的に株価が急落。各国は財政出動や大規模な金融緩和など景気刺激策を相次いで打ち出す一方、危機の再発防止に向け金融規制を強化した。

新芝宏之（しんしば・ひろゆき）
1958年3月2日生まれ

戦後との決別、97年が転機

新芝宏之　岡三証券グループ社長

1997年に山一証券が自主廃業した際、日本証券業協会の会長秘書として対応に当たった新芝宏之・岡三証券グループ社長（57）に、証券界の戦後と今後の展望について聞いた。

——戦後の証券界の節目はいつだったか。

97年。要素は二つある。一つは山一の破綻に代表される負の部分だ。簿外債務を意味する「飛ばし」が原因となるなど、時代を象徴する事件だった。ただ、山一だけが悪かったわけではない。当時、会社と顧客の資産の分別管理がルール化されておらず、危険な証券会社は数十社あった。

もう一つは日本版ビッグバン。バブル後、市場メカニズムに新しい方向を見いだそうとしていた時代だ。しかし、当時はセーフティーネットが脆弱《ぜいじゃく》で、負の部分と、金融システム改革の2本の線がぶつかる形となった。当時の私は、加藤精一《かとうせいいち》日証協会長とともに「日本発の世界恐慌を起こしてはならない」と思っていた。

——証券界はどう変わったか。

97年前後に、さまざまな戦後システムとの決別があった。同年に総会屋への利益供与事件で大手証券の社長らが逮捕され、総会屋と決別した。また、大蔵省の審議会として92年に設置された証券取引等監視委員会は、98年の金融監督庁発足で同庁の審議会となる。いわば過去の大蔵省との決別だ。2004年には政治団体でもあった東証取引参加者協会が消滅するが、これは過去の政治との決別だ。

――97年以降、大きな制度変更も相次いだ。

いい面と、必ずしも良くなかった面がある。いい面は日本版ビッグバンの「フリー、フェア、グローバル」の原則。グローバル化の中、世界共通ルールで戦うことが必要だった。

一方、必ずしも良かったと言えないのが、ビッグバンの柱として実施された99年の株式委託手数料自由化だ。証券ビジネスは付加価値を高める方向にいかなければいけないのに、結果的に値下げ競争に走ってしまった。

――反省をどう生かすか。

今は各社とも相談型の営業を重視している。(顧客が資産運用を金融機関に一任する)ラップ口座の契約残高が急増しているのも、証券界が付加価値を高める方向に向かっていることの表れだ。顧客への心配りや気遣いこそビジネスの本質だ。グローバル化は必要だが、日本的な良さを失わないことが証券会社の存在価値だ。

少子高齢化と社会保障

社会保障制度は戦後の経済成長とともに、発展を遂げた。医療や年金などの各制度は暮らしに欠かせないものになった。急激な少子高齢化が進む今、国民が安心できる社会保障制度を維持するため、正面から議論すべき時を迎えている。

配信：2015/05/25

国民皆保険・年金が実現
=付きまとう財源問題=

日本の社会保障制度を特徴付けるのが、全ての国民が医療保険と公的年金に加入する国民皆保険・皆年金だ。病気やけがをしても保険証1枚で治療を受けられ、保険料を納めた分だけ老後に年金を受け取れる。１９６１年から国民生活の安定に寄与してきた仕組みだが、少子高齢化に伴い、財源のやりくりは厳しさを増している。

「高度成長を下支え」

戦後の混乱が収まりきらない50年、政府の社会保障制度審議会は医療や年金などの在り方を当時の吉田茂首相に勧告した。

勧告は「社会保障の中心を成すものは、必要な経費を（国民に）拠出させる社会保険制度でなければならない」と強調。病気の治療でお金が掛かったり、長生きして生活費が足りなくなったりするリスクに備え、国民が保険料を出し合う社会保険を柱に据えるよう提唱した。この考え方は、現在の社会保障制度の根幹となっている。

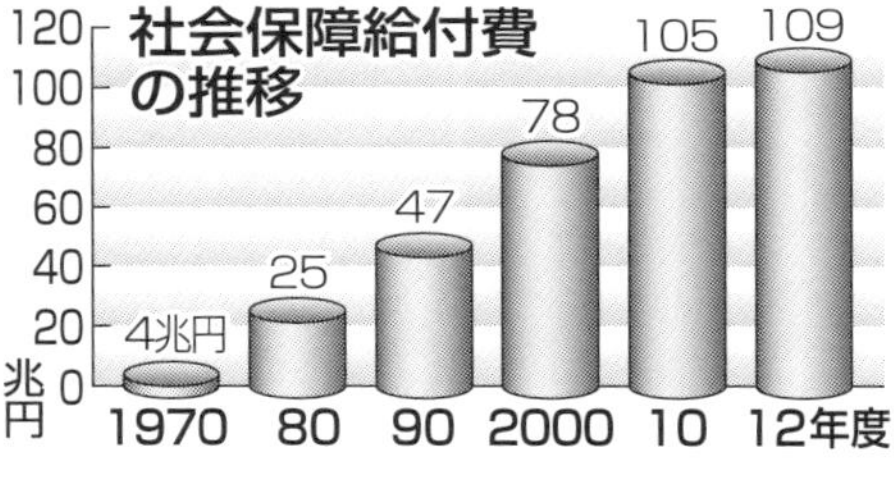

こうした中で国民皆保険・皆年金の実現が政治課題に上ったのは55年ごろ。同年に結成した与党・自民党が実現を公約に掲げ、政府内の作業は加速。それまで無保険者だった自営業者や農漁業従事者らもカバーするべく、58年に改正

吉原健二元厚生事務次官＝2015年3月19日、東京都千代田区

国民健康保険法、59年に国民年金法を相次いで成立させ、皆保険・皆年金体制は61年にスタートした。

「戦後の経済発展を下支えした。非常に良いタイミングで制度ができたと思う」——。55年に旧厚生省に入り、国民皆年金の関連法案づくりに携わった吉原《よしはら》健二《けんじ》元厚生事務次官はこう振り返る。高度経済成長とほぼ同じ時期に、国民誰もが病気や老後の心配をせず、安心して働けるような社会保障体制が整った形だ。

「福祉元年」から負担増へ

経済成長の追い風に乗って、年金支給額が段階的に引き上げられるなど、社会保障給付は充実していった。その頂点を極めたのが73年。老人医療費の無料化や、年金支給額を物価上昇に合わせて増額する「物価スライド」が導入され、「福祉元年」と呼ばれた。

ところが73年、79年の2度にわたるオイルショック（石油価格の高騰）の後、高度経済成長が終わりを告げ、国の財政事情は悪化、人口の高齢化も進む。吉原氏は「オイルショックの前後では大きな違いがある。財政赤字が生じたことで、このままでは社会保障制度はどうにもならないという考えが出てきた」と指摘する。

この後、82年成立の老人保健法で老人医療費が有料化されるなど、負担増や給付抑制と向き合う時代を迎える。現在、医療費の自己負担は70歳未満で3割、高齢者医療を支

NEWS WORD

国民皆保険・皆年金

すべての国民が公的な医療保険、年金保険に加入する制度。日本では1961年から実施されている。医療保険では、サラリーマンとその家族であれば、大企業の健康保険組合や中小企業従業員向けの「協会けんぽ」、公務員らの共済組合に加入し、それ以外の人は市町村の国民健康保険に入るのが原則。年金保険では、20歳になると国民年金に入るが、サラリーマンは厚生年金にも加入する仕組みだ。

える現役世代の保険料負担も年々増加。サラリーマンであれば厚生年金の保険料率は月収の18・3％にまで増えることになっている。皆保険・皆年金の維持にはそれなりの財源が必要というわけだ。

藤井裕久元財務省＝2015年3月13日、東京都港区

頼みの綱は消費税

自己負担と保険料負担を引き上げる余地が限られてくる中、消費税が社会保障を支える財源として期待されるようになってきた。景気変動による税収のぶれ幅が比較的小さい上、高齢世代も現役世代も薄く広く負担する税であり、公平性にかなうとされるためだ。

消費税をめぐっては70年代に、当時の自民党

社会保障をめぐる主な出来事

1922	健康保険法制定
38	国民健康保険法制定
41	労働者年金保険法制定（現・厚生年金保険法）
45	終戦
46	生活保護法制定
50	社会保障制度審議会が勧告（「社会保険中心の制度に」）
58	国民健康保険法改正（国民皆保険）
59	国民年金法制定（国民皆年金）
61	国民皆保険・皆年金実施
73	福祉元年（老人医療無料化、年金物価スライド）
	第１次オイルショック（79年に第２次オイルショック）
75	赤字国債発行
82	老人保健法制定（老人医療有料化）
85	年金制度改正（基礎年金導入）
89	消費税導入
2000	介護保険制度スタート
04	年金制度改正（マクロ経済スライド導入決定）
14	消費税率８％へ

政調会長の水田三喜男《みずたみきお》氏が欧州の税制を視察したり、大平正芳首相が「一般消費税」として打ち出したりしたことが知られている。実際に消費税が導入されたのは89年のことだ。

旧大蔵省ＯＢで税財政に詳しい藤井裕久《ふじいひろひさ》元財務相は「水田さんや大平さんは財政赤字の穴埋めを目的としていた」と語り、消費税はもともと社会保障が目的ではなかったと話す。しかし、国家財政に占める支出の割合が大きくなる中、２０１２年成立の社会保障と税の一体改革法は、消費税を社会保障財源として明確に位置付けた。

国民が年金、医療、介護などのサービスを受けた額である社会保障給付費は12年度に約１０９兆円に上った。急速な高齢化で今後も増加が見込まれ、財源確保と併せ、給付と負担をどうバランスさせるかも重要となっている。

介護・子育ての支援強化
＝担い手不足、地域に期待＝

経済成長に伴う急速な都市化などで核家族化が進んだ。近所同士のつながりも薄くなり、介護や子育てを家族で抱え込むには負担が重くなった。身寄りのない高齢者は老後の暮らしへの不安を募らせた。そんな中、政府は１９９０年ごろから、介護や子育てに悩む人たちを支援する政策に本腰を入れ、サービスを充実させてきた。

家族も高齢者も安心

総人口に占める65歳以上の割合は50年時点で４・９％だったが、90年に12・０％、２０１０年に23・０％と急速に増大。

高齢化が進む中、介護保険制度が２０００年に導入された。旧厚生省ＯＢで制度づくりに携わった国際医療福祉大学大学院の和田勝《わだまさる》特任教授は「家族だけでは限界があり、社会的な支援が必要だ。高齢夫婦にとっては、お金はあっても、安心できるサービスがないという不安が強かった」と制度導入の背景を語る。

制度では、身体機能が衰えた高齢者が排せつや入浴の介助といったサービスを受けたり、特別養護老人ホームに入

少子高齢化の進展（総人口構成比）

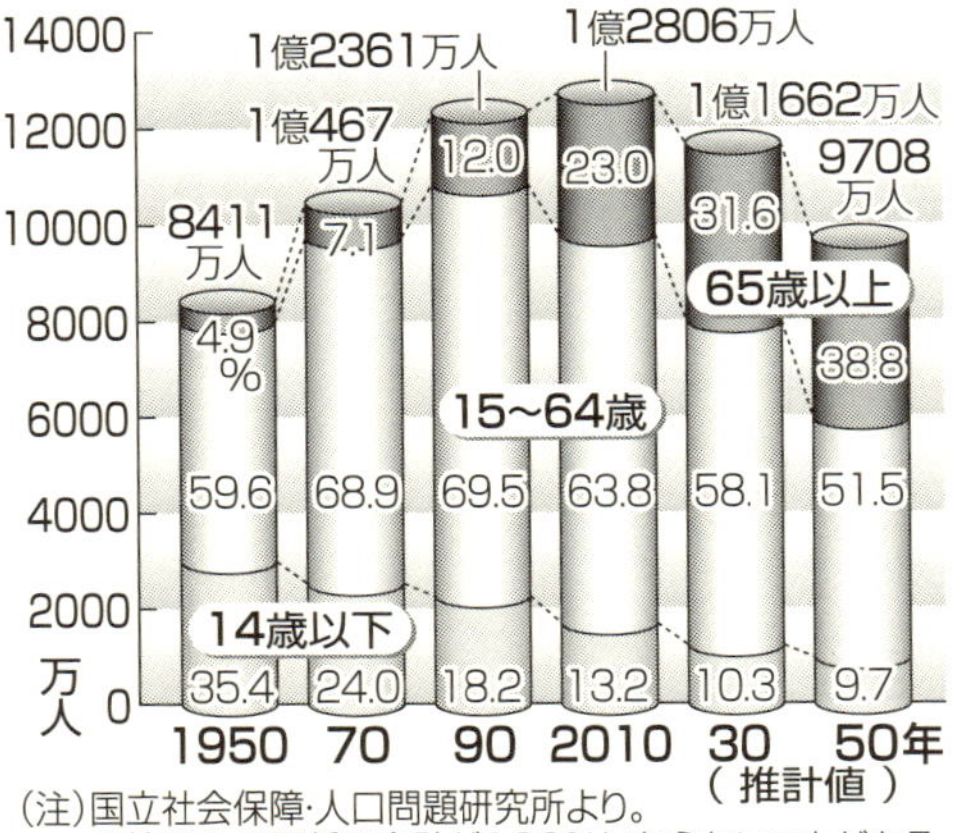

（注）国立社会保障・人口問題研究所より。
四捨五入の関係で合計が100%にならないことがある

所したりできる。費用は利用者が一部を自己負担するが、残りは税と40歳以上が納める保険料で賄う。家族が高齢者にかかりきりになる「介護疲れ」や、医療の必要性が低いのに長期入院する「社会的入院」を防ぐ効果がある。

きっかけは1・57ショック

1人の女性が生涯に産む子どもの数の推計を示す合計特殊出生率は1947年に4・54だったが、74年を最後に2を割り込み、2013年には1・43まで落ち込んだ。

子育て支援政策が本格的に動きだすきっかけとなったのは、89年の出生率が当時の過去最低を記録した「1・57ショック」。政府内でも危機感が強まり、関係省庁は94年にまとめた「エンゼルプラン」で雇用環境の改善や保育サービスの充実をうたい、これ以降数多くの政策を打ち出した。15年度には、消費税収を財源に、保育所と幼稚園を一体化した「認定こども園」の整備を促す子ども・子育て支援新制度が始まった。

子育て支援策に長く関わってきた村木《むらき》厚子《あつこ》厚生労働事務次官は少子化が進んだ理由について、「子育てをする若い世代が置かれている環境は厳しくなっているが、『社会で若い世代をサポートする』という本気度が足りなかった」と分析する。その上で「社会全体にある『正社員＝長時間

子ども・子育て本部の看板を掛ける安倍晋三首相（左）と有村治子少子化担当相＝2015年4月1日、東京・永田町

労働』という構図を変える動きが広まるよう、もう一押しできるかが大事だ」と指摘。保育サービスの充実とワーク・ライフ・バランス（仕事と生活の調和）の達成という両面からのアプローチが重要だと訴える。

市町村が知恵を

介護や子育てをめぐる事情は地域によって大きく異なる。介護保険も子育て支援も市町村に制度の運営責任があり、各自治体がどう取り組むかがポイントだ。

介護保険制度創設に関与した神奈川県立保健福祉大学の山崎泰彦《やまさきやすひこ》名誉教授は「（介護予防などに取り組む）地域支援事業は市町村の独自性を発揮しやすい。市町村のやれることは元気老人をつくることだ」と強調。高齢者が交流する「サロン」や「カフェ」で地域の実情に合った生活支援や介護予防のサービスを提供するなど、自治体の創意工夫に期待をかける。

高齢者在宅サービスセンターでの介護風景＝2000年4月1日、東京都豊島区

ただ、労働力人口が減る局面にあり、介護や子育て支援の担い手不足という壁に直面している。15年度予算でも介護職員や保育士の処遇を改善する事業を盛り込んだが、さらなる対応策が必要だ。

70年代初めから子育てをめぐる研究に取り組んできた恵泉女学園大学大学院の大日向雅美《おおひなたまさみ》教授は「子育ての人材育成は地域の課題」と語る。東京都港区を拠点とするＮＰＯ活動で、一時保育などの担い手となる人材育成を実践。04

NEWS WORD

1.57ショック

1人の女性が生涯に産む子供の数の推計を示す合計特殊出生率が1989年に1.57と当時の過去最低を記録したこと。出産抑制の傾向があった66年の出生率である1.58を下回る数値となり、少子化への危機感が社会に広まった。総人口に占める14歳以下の割合も戦後は減り続け、97年に65歳以上人口を下回り、少子高齢化の進展を裏付ける。また、総人口も2011年から4年連続で減少しており、「人口減少時代」に突入した。

年から養成している「子育て支援者」は１４００人余りに達した。「団塊の世代」の男性が企業人として身に付けた経験を生かす地域貢献活動にも力を注ぐ。「地域には人の宝が眠っており、どうやって掘り起こして地域の育児力を高めていくかがカギだ」と指摘し、市町村をはじめ地域ぐるみで人材を育成し、確保する必要性を訴える。

介護、子育て支援をめぐる動き

【介護】

1989	ゴールドプラン策定（介護人材・施設の整備目標）
90	福祉8法改正（在宅福祉サービスの推進）
94	新ゴールドプラン策定（整備目標の拡充見直し）
97	介護保険法制定
2000	介護保険制度スタート
14	介護保険法改正（高所得者の自己負担2割に）

【子育て支援】

1990	1.57（89年の合計特殊出生率）
94	エンゼルプラン策定（雇用環境改善、保育充実を明記）
99	新エンゼルプラン策定（保育サービス充実目標）
2003	少子化社会対策基本法制定 次世代育成支援対策推進法制定
12	社会保障と税の一体改革法制定（消費税を子育て支援に充当）
15	子ども・子育て支援新制度スタート

論争続き、改革後手に
＝放置できない世代間格差＝

国政での社会保障をめぐる与野党対決は付き物で、改革のスピードが上がらない最大の理由でもある。特に年金については、「現行制度は破綻している」と新制度を求める主張も出され、一時は大論争となった。年金や医療、介護は国民の関心が高いテーマだけに、政争の具にせず、より良い制度に向けた本質的な議論が求められている。

政権揺るがす「年金破綻論」

最近の年金をめぐる議論は２００４年の制度改革をきっかけに過熱した。

04年改革では、現役世代が納める保険料率の上限を定め、負担にキャップをかぶせた。他方で、高齢者が受け取る年金支給水準を徐々に減らしていく「マクロ経済スライド」を導入し、保険料収入と年金支払いを釣り合わせる仕組みを盛り込んだ。年金財政の安定化を目指すものだった。

ところが、関連法案の国会審議は紛糾し、強行採決で決着した。当時、改革を主導した坂口力《さかぐちちから》元厚生労働相は「『年金をがたがたにした』と、ものすごい批判を受けた」と振り返る。04年改革による制度改善を目指した自公政権と、「年金破綻論」を主張する民主党が激しく対立した。

参議院厚生労働委員会で、年金制度改革関連法案が強行採決され、賛成で挙手する与党議員（左側）と阻止しようとする野党議員＝2004年6月3日、東京・国会内

法成立後は、年金保険料の納付記録漏れが発覚した「消えた年金問題」などで、年金事務を扱う旧社会保険庁の怠慢ぶりも露呈。自公政権への逆風が強まり、09年の民主党による政権交代の一つの要因となった。

今こそ前進の時

しかし、政権を取った民主党は、消費税率引き上げを含む社会保障と税の一体改革に取り組む中で、現行の年金制度をベースに見直しを進める姿勢に変わる。当時の野田佳彦首相ら政権幹部も「現行制度が破綻している、あるいは将来破綻するということはない」と国会で答弁。12年に再び自公政権が復活したが、かつてのような論争はない。
年金に詳しい権丈善一《けんじょうよしかず》慶応大教授は、こうした政治環境を捉え、冷静な議論ができる今こそ制度改革を進めるべきだと訴える。「高齢期の所得保障政策という意味で、大量の生活保護受給者が発生しないようにしなくてはいけない」と指摘。デフレ時には発動しないルールとなっているマクロ経済スライドを毎年度実施するなど、さらなる制度の見直しを求める。

「連帯の制度、我慢も」

社会保障制度の維持に向けて、世代間格差問題も避けて通れない。若者にとっては、年金、医療、介護などで受け取る給付より、支払う保険料の方が多いから「損だ」という議論だ。

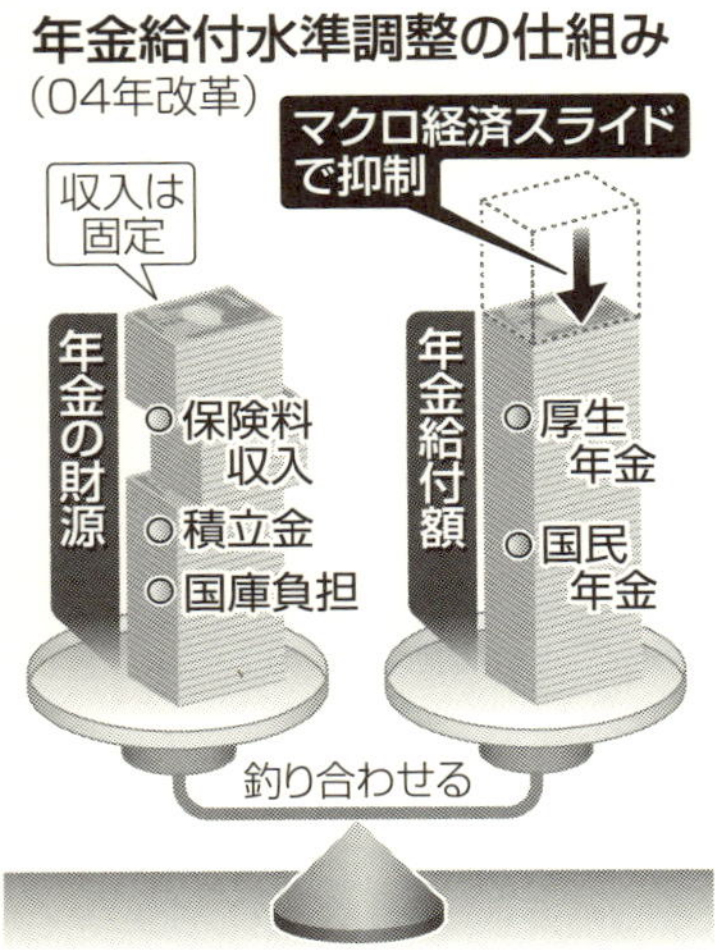

政府は、損得感情が社会保障への不信感をもたらしかねないと懸念して、対応に乗り出している。政府の社会保障制度改革国民会議が13年にまとめた報告書では、「給付と負担の両面にわたる世代間の公平」を求めた。その背景の一つに、社会保障制度の支え手となる現役世代の負担が限界を迎えつつあるとの見方がある。

例えば、75歳以上が加入する後期高齢者医療制度は、現役世代からの支援金に大きく頼っているが、少子高齢化の流れが止まらず、支援金負担は重みを増すばかり。政策研究大学院大学の島崎謙治《しまざきけんじ》教授は「このままでは国民皆保険が崩壊してしまうという共通認識に立つべきだ」と語り、負担の在り方について議論を急ぐよう呼び掛ける。

社会保障制度改革国民会議であいさつする甘利明社会保障・税一体改革担当相＝2013年8月5日、首相官邸

こうした中で、政治的に難しいとされてきた高齢者の給付カットや負担増がタブーではなくなってきている。15年8月には、一定の所得がある高齢者を対象に介護サービスを利用した際の自己負担

割合を1割から2割に引き上げる。

ただ、世代間格差の是正を議論する際、世代間対立に陥らないような慎重さも求められる。社会保障審議会（厚労相の諮問機関）の会長を務める医療経済研究機構の西村《にしむら》周三《しゅうぞう》所長は「社会保障制度は社会の連帯の制度だから、高齢者も若い世代もお互いが我慢しなければいけない」と指摘。高齢世代はかつて経験したような高度成長時代とは異なり、社会保障を取り巻く経済環境が厳しいことを理解し、現役世代は国民の長寿化により負担が増えざるを得ない点に納得するなど、相互に歩み寄る必要性を説く。

NEWS WORD

マクロ経済スライド

少子高齢化でも年金制度を維持するため、毎年度の年金額改定の際、支給額の伸びを物価上昇率よりも低く抑える措置。前年度より年金支給額が増えたように見えても、直近の物価上昇率ほどは増えていないため、実際には年金の価値は目減りすることになる。年金額の改定率は物価の伸びに連動させるのが原則だが、マクロ経済スライド実施によって、保険料を納める現役世代の減少などを踏まえてはじき出した「調整率」（15年度は0.9％）を差し引いて計算し、支給額を抑える。

Part10

被害を乗り越え、安全な暮らしへ ～列島を襲った事故・災害

戦後日本はたびたび大規模な自然災害や事故に見舞われたが、その都度、必死の思いで復興を果たしてきた。被害をなくすことはできないが、最小限に抑えるにはどうすればいいのか。事故の被害者救済は。大きな被害・犠牲から教訓をくみ取り、今後も安全な暮らしの実現に向けた努力を続けなければならない。

配信：2015/05/25

減災進め「縮災」社会に
＝復旧期間短縮へ取り組み＝―二つの大震災教訓踏まえ―

戦後日本は１９９５年の阪神大震災と２０１１年の東日本大震災で大きな被害を受け、多大な犠牲を出した。阪神大震災後、災害による被害について、完全に防ぐことは不可能で、最小限に抑える努力を優先すべきだという「減災」の考え方が生まれ、東日本大震災を経て具体的な取り組みが始まった。専門家はさらに一歩進め、復旧までの時間を短縮することで巨大災害が社会に与えるダメージを少なくする「縮災」の必要性を訴える。

「阪神」後、議論活発に

阪神大震災の死者は６４３４人に上った。死因の約９割が住宅や家具の倒壊による圧死で、現行の耐震基準が導入される81年以前の古い建物に被害が集中した。これを機に、住宅の耐震化の研究が本格化し、政府も本腰を入れて取り組み始めた。

一方、専門家を中心に、それまでのハード整備を進めて被害をゼロに近づける防災から、被害を最小化する減災に切り替えるべきだとの議論が起きた。「減災」は04年に初めて防災白書に登場。その後、「減災社会」「減災目標」といった言葉が頻繁に使われるようになった。

しかし、地方自治体や国に防災の責務を定めた災害対策基本法に明記されたのは、東日本大震災後の13年になってからだ。首都直下や南海トラフ巨大地震の被害想定も改められており、各自治体や関係機関が防災計画の見直しを進めている。

人と防災未来センター（神戸市）所長を務める河田恵昭《かわたよしあき》

関西大学教授は「災対法に盛り込まれるまで、どこの自治体も『被害をゼロにはできない』と住民に言う勇気がなかった。阪神後も日本社会は防災の施策にとどまり、東日本では減災は実行できなかった」と語る。

にぎわい戻らず

被害を減らせたとしても、復興に時間がかかれば、地域に与える影響は大きくなる。

神戸市長田区の鷹取商店街。20年前の阪神大震災で一面が焼け野原になった。同市で最も被害が大きかった地域の一つだ。

入り組んだ路地に長屋が立て込む下町の商店街だった同地は、ゆったりした道路沿いに住宅やマンションが立ち並ぶ新しい街に生まれ変わった。しかし、店舗はマンションの1階などに点在するだけで、人通りは少なくひっそりとしている。被災前の面影はなく、震災の激しさを物語る痕跡も残っていない。

神戸市は震災後2カ月で都市計画を決定した。鷹取商店街周辺は区画整理事業の対象になり、市は住民代表でつくる協議会と計画を進めた。ただ、町並みが出来上がったのは6年後。それでも、同市の区画整理では最も早かった。

約70あった店舗のうち、戻ったのは半数ほど。協議会メンバーだった米穀店経営の田中直彦《たなかなおひこ》さん（56）は「町はつくったが、長年築いた人間関係は壊れてしまった」と話す。商店街副理事長で洋品店経営の小林延行《こばやしのぶゆき》さん（53）も「商売はどこも風前のともしびだ」と語った。

復旧着手できず

同商店街でも当初から、町づくりに時間がかかると元の居住者が戻らないとの懸念はあった。しかし、区画整理は憲法で保障された財産権を制限するため、地権者全員の同意が必要だった。

同様の問題は、全国で生じる可能性がある。国土交通省によると、土地の所有者や面積を確定させるために市町村が行う「地籍調査」は全国で51％しか終わっていない。大都市ほど調査の進捗《しんちょく》率は低く、大阪府や愛知県では10％前後、首都直下地震が想定される東京都でも22％にとどまっている。

こうした地域では、巨大災害が起これば、ライフラインや道路の復旧、住宅再建に直ちに着手できない事態が想定される。震災前に約90％が済んでいた岩手、宮城両県でも、土地収用は難航。政府は特例として手続きの一部を簡素化した。

河田教授は巨大災害時に身の回りで起きる事態を想定し、復旧手順を事前に決めておくべきだと主張する。「復旧に手間取ると人が戻らず、ダメージを回復できない。大災害後は、人手や予算など全ての資源が不足する。東日本の教訓を生かさないといけない」と語る。

NEWS WORD

阪神大震災と東日本大震災

1995年1月17日に発生した阪神大震災は、淡路島を震源とする直下型地震でマグニチュード（M）7.3。死者6434人。神戸市で初めて震度7を観測し、経済被害は約9兆円に上った。

2011年3月11日の東日本大震災はプレート境界の海溝型地震で、マグニチュードは国内最大の9.0。死者・行方不明者1万8470人。経済被害は福島第1原発事故を除いても約16兆円に達し、約23万人が避難生活を送る。

INTERVIEW

事前対策が急務

河田恵昭 関西大教授

河田恵昭（かわた・よしあき）関西大教授＝東京都千代田区

中央防災会議の専門調査会で、座長として南海トラフ地震の被害想定をまとめた河田恵昭関西大教授(69)に、東日本大震災の教訓を聞いた。

――震災から4年がたった。

貞観や宝永年間には巨大地震や噴火が連続して起き

ており、複合災害への対処を考える時期だ。地震で傷んだ住宅は補修しないと次の地震で倒壊する。東北には今後数十年間は巨大津波は来ないが、壊れた海岸堤防を放置すれば、巨大台風が来た際、高潮災害に直結する。

——2013年の改正で災害対策基本法に「減災」が明記された。

少子高齢化時代では財源も限られる。減災から一歩進んで、復旧までの時間を短くするために自治体や関係機関、企業などが事前に被害リスクを洗い出し、何から取り組むか決めておくべきだ。被災後は大混乱するので、政策の優先順位が決めにくい。

——具体的には。

12年にアメリカを襲ったハリケーン「サンディ」の際、ニューヨークの地下鉄は上陸の1日前に運行を止めて車両を基地に上げた。地下構内や線路には海水が流入したが、わずか1週間で仮復旧させたのが好例だ。復旧が長引けば復興や経済への影響は大きくなっていた。

——首都直下地震の想定死者数は約2万3000人、南海トラフ地震では最大32万人と、東日本を上回る。

近代化した首都が直下型地震で被災したのは過去に例がなく、被害想定を算出するデータがない。想定死者は建物倒壊と火災によるものだけで、首都直下では2倍以上に膨らむ可能性がある。南海トラフは津波の死者が大半なので、避難が実現すれば大きく減らせる。ただ、どちらが起きても経済損失は東日本の数倍から十数倍に達し、国が衰退する危険性がある。社会全体が災害に先行して対策を取るべきだ。

未曽有の被害、防災の転換点

＝温暖化で危機今も＝―59年の伊勢湾台風―

１９５９年９月26日に紀伊半島を縦断した伊勢湾台風は愛知、三重両県を中心に甚大な被害を出した。死者・行方不明者は５０９８人に達し、61年に災害対策基本法が制定されるなど戦後の防災政策の転換点となった。高潮が被害を拡大させたが、専門家は「温暖化の影響で、いつ同様の被害が起きてもおかしくない」と警鐘を鳴らす。

押し寄せた「水の壁」

１００歳を超えた双子姉妹「きんさんぎんさん」として親しまれた蟹江《かにえ》ぎんさん＝故人＝の五女蟹江美根代《みねよ》さん（91）は名古屋市南区で、両親や子供とともに被災した。

同市では正午すぎから風が強まり始めた。高潮で近くの堤防が決壊。午後９時ごろ、停電して真っ暗な中、自宅のガラス戸を破って土間に水が流れ込んだ。「１メートルを超える水の壁が一気に押し寄せた」という。父親が天井を破って一家で屋根の上に逃げ、嵐の中、夜明けを待った。

蟹江さん宅の近所に住んでいた塾経営の加古美恵子《かこみえこ》さん（65）は当時小学４年で、両親と３人の妹とともに、近くに住む祖父母の家に避難を始めた。家の周りには既に水が押し寄せ、水位は約６メートルに達していた。

濁流にのまれた加古さんは、母親の体を離してしまった。何度も沈みながら板切れにつかまり、約１キロ流された。見知らぬ男性に引き上げられ、電話線につかまったまま夜明けまで立ち泳ぎを続け、難を逃れた。流された家族５人は亡くなった。

長さ５メートル、重さ数トンの材木が港の貯木場から大量に流出して住宅などを押し流し、被害が拡大した。名古屋市南部は江戸時代以降に埋め立てられた干拓地だったが、高潮の危険性は認識されていなかった。午後６時ごろには広範囲で停電し、電話も不通になっており、気象台の発表する情報は住民に伝わらなかったという。

伊勢湾台風で流失した自宅近くの堤防で当時を振り返る加古美恵子さん。両親と３人の妹を失った＝2015年４月６日、名古屋市南区

行政に防災責務

伊勢湾台風で

大きな被害を出した反省から、61年に災害対策基本法が制定され、国や地方自治体に防災計画づくりが義務付けられた。高度経済成長期とも重なり、全国で防潮堤や河川護岸などのハード整備が進み、気象観測網も充実した。

同法施行前には数千人が死亡する地震や台風が頻発していたが、その後の災害死者数は阪神と東日本の大震災を除き、年間100人前後にとどまっている。しかし、最近は温暖化の影響もあり、毎年のように伊勢湾台風を上回る巨大台風が発生している。13年にフィリピン・レイテ島や伊豆大島を襲った台風も記憶に新しい。

東京、伊勢、大阪の三大湾周辺では、海抜ゼロメートル地帯に約400万人が居住する。こうした地域について、住民避難の問題に詳しい群馬大大学院の片田敏孝《かただとしたか》教授（災害社会工学）は「薄皮一枚の堤防で守られている状態」と表現する。大規模な高潮が発生すれば、決壊して大量の海水が市街地に流れ込む可能性がある。いったん浸水すれば、仮堤防を作って排水するまで、数週間は水が引かない。

老朽化も深刻で、建設から40年以上が経過した堤防は伊勢湾で約6割、東京、大阪湾では約2割を占め、耐震補強も十分でない。

政府の中央防災会議がまとめた東京湾の台風による高潮の被害想定では、最大浸水が5メートルに達し、最大80万人が避難できずに孤立する。片田教授は「台風は地震と違い毎年襲来する可能性がある。被害を抑えるには住民の早期避難しかない」と語る。

困難な避難勧告

国内では、ゲリラ豪雨による被害も多発している。1時間80ミリ以上の猛烈な雨が降る回数は70年代後半から増加傾向にある。土石流や土砂崩れを100カ所以上で引き起こした台風や豪雨災害は、05～09年では5回だったが、10～14年には11回と倍増した。74人が死亡した14年の広島市の土砂災害では、未明の時間帯に雨量が急増し、避難勧告が間に合わなかった。

政府はガイドラインを改訂し、空振りを恐れず避難勧告を出すよう市町村に求めるが、天候の急変に対応できない事態が各地で起きている。片田教授は「相手は荒ぶる自然だ。現実を直視し、いかに自分の命を守るか主体的に考えないといけない」と訴える。

NEWS WORD

伊勢湾台風と高潮

1959年9月26日に和歌山県・潮岬に上陸した伊勢湾台風は紀伊半島を縦断した。上陸時の中心気圧は約929ヘクトパスカルで、最大風速は秒速約45メートル。暴風による吹き寄せと低気圧による吸い上げ効果が重なり、名古屋港で観測史上最高の3.55メートルの高潮を観測した。愛知、岐阜両県で220カ所、約33キロにわたって海岸堤防が決壊して市街地が水没。両県の被害総額だけで当時の国民総生産（GNP）の約4割に上った。

INTERVIEW

命守る「国民強靭化」を

片田敏孝　群馬大院教授

片田敏孝（かただ・としたか）群馬大学大学院教授＝東京都中央区

巨大台風や高潮災害について、中央防災会議の専門調査会委員なども務めた片田敏孝群馬大大学院教授（54）に聞いた。

――地球温暖化で、台風が巨大化している。

伊勢湾台風の中心気圧は約929ヘクトパスカルだ

ったが、近年は900ヘクトパスカル前後のスーパー台風が毎年のように発生しており、事態は切迫している。大地震と津波は数十年に1回起こる災害だが、台風は毎年襲来する可能性がある。

――高潮災害はイメージしにくい。

伊勢湾台風の被災者は「水の壁が押し寄せた」と証言しており、ゼロメートル地帯の被害は津波と変わらない。被災シミュレーションでは、台風の接近で大量の住民が避難を始めても道路がすぐに大渋滞する。動けなくなったところに海水が襲う。さらに市街地の水没は、堤防を築くまで最低数週間は続く。最悪のケースでは、数十万人単位の死者が出る。被害を抑えるには早期避難しかない。

――地震と違い台風の接近は事前に予測できる。

浸水しない高台に逃げるしかなく、市区町村をまたぐ広域避難をどうするかが喫緊の課題だが、誰が主導するか決まっていない。考えられるのは都道府県だが、危機感が薄い。また、避難を開始すべき事態だといつ、どこの機関が判断するのかも決まっていない。あまりに無策だ。

――ゲリラ豪雨などで避難勧告が間に合わない事例も相次ぐ。

行政に防災責務を定めた災害対策基本法はこれまで十分に機能したが、一方で行政に過度に依存する国民を生み出した。ハード整備が進んで国民の依存傾向は強まった。過保護な親のもとにひ弱な子供が育つのと似た構造だ。避難勧告制度は実質的に破綻しており、自分の命は自分で守るという「国民強靭《きょうじん》化」が必要だ。

調査委、段階的に充実

＝公共交通の安全、試行錯誤＝―被害者支援策も充実進む―

大型旅客機や新幹線などによる交通網が飛躍的に発達した日本の公共交通。ときに大事故に見舞われ犠牲者を出したが、そのたびに原因を検証し対策を練って安全性を高めてきた。被害者らへの支援策も、近年ようやく整い始めている。

常設機関で力量向上

戦後に大きく発展した航空業界。２０１４年の国内線、国際線の利用客は延べ１億人を超えた。しかし、戦後70年の間には墜落や空中分解などの事故も少なくなかった。

墜落し大破した日本航空ジャンボ機の主翼（群馬・上野村）

事故調査は当初、学識経験者らからなる臨時の調査団が担っていた。１９７１年７月に岩手県雫石町上空で全日空機と自衛隊機が衝突し１６２人が死亡する事故などを受け、74年に常設の調査機関「航空事故調査委員会」が発足した。

「常設になれば調査・分析のノウハウが蓄積され、難しい事故にも対応できるようになる」。公共交通の安全に詳しい安部《あべ》誠治《せいじ》関西大教授は事故調設置の利点をこう説明した。事故が起きれば警察も捜査するが、「警察は刑事責任の追及が目的。事故原因を突き止めて再発防止につなげるのは、独立した調査機関の役割」と説く。

煙を上げる日航ジャンボ機の墜落現場（群馬・上野村の御巣鷹の尾根）＝時事通信社ヘリコプターから

事故調は85年８月に群馬県上野村の御巣鷹の尾根に墜落した日航ジャンボ機事故も調査。５２０人が死亡した単独機として世界最悪の事故は、機体尾部の圧力隔壁が修理ミスで壊れ、操縦不能になったために起きたと推定した。

遺族の要望、組織変える

鉄道でも50～60年代に、国鉄桜木町駅の列車火災や常磐線三河島駅の列車衝突事故など、100人以上が亡くなる事故が続発。その後も多くの死傷者が出る事故は続いたが、調査機関は設置されずにきた。

だが91年5月、滋賀県の信楽高原鉄道で列車が正面衝突し42人が死亡した事故で、遺族らが作った「鉄道安全推進会議（TASK）」は、常設の調査機関設置などを求めて政府や国会議員らに働き掛けた。2001年に「航空・鉄道事故調」に改組。107人が死亡した05年4月のJR福知山線列車脱線事故では、JR西日本の「日勤教育」など、事故の背景要因に踏み込んだ結論を導いた。

事故調は08年、青函連絡船「洞爺丸」事故（1954年9月発生、1155人死亡）などを調べてきた海難審判庁から原因調査部門を引き継ぎ、「運輸安全委員会」となった。

安部教授は「陸海空それぞれの分野の知見を共有化できるメリットがある」と評価した。

一方で、国土交通省と頻繁に人事異動がある現状で「仮に事故の原因が同省の監督行政の不備にあった場合、率直に指摘できるだろうか」と話し、より独立性の高い組織とする必要性を主張。航空事故などでは調査結果が捜査に使われることがあるが、当事者が真相を話しにくくなる可能性もあり、「国際機関が求めるように、原則は（捜査と）分離すべきではないか」と指摘した。

快速電車が脱線しマンションに衝突したＪＲ福知山線の事故現場（兵庫・尼崎市）＝時事通信社ヘリコプターから

ＪＲ福知山線の快速電車脱線事故現場での救出作業（兵庫・尼崎市）＝時事通信社ヘリコプターから

緒に就く被害者支援

事故の被害者や遺族を支援する体制は、長く不十分な状態が続いた。TASK事務局長の佐藤健宗《さとうたけむね》弁護士は「事故当時は、負傷者がどの病院に収容されたかすら分からない状態だった」と振り返る。刑事裁判を優先的に傍聴したり、資料を閲覧したりすることも難しかったと語った。

事故直後の情報提供から、心のケアなどの長期的な支援まで、さまざまな場面に応じた「切れ目のない支援」が欠かせない。佐藤弁護士はそう強調した。

国土交通省は12年4月、「公共交通事故被害者支援室」を発足。大規模な事故が起きた場合、支援窓口の連絡先を知らせるカードを被害者らに配り、心のケアなどの相談機関を紹介するようになった。

交通事業者に対しては、万一事故が起きた際の被害者支援策をあらかじめ作るよう求め、60社以上が既に公表した。運輸安全委も、事故調査報告書を専門知識がない人にも読みやすい書き方に変更した。

佐藤弁護士は「被害者・遺族への視点も変わってきた」と実感するが、事業者によって取り組み度合いがまちまちな部分もあり、うまくいくかは未知数とみている。安全に向けた取り組みは、今も続いている。

NEWS WORD

JR福知山線脱線事故

2005年4月25日朝、兵庫県尼崎市のJR福知山線で快速電車（7両編成）が制限速度を上回る時速116キロでカーブに入って脱線。線路脇のマンションに衝突し乗客106人と男性運転士が死亡した。航空・鉄道事故調査委員会は、運転士が直前のオーバーランの言い訳を考えていてブレーキが遅れたと判断。JR西日本の懲罰的な「日勤教育」も影響したと指摘した。同社の歴代社長4人のうち1人が業務上過失致死傷罪で在宅起訴されたが、無罪が確定。強制起訴された3人は一、二審で無罪判決を受け、検察官役の指定弁護士が上告している。

Part11

戦後スポーツの軌跡

敗戦国となり混乱と貧困の中で再スタートを切った日本。占領、独立、経済成長、大不況と世相はさまざまに移り変わったが、多くの国民は、スポーツの分野で活躍するヒーローに熱狂し声援を送りながら、困難に立ち向かう勇気を得てきた。古橋広之進から錦織圭まで、時代を彩った選手や関係者の証言を聞き、それぞれの足跡を振り返ってみた。

配信：2015/06/22

「トビウオ」焦土の国激励
=ボクシングでも世界王者=

自信と誇りを失った敗戦国日本。しかし、スポーツの分野で目を見張る成果を挙げ、勇気を与えた選手たちがいた。設備も食糧も無い劣悪な条件を押して世界の強敵に立ち向かう姿は、民主国家を目指して焦土から立ち上がる起爆剤になった。

復興の起爆剤

打ちひしがれていた国民の前にスーパースターが現れた。1949年8月、米国ロサンゼルスで行われた水泳の全米選手権に出場した古橋広之進が、自由形の中長距離種目で驚異的な世界記録を連発した。

橋爪四郎（86）もまた、古橋とともに6人の日本代表メンバーの一人として渡米。期待通りの成績を残した。「アメリカ人は実際に目で見たことは信じる。それまで『ジャップ』と呼ばれていたのが、『ジャパニーズ』に変わった」。米国入りしても、記録を出すまでは「日本のプールは短く、時計は速く動くんだろう」とからかわれていた。

熱狂の神宮プール

その前年の48年8月。東京・神宮プールは超満員の観客で埋まっていた。同年のロンドン五輪に、日本は参加できない。開催国の英国は、敗戦した日本とドイツの出場を認めなかったからだ。

日本水泳連盟のトップだった田畑政治らは「日本代表」の傑出した力を示そうと、五輪日程に合わせて日本選手権を開催。ここで古橋と橋爪が出した1500メートル自由

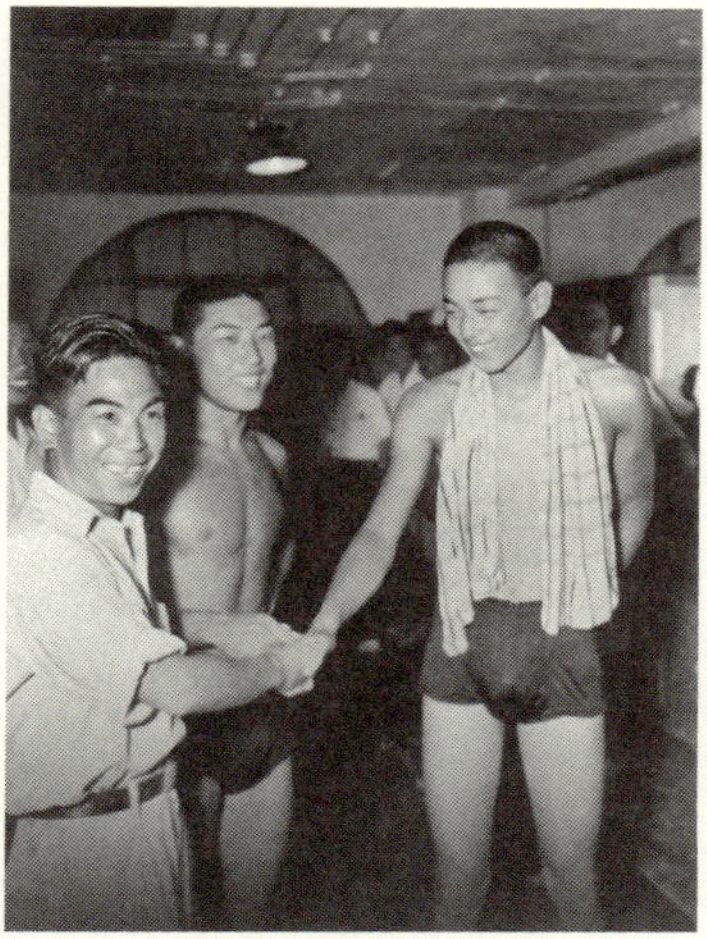

1948年8月、競泳の日本選手権1500メートル自由形決勝で驚異的な好記録を出した古橋広之進（中央）と橋爪四郎（右）＝東京・神宮プール

形のタイムは五輪優勝記録を大幅に上回った。

喝采を浴びた橋爪は、「あの雰囲気は絶対に忘れない。あの頃、日本人は誇れるものが何もなかった。食べる物も着る物もない。上野の地下道で家族を亡くした子どもが餓死していた。誇れるものが何もなかった。日本のどん底だった」。

この日の記録ラッシュが連合国軍最高司令官のマッカーサーに伝わり、選手の米国派遣が実現した。渡米前、橋爪らと面談したマッカーサーは「負けたら日本に帰さないぞ」と冗談を飛ばしたという。

封印した銀メダル

そして迎えた52年ヘルシンキ五輪。日本中の期待を背負って出場した古橋は体調不良もあって400メートル自由形で8位に敗れた。同大会、1500メートルで銀メダルを獲得した橋爪は意気消沈していた。帰国後、誰にもメダルを見せなかった。古橋が2009年に死去し、その後何年かを経て、ようやく封印を解いた。理由はこうだ。

「ヘルシンキで古橋はどんなみじめな思いをしていただろう。泣きながら泳いだと思う。彼の誘いで（本格的に）水泳を始め、彼と一緒に練習をして、彼のおかげで記録をつくった。メダルは誰にも見せたくなかった」

橋爪は古橋を一度もライバルだと思わなかった。「2人で外国人に勝ちたい」の一念だった。戦後復興のシンボルとなった親友を、「古橋は単にスポーツマンというだけでなく一流の外交官だった」と確信している。

ヘルシンキ五輪競泳銀メダリストの橋爪四郎さん＝2015年4月22日、東京都大田区

「特攻」から「戦術」へ

52年5月19日、後楽園球場の特設リングを見守った4万人の大観衆が、日本人初のボクシング世界チャンピオン誕生に沸いた。世界フライ級タイトルマッチで白井義男が王者ダド・マリノ（米国）に判定勝ちした。

試合直前の4月28日、サンフランシスコ講和条約が発効され日本が主権を回復したばかりだった。軍国主義の時代は、ボクシングも防御そっちのけの「特攻」が主流。後に白井が敗れたパスカル・ペレス（アルゼンチン）をノンタイトル戦で破った矢尾板貞雄（79）は、「白井さんは、打たせないで打つ、というヒット・アンド・アウェー戦法だった」と説明する。

白井は連合国軍総司令部に勤務していた米国の生物・生理学者、カーン博士に、守りも重視する理論的な根拠に基づいた指導を受け、才能を開花させた。

地位向上を求めて

東洋太平洋タイトルを奪うなど、実績を重ねた矢尾板も、こうした戦法が「俺には合っていると思った」。しかし62年、世界戦を目前に惜しまれながら引退。唐突な印象も残したが、マネジャーの理不尽な言動が大きな理由だった。

その後、矢尾板はこの件で日本ボクシングコミッションに抗議の手紙を書いた。ジム側と選手の対等な関係を求めての行為だった。「それからは、だいぶ、良くなったと思う」。復興から高度経済成長を迎えた日本で、制度改革に立ち向かった英雄の一人だった。（敬称略）

NEWS WORD

フジヤマのトビウオ

水泳選手の古橋広之進につけられた愛称。1949年、米国ロサンゼルスで行われた全米選手権に参加した古橋は自由形の中、長距離種目で世界新記録を連発。現地メディアがこう伝え、日本国内でも定着した。

終戦後の混乱期にあって食糧にも事欠いていた国民はその活躍に熱狂。自信を回復させ、本格的な復興を後押しする形になった。古橋はその後、日本水泳連盟会長や日本オリンピック委員会（JOC）会長などを歴任。スポーツ界に貢献し、2009年8月、80歳で死去した。

孤独な英雄、大鵬

＝高度成長期に咲いた大輪＝

本格的な高度経済成長期を迎えた1960年代の日本に大スターが誕生した。実力だけでなく、端正な容姿も備えた大相撲の横綱大鵬。みるみるファンを増やし「巨人、大鵬、卵焼き」と呼ばれた。最高位にふさわしい存在であるために、自身に重い試練を課し、妻や付け人ら心を許した身内にも厳しさも求めた。

横綱の猛アタック

樺太（現サハリン）で生まれた大鵬は5歳で北海道へ引き揚げ、16歳で二所ノ関部屋へ入門。60年初場所で新入幕を果たすと、初日から11連勝して一躍、注目を集めた。

この年は夏にかけて日米安保条約改定の反対運動が熱気を帯び、その終幕と入れ代わるように経済成長に突進。時代の端境期に頭角を現した大鵬は、それまで男性のスポーツという印象が強かった大相撲に、多くの女性ファンを引き寄せた点でも革新的だった。

大鵬の妻となった芳子《よしこ》（67）の生家は、秋田市の有名旅館。地方巡業で宿泊に訪れる大鵬（当時のしこ名は本名の納谷《なや》）を、少女の頃から見知ってはいた。しかし「興味があったわけではない。顔がすごくすてきだとも思わなかった」。父親が「将来は絶対に横綱になる」と断言していた幕下の有望株だった。

その後、猛スピードで出世し、61年秋場所後、横綱に昇進。20歳前の芳子は、既に角界きっての花形力士だった大鵬から受けた最初のデートの誘いを断った。「『お酒を飲みに行きましょう』なんて言うんだけど、よく言うわね、と思った。いつもお忙しいでしょうから、ごゆっくりお休みになったら」と答えたという。

妻も「忍の一字」

しかし大鵬は諦めない。何度か会ううちに「周りから（攻略され）、わーっという感じ」で婚約。67年5月30日。結婚披露宴が行われた東京都内のホテルは、1000人の招待客と200人の報道陣であふれた。

待っていたのは甘い新婚生活ではなかった。自身が現役引退すれば、妻は相撲部屋のおかみとして采配を振ることが決まっている。その「おかみさん教育」は激烈を極めた。芳子は「結婚してから3年間は、毎日、トイレに入って泣いていた」。

とりわけ応えたのが、付け人や後援会関係者ら、衆人の前で叱責されることだった。物を投げる、手も出る。料理の仕方や言葉遣いなど、ささいと思われるようなことに烈火のごとく怒った。百貨店に買い物に行くと、到着するやいなや館内放送が入り、帰宅を急がされることもあった。「いずれ部屋を持った時に、私が周りから『何もできないじゃないか』と批判されないためだったと、後で思った。忍の一字で、やれるだけやろう、と我慢した。ただ怖いだけなら耐えられなかった思う」

横綱の眠れぬ夜

現役時代終盤の大鵬は左腕が思うように利かなかった。その頃の状況を芳子は「腕の中に軟骨が刺さっていた。冷たくなって色も紫に変わっていた」と話す。痛みで夜中に目覚めることもあったが、こうした姿は決して他人には見せず、本場所に備え自宅の廊下で体を動かすこともあった。

手術を受ければ早く治るが、現役引退が代償となる。こんな選択を迫られ一人で決断する立場だった。親方になった大鵬は、口癖のように「横綱は孤独そのものなんだよ」と言っていた。重ねた試練から得た結論だったのだろう。

自慢の師匠

日本相撲協会の世話人で、大鵬のまな弟子だった友鵬（58）＝現役時代のしこ名は勇鵬＝は、付け人を長く務めた。「相撲もそうだが、生活面にうるさかった。特にちゃんこ（食事）は、美しく清潔に、と厳しく言われた」と懐かしむ。

指導方針は徹底しており、「頭から湯気が出るほど怒るけど、後には引かない」。こんな師匠について、「本当に魅力のある人だった。もう一回、力士になったら大鵬の弟子

小国芳子さん（右）との婚約を発表する横綱大鵬＝1966年10月2日、東京都千代田区の帝国ホテル

元横綱大鵬の妻、納谷芳子さん＝2015年5月21日、東京都江東区

になる。付け人になる。弟子だったことを自慢できる」と断言した。

孤独な大横綱は、部屋に客を集めて食事を振る舞うことがたびたびあった。友鵬は「師匠はにぎやかなことが大好きだった。おかみさんもめちゃくちゃ大変だったと思う」と回想する。

大鵬は２０１３年１月19日、72歳で死去。その10日ほど前、妻に初めてこう伝えた。「おまえが一生懸命頑張ってくれたからここまで来られた。芳子ありがとう」（敬称略）

NEWS WORD

巨人、大鵬、卵焼き

日本が高度経済成長期を迎えていた1960年代に、子どもたちの人気が集中したものを列挙した流行語。プロ野球の巨人は65年から長嶋茂雄、王貞治らスター選手を擁して日本シリーズ9連覇を遂げた。大相撲の大鵬は、61年秋場所後、21歳3カ月の若さで横綱に昇進。計32回の優勝を果たした。

巨人も大鵬も、テレビ中継などを通してファンの圧倒的な支持を集めた。大鵬は引退後、「そう言ってもらえるのはありがたいことだが、俺は一人で頑張ってきたけどなあ」と漏らすことがあったという。

世界へ先駆者登場
=樋口、青木が活躍=

王貞治がプロ野球の本塁打世界記録を更新し、８００本に迫っていた１９７７年。ゴルフ界で快挙が達成された。全米女子プロ選手権で31歳の樋口久子が日本選手として初めてメジャー大会を制覇した。高度成長が一息ついたこの頃、日本から世界へ挑戦した先駆者が、分厚い壁にはね返されながら、確かな足跡を刻んだ。

全米女子プロゴルフで、日本人としてメジャー大会で初優勝した樋口久子＝1977年6月12日、米サウスカロライナ州ベイツリー・プランテーション・コース

樋口は67年に女子プロテストで第１期生として合格。しかし、当時国内で開催されていたのは年間３大会だけ。「日本でできないなら、米国に行かせてくださいとお願い

して」海外挑戦が実現した。所属企業の支援を受けたため、最初の数年間は経費を差し引いて、賞金を折半。プロアマ大会出場の見返りに航空運賃をただにしてもらった。だが、国内を長く留守にできず、海外は10年と限定し、「自分は井戸掘り役だったと思っていた」。

「世界の青木」

樋口に続いて、青木功が世界を股にかけて活躍した。64年に22歳でプロテストに合格。初勝利は7年目と遅咲きだったが、74年のマスターズに初出場。当初は予選落ちを繰り返したが、生来の負けん気と地道な努力で、才能を開花させた。「怖いもの知らずで行って、ぶちのめされたから、今があるんじゃないかな」

マスターズ・トーナメントでバンカーショットを放つ青木功＝1987年4月9日、米ジョージア州オーガスタ（AFP＝時事）

80年の全米オープンでは、帝王ジャック・ニクラウス（米国）と4日間の死闘を演じ、大健闘の2位。83年のハワイアン・オープンで米ツアー初勝利。首位と1打差で迎えた最終ホールで、ラフからの第3打を直接カップインする劇的な逆転優勝に日本中が沸いた。

「30万回に1回ぐらいの確率。ゴルフの神様がやってくれたんじゃないか」。世界マッチプレーでも優勝し、「世界の青木」として、ゴルフ界を引っ張ってきた。72歳の今も現役にこだわる。

海外情報が刺激

プロスポーツ界で世界への挑戦が盛んになった背景には、テレビの影響があった。元NHKアナウンサーの山本浩法大教授は「海外の情報が日本に入り始めた時期だった」と指摘する。衛星中継でメジャー大会が放送され、刺激を受けた日本選手が大舞台への意欲をかき立てた。

世界10連覇の偉業

日本より欧米で高く評価されたのは、自転車の世界選手権で10連覇の偉業を達成した中野浩一（59）。競輪選手として75年にデビューし、77年にプロ・スクラッチ（現在のスプリント）で世界選手権初優勝。世界を特別に意識していなかったが、全日本プロ選手権の予選が世界選手権の代表選考を兼ねたため、成績で選ばれたのがきっかけ。「初めて海外に行けるなぐらいの感じだった」

当時のスプリント種目は東欧のステートアマが優勢で、プロ種目での10連覇の価値を低く見る声もあったが、本場欧州での知名度は絶大。80年に国内のプロ選手で初めて年間獲得賞金1億円を稼いだのも中野だった。

プロ奥寺の誕生

サッカーでも大きな一歩が刻まれた。奥寺康彦（63）がドイツ（当時西ドイツ）に渡ってプロ契約。77年夏、日本リーグの古河電工に所属していた奥寺は日本代表の西ドイツ合宿に参加。他の数人とケルンの練習に参加し、名将バイスバイラー監督に見初められた。

奥寺は、美代子夫人が身重だったこともあり、当初は移籍をためらった。「サッカーは大丈夫だと思ったが、生活面では不安があった」。だが、バイスバイラーに熱心に口説かれて腹をくくった。

1年目にリーグ、カップの2冠に貢献。欧州チャンピオンズカップにも出場。監督交代で出場機会を失ったが、自ら志願して2部に移籍した後、1部のブレーメンに加入。通算9年間プレーし、ドイツの専門誌で「東洋のコンピューター」と称賛され、「トータルで充実したサッカー人生が送れた」。

ケルンの一員としてジャパンカップに出場し、ボルシアMG戦で競り合う奥寺康彦（左）＝1978年5月27日、東京・国立競技場

プロリーグ発足へ

当時の日本は、ワールドカップ出場など夢のまた夢。古河電工サッカー部の運営に携わっていた小倉純二日本協会名誉会長は「日本のサッカーは認知されてなかった。ドイツ合宿に行っていなかったら、発見されなかった」と当時を振り返る。

86年に帰国して古巣の古河に復帰し、国内でプロ選手の先駆けとなった。日本サッカー界がプロ化を目指し、Jリーグ発足へと動きだしたのはその2年後。個人の活躍が弾みをつけ、バブル経済の追い風も受け、スポーツ界の枠組みの変化も起きていった。（敬称略）

NEWS WORD

ゴルフメジャー大会

現在、男子は全英オープン、全米オープン、全米プロ、マスターズの4大会。女子は全米、全英、全米プロ、ANAインスピレーションズ、エビアン選手権の5大会。日本人で優勝したのは、1977年全米女子プロの樋口久子だけ。男子のシニアでは、2013年全米プロシニアで井戸木鴻樹が初めて優勝。松山英樹に男子メジャー大会初制覇の期待がかかっている。

こじ開けた世界への扉
=2人の異端児、野茂と中田=

国民的スポーツとして人気を誇ってきたプロ野球に続き、プロサッカーのJリーグが1993年にスタートした。当初は10チームだけだったが、年を経るごとに、J2、J3と拡大し、全国に地域密着のクラブチームができていった。その一方で、日本の枠組みに収まることなく、世界への扉をこじ開ける2人の異端児が登場した。

95年に野茂英雄がプロ野球の近鉄から米大リーグのドジャースに移籍し、全米にトルネード旋風を巻き起こした。サッカーでは98年に中田英寿がJリーグの平塚から当時世界最高峰とされたイタリア1部リーグ（セリエA）のペルージャ入り。ともに戦列なデビューを飾って1年目から成功し、日本選手の海外進出に道を開いた。

トルネード旋風

26歳でドジャース入りした野茂は、決め球のフォークボールを駆使して、次々と三振を奪い、全米を揺るがした。プロ野球の近鉄を飛び出したことに非難もあったが、最多奪三振と新人王に輝き、オールスター戦で先発の大役を務めた。選手会のストライキで人気が低迷した大リーグを救ったという声も上がった。

日米の実力差が大きいと考えられていた時代。後輩の活躍をテレビで見詰めた吉井理人（現ソフトバンク投手コーチ）は「自分を押し通したこと」が野茂に成功をもたらしたとみる。

打者に背中が見えるまで体をひねる独特のトルネード投法。投球はほぼ直球とフォークの2種類。ストライク先行を評価する米国で、四球を怖がらず思い切り腕を振った。「遠慮しちゃ駄目。お構いなしに自分の投球を詰めて、あんな投手になった」と吉井は言う。

野茂が太平洋を渡った後、大リーグでプレーした日本人はこの20年で50人以上。後に大リーガーとなった吉井は、野茂が米国への道を開いただけでなく、日米交流を促して日本のレベルを上げたと指摘する。

米大リーグのドジャースで快投し、トルネード旋風を巻き起こした野茂英雄＝1995年6月、ロサンゼルス（AFP＝時事）

日米実力差縮める

「米国から日本にコンディショニングという考え方が入って選手の体力が上がり、日米の実力差が縮まった。そこは日本球界が変わったところ。もちろん野茂の影響がある」。野茂のドジャース時代の監督だったトミー・ラソーダは「彼は日本のジャッキー・ロビンソン」と表現する。黒人初の大リーガーになぞらえて敬意を表している。

ヒデも衝撃デビュー

中田のイタリアデビューも衝撃的だった。ユベントス戦で2ゴール。2部から昇格したペルージャの新人、しかも21歳の日本人MFがカルチョの巨頭を苦しめた。平塚時代の監督だった植木繁晴（現上武大サッカー部監督）は「あいつ、これで生きていけるな」と確信した。太く短く駆け抜けた中田のサッカー人生を支え、高みへと導いた一戦だった。

平塚の練習グラウンドでも、世界で通用するスピードを意識し、味方が追い付けないようなパスを出し続けていた。「自分の感性を他人に消させない。それでいて押し付けることなく、周りを巻き込んでいた」と植木は述懐する。中田の持つ精神性と技術的な準備、コミュニケーション能力を知っていたから驚かなかった。日本では異質な「個」が世界では認められた。

飛躍の予兆は2年前にあった。ユベントスに短期留学し、同世代の集まる下部組織で見せた才能は飛び抜け、すぐに「ヒデ」が中心になった。同行した平塚の強化部長、上田栄治（現日本協会理事）は中田を失うのは時間の問題だと覚悟したという。「技術と判断力が抜群だった。うまい選手、強くて速い選手がいればいるほど、自分も相手も生かせた」と当時を振り返る。

2季目に名門ローマに引き抜かれた。同じトップ下に地元の英雄トッティがいたため、守備的な位置での起用や控えでもがいた。その後はパルマ、ボローニャ、フィオレンティナと移り、最後はイングランドのボルトン。上田は「欧州でもっと輝くと思っていたが、監督との確執もあったのかな。主張を曲げない男だから」と、早過ぎた引退を惜しんだ。２００６年ワールドカップでの引き際も鮮やかだった。

イタリア1部リーグのペルージャで活躍する中田英寿＝1998年10月、イタリア・ペルージャ（AFP＝時事）

計り知れない功績

大リーグにはイチローや松井秀喜が続いて確かな足跡を残し、サッカーでは小野伸二や高原直泰が欧州で活躍。それぞれの本場で、強烈な印象を残した野茂と中田の功績は計り知れない。（敬称略）

NEWS WORD

セリエA

サッカーのイタリア1部リーグはユベントス、ACミランなどの名門クラブを擁し、世界的スター選手を集めて、1980年代～90年代に世界最高峰とされた。日本からは三浦知良が94～95年にジェノアに所属。中田英寿に続いて、名波浩がベネチア、中村俊輔がレッジーナへ。現在は本田圭佑がACミラン、長友佑都がインテルミラノでプレーしている。

頂点迫るヒーロー誕生
＝20年五輪で変われるか＝

日本選手の世界的活躍が当たり前になった近年。その頂点に肉薄するヒーローが誕生した。２０１４年の全米オープンテニスでは錦織圭（25）＝日清食品＝が男子シングルスで決勝に進んだ。惜しくも敗れたが、世界ランキングは最高４位まで到達した。

男子ゴルフでは、松山英樹（23）が米ツアー1年目の14年、メモリアル・トーナメントを制して日本人４人目の勝利を挙げ、メジャー制覇に手の届く存在に成長した。ともに幼少期から競技に取り組める環境で育ち、世界のトップを視野に入れた。

金メダリスト続々

五輪競技でも金メダリストが続々と生まれた。体操の内村航平（26）＝コナミスポーツ＝がロンドン五輪で個人総合金メダルを獲得し、09年の世界選手権から5連覇。競泳では男子平泳ぎで五輪2大会連続2冠を遂げた北島康介（32）＝日本コカ・コーラ＝に続き、萩野公介（20）＝東洋大＝、瀬戸大也（21）＝ＪＳＳ毛呂山＝らが台頭。レスリング女子では吉田沙保里（32）と伊調馨（31）＝ともにＡＬＳＯＫ＝が五輪3連覇を遂げるなど女子選手の活躍も珍しくなくなった。

再び東京五輪を

そして20年東京五輪・パラリンピック招致が実現。日本

全米オープン男子シングルス決勝に進んだ錦織圭＝ 2014 年 9 月 8 日、ニューヨーク（AFP ＝時事）

男子ゴルフの米ツアーで初勝利を挙げた松山英樹＝ 2014 年 5 月 6 日、米フロリダ州ポンテベドラビーチ（EPA ＝時事）

2020年東京五輪決定を告げる国際オリンピック委員会のロゲ会長＝2013年9月7日、ブエノスアイレス（AFP＝時事）

のスポーツ界は56年ぶりの東京五輪に向けて、新たなステージを迎えた。

国家プロジェクトとしての五輪選手強化はこれまでも、08年にオープンした味の素ナショナルトレーニングセンター（ＮＴＣ）を拠点に行われてきたが、さらにトップ選手の競技力向上をめぐる環境は充実しそうだ。15年10月にはスポーツ庁が設置され、各省庁に分散していたスポーツ行政が一元化される。

スポーツと政治の関係に詳しい早大スポーツ教育学研究室の友添秀則教授はこう指摘する。「冷戦後、２０００年代まで続く世界的な不況の中で、各国とも自国のプレゼンスを高めるためにスポーツに力を入れた。五輪での金メダルは依然、自国の優位性を示す指標だった」と指摘する。

日本も例外ではなく、「06年トリノ五輪で日本は金メダル1個と惨敗。国会議員の間でこんなことではどうしようもないという危機感が高まってきた」。政治がスポーツへの影響力を高めていった。

五輪招致へ法整備

日本選手が着実に世界で活躍の舞台を広げる中、政府は「スポーツ立国」を目指す方針を明確にした。11年6月には民主党政権下で、旧スポーツ振興法を50年ぶりに全面改定したスポーツ基本法が成立した。

基本法で最も注目されたのは、国際大会開催に必要な資金の確保について、国は「特別な措置を講ずる」と第27条で規定した点。20年夏季五輪の東京招致実現を意識した条文だった。

国際オリンピック委員会（ＩＯＣ）は、五輪運営で赤字が出た場合、政府が穴埋めする財政保証を重視している。東京は16年五輪開催都市に立候補した際、旧法ではこの問題に対処できなかったことが落選の一因となった。

当時の文部科学副大臣として、基本法の制定に関わった鈴木寛文科相補佐官は「16年（五輪招致）の失敗の総括からあの法律はできた。何が大事か分かったので、必要なことは全部法律に書いた。国家の意思として示せた」と振り返る。

健康大国へ道筋

スポーツ庁は、東京五輪・パラリンピックに向けたトップ選手の強化、地域スポーツクラブの育成や子供の体力向上、スポーツ施設の充実など総合的な施策を推進する「司令塔」の役割を担う。

厚生労働省によると、13年の平均寿命は男性が80・21歳、女性が86・61歳。これに対し、制限なく日常生活を送れる「健康寿命」は男性71・19歳、女性は74・21歳と差がある。下村博文文科相は「晩年が医者通いや入院では幸せな人生ではない。天寿を全うするまで生き生きと健康に暮らすためには、スポーツによる健康管理が重要になる」と課題に取り組む姿勢を示した。

五輪のメダル量産や世界的なトップ選手を育成することも大事だが、誰もがスポーツを楽しめる環境をつくることが、今後の課題となる。「スポーツを通じて、幸福で豊かな生活を営むことができる社会」をどう実現していくのか。20年東京五輪・パラリンピックをそのきっかけにできるだろうか。

NEWS WORD

2020年東京五輪・パラリンピック

2013年9月にブエノスアイレスで開かれた国際オリンピック委員会総会で決定した。16年五輪招致に失敗した東京はマドリード、イスタンブールとの争いを制し、1964年大会以来2度目の開催を勝ち取った。五輪は20年7月24日〜8月9日、パラリンピックは8月25日〜9月6日までの期間に開催される。

Part12

地方自治の流れ

日本国憲法には「地方自治」という一つの章が設けられている。わずか４カ条の簡潔な構成だが、これを受けた地方自治法が１９４７年５月３日、憲法と同じ日に施行された。かつての大日本帝国憲法は自治には全く触れておらず、地方自治や自治体、その下での地方行政の歩みはそれ自体、戦後の歩みそのものとなっている。

配信：2015/06/22

日常生活、営々と支える

＝社会変えた条例も＝──自治体の役割と施策──

自治体は上下水道、ごみ処理、学校運営など、住民の日常生活を途切れることなく支えている。また地域事情に合わせて条例を制定でき、戦後、環境などの分野ではむしろ国をリードしてきた。宮城県が１９８５年に制定したスパイクタイヤ対策条例が、やがてこのタイヤが姿を消す結果をもたらしたように、社会の姿を大きく変えたケースもある。

公衆衛生、飛躍的に向上

朝起きて水を飲み、顔を洗う。一般には、蛇口をひねって出てくる水は、市町村が上水道事業により供給し、トイレ排水は市町村が運営する下水道に流され処理される。ごみを回収して清掃工場で焼却するのも市町村だ。公立学校も小中学校は市町村、高校は都道府県が運営している。

国土交通省などのデータによると、下水道を使える人口の割合は、戦後の復興が進んで東京五輪が開かれた64年度でも約８％にすぎなかったが、２０１３年度末には浄化槽などを含め88・９％に達した。国は下水処理施設の整備を国交省、農林水産省、環境省と縦割りで所管するが、自治体は「地方政府」として総合的に受け止める。広域下水道は都道府県が、それにつながる公共下水道は市町村が整備に努めて、戦後、公衆衛生を飛躍的に向上させた。

地域特性に対応

各自治体にはそれぞれの地域事情がある。元東京都副知事の青山佾《あおやまやすし》明治大学公共政策大学院教授（71）は「戦後の日本の地方自治制度の特色を一言で言うと、地域特性ということ。地域特性を生かす形で地方制度が発達してきた」と指摘する。例として、都が23特別区については市町村の仕事もしていること、一方で政令指定都市はかなりの仕事を道府県を通さず、国と直接交渉しつつ進めており、その政令市が20市まで増えてきたことなど、異なる仕組みの存在を挙げる。

　戦後しばらくの間、憲法や地方自治法はあっても、国の法律がカバーしている分野は条例は手出しできないと解釈された。転機となったのが、都が69年に制定した公害防止条例だ。当時は美濃部《みのべ》亮吉《りょうきち》知事の下での「革新都政」。条例は法を超えて工場の騒音やばい煙などについて規制する内容で、法令に対する「上乗せ、横出し」条例と呼ばれた。当時都職員だった青山教授は「単に自治が貴重だから認めろという理屈では恐らく無理だった。『東京では公害規制を国基準より強化しないと、わたしたちの健康はもたない』という都民の実感があったから支持された」と振り返る。

元東京都副知事の青山佾明治大公共政策大学院教授＝2015年6月5日、東京都千代田区

車社会変えた「のろし」

　これを契機に条例の存在感は増し、山形県金山町が82年に制定した情報公開条例は、各自治体の追随を経て、99年に国がやっと情報公開法を制定する源となった。さらに、宮城県が85年に制定したスパイクタイヤ対策条例は、日本の車社会を大きく変えた。

　この条例制定当時、宮城県庁環境管理課で粉じん対策を担当していた高橋伸行《たかはしのぶゆき》さん（67）は、「3月に冬が終わる前となるとスパイクで削られ道路がすり減っていて、白線を引き直していた」「粉じんの成分を調べるとアスファル

自動車のスパイクタイヤで削り取られた横断歩道の白線は切れ切れ状態に＝1983年2月、宮城・仙台市の国道4号

トで、スパイクタイヤのピンまで入っていた」と語る。

あまりにひどいという地元紙への投書もきっかけとなり、条例制定に至った。春になってもスパイクを履き替えないいわゆる「履きつぶし」を規制する内容だったが、90年、環境庁（現環境省）主導による「スパイクタイヤ粉じんの発生の防止に関する法律」の制定につながった。高橋さんは「雪国ではどこでもスパイクを履いていたのがなくなったんだから、すごいことだ。条例はのろしを上げた」と思い返す。

自治は住民のため

青山教授は戦後の自治の流れを振り返りつつ「地方自治がなぜ存在するかと言えば、住民が存在するから。住民が何に関心を持っているか、それが地方自治の勝負どころ」と強調する。介護か、保育か、経済か、地域それぞれにある課題に「法律を超え政府を超えて、首長が、自治体職員が、議員がどう向き合っているか」。そして「結果ではなくプロセスを住民は見ている。それが36年間の（東京都庁での）公務員生活から来る実感です」と語った。

地方自治をめぐる法体系

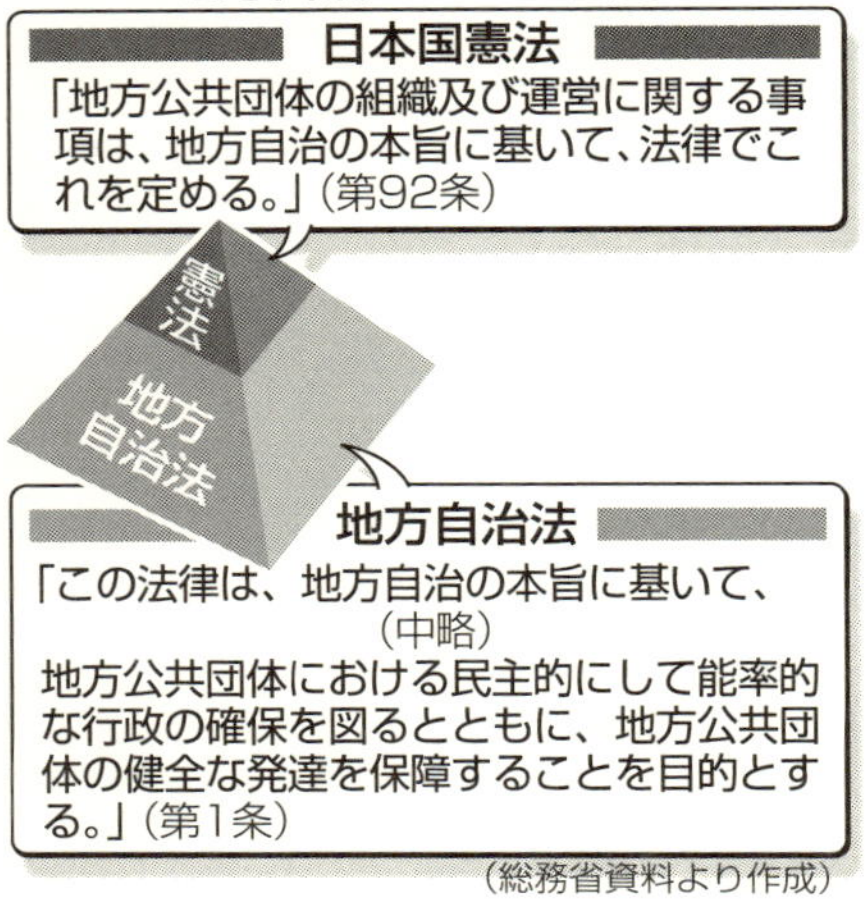
日本国憲法
「地方公共団体の組織及び運営に関する事項は、地方自治の本旨に基いて、法律でこれを定める。」（第92条）
憲法
地方自治法
地方自治法
「この法律は、地方自治の本旨に基いて、（中略）地方公共団体における民主的にして能率的な行政の確保を図るとともに、地方公共団体の健全な発達を保障することを目的とする。」（第1条）

（総務省資料より作成）

NEWS WORD

地方自治体

都道府県、市町村、東京都特別区（23区）を指し、法人格を有する。代表である首長（都道府県知事および市区町村長）は住民による直接選挙で選ばれ、その下には事務方となる職員が地方公務員として任用され、いわゆる「役所」を組織する。各自治体には、やはり住民が直接選挙した議員で構成する議会が置かれる。首長は予算案や条例案を議会に提出する一方、議会も自ら条例を制定できる。

時代と地域に応じた個性

＝異なるリーダーシップ＝—首長、住民の直接選挙に—

戦前、府県知事は国の機関で、市長は主に市会から選ばれた者の中から内務大臣が選任した。戦後、知事や市町村長は「住民が、直接これを選挙する」（憲法第93条）ことになり、地域のリーダーたる役割を託された。最大の自治体、東京都ではこれまで8人の公選知事が誕生したが、時代に応じた個性を都民は選んできた印象がある。地域によっても、首長に求められるリーダー像は異なるようだ。

（左上から時計回りに）美濃部亮吉、鈴木俊一、青島幸男、石原慎太郎各氏

「振り子」現象

元東京都総務局長で一般社団法人全国技能士連合会会長の大関東支夫《おおぜきとしお》氏（72）は都庁時代、公選３人目の美濃部《みのべ》亮吉《りょうきち》氏、４人目の鈴木俊一《すずきしゅんいち》氏、５人目の青島幸男《あおしまゆきお》氏、６人目の石原慎太郎《いしはらしんたろう》氏と、知事４人に身近に接した経験を持つ。それぞれの個性について「美濃部さんは公家、鈴木さんは将軍、青島さんは町民、石原さんは軍人」と表現する。

都知事には歴代、保守系と革新系ないしリベラル系が交互に就任してきた感がある。大関氏は「都民というのは面白いもので、振り子が振れる。歴代都知事で似たタイプはいない。その時代に合う人を都民が持ってきたような気がする」と見立てる。

革新自治体のシンボル的存在だった美濃部氏の前任は自民党系の東龍太郎《あずまりょうたろう》氏で、その下の副知事は後に知事となる鈴木氏。このコンビで１９６４年東京五輪を成功に導いた。ただ、高度経済成長期だったことに加え、五輪で首都

大関東支夫元東京都総務局長＝2015年5月26日、東京都千代田区

歴代公選東京都知事

氏　名	在任期間
安井誠一郎	1947年5月〜59年4月
東　龍太郎	59年4月〜67年4月
美濃部亮吉	67年4月〜79年4月
鈴木　俊一	79年4月〜95年4月
青島　幸男	95年4月〜99年4月
石原慎太郎	99年4月〜12年10月
猪瀬　直樹	12年12月〜13年12月
舛添　要一	14年2月〜

高速道路などのインフラ整備が一気に進んだこともあり、東京は大気汚染などの公害が顕著に。公害対策や社会福祉、弱者保護などを掲げた美濃部都政がそこで誕生した。

その美濃部氏は、父が天皇機関説で知られた憲法学者の美濃部《みのべ》達吉《たつきち》氏で、自身も著名な経済学者。「公家」と表現した大関氏は「神々しいというか、土俵が違うという感じだった。自分の言葉遣いや立ち居振る舞いにも非常に気を使っていた」と振り返る。3期目終盤には「ばらまき福祉」と批判され、都の財政悪化から自身も「惨たんたる幕切れ」と退任時に漏らしたが、大関氏は「公害防止にすごい執念を持っていた。青空が戻ったり、多摩川に魚が戻ったりと、美濃部さんが置いた土産が生かされたものはずいぶんある」と評価する。

選ばれた人とともに

後任の鈴木氏は自治庁（現総務省）OB。事務次官まで務め、終戦後に「地方自治法の案文を頭からすらすら書いた」という伝説もある。大関氏は「徳川家康みたいな雰囲気があり、ぶれなかった」と述懐した。

青島氏は選挙運動をせずに、鈴木氏の後継と目された元自治事務次官で元内閣官房副長官の石原《いしはら》信雄《のぶお》氏らを破って

NEWS WORD

革新自治体

社会党（現社民党）や共産党など、革新政党の支援を受けた候補が選挙で選ばれ首長となった自治体。1950年に社会党公認で初当選し、共産党の支援も得て7期務めた京都府の蜷川虎三（にながわ・とらぞう）知事が首長としては草分けとされる。高度経済成長に伴い大都市部で公害が悪化した60〜70年代、反公害や福祉を掲げた革新系知事や市長が埼玉県、東京都、神奈川県、横浜市、大阪府などで次々と誕生。だが財政を悪化させ「ばらまき福祉」との批判を招いたことや、路線対立で社会党と共産党の選挙協力が難しくなったことから、次第に革新自治体は姿を消していった。

当選し、鈴木都政下で企画された世界都市博覧会を中止した記憶がなお残る。再選出馬は確実とみられていたが、任期切れを前に1期限りで辞めると突然表明。後任の石原慎太郎氏については大関氏が「最初は書類を放り投げるようなこともあったけど、途中から『国と違って現場を知っているんだ』と都の職員をほめるようになった。これはうれしかった」と明かす。

保革交代劇のような都知事就任歴。知事交代の日をもって前日までの都政与党が野党に、野党が与党に代わった時もあった。だが都庁には、「選ばれた人にはどんな人であっても恥をかかせない、一緒にやっていこうという風土があった」（大関氏）という。

尾崎正直高知県知事＝2015年6月6日午後、東京都中央区の時事通信社本社

難しいかじ取り

現任の47都道府県知事のうち、財政再建の立場から地方には厳しい財務省の出身ながら、地域振興の実績で知られる1人が２００７年に初当選した尾崎《おざき》正直《まさなお》高知県知事（47）。財政再建は大切と前置きしながら「予算を削られるということは、仕事をしなくていいという免罪符になってしまう。しかし、田舎の地方の経済振興において県庁の果たす役割は大きい。民業圧迫を避けて縮小均衡に向かうべきか、財政に気を付けながらも官民協働で仕事を進めるべきか、地域地域で事情は違う」と首長としてのかじ取りの難しさを語る。

高知県では目下、県産業振興計画など「前に出る」施策を推進中。リーマン・ショック前には、全国平均が１・０を超える中、０・４台と大きく水をあけられていた県の有効求人倍率は、15年4月には０・92と、低いとはいえ県として過去最高を更新した。

中央集権から分権へ

＝市町村、平成の大合併＝―現在は「地方創生」―

国と地方自治体の関係は戦後、中央集権から、身近なことを地域で決める地方分権へと変わってきた。改革が加速したのは１９９０年代以降で、国の仕事を自治体に請け負わせる「機関委任事務」が廃止され、両者は法的には対等に。分権の担い手として市町村の「平成の大合併」も進んだ。一方で、自治体への税財源の移譲などは道半ばの中、国は現在「地方創生」の旗を振っている。

機関委任事務を廃止

日本国憲法は自治体に条例制定権を認めた。地方を国の下部組織と見なした戦前との大きな違いだが、国の指揮監督下で自治体に仕事をさせる機関委任事務は河川行政、福祉、農業などの分野でそのまま残った。

元自治省事務次官として分権改革に携わった地方公務員共済組合協議会会長の松本英昭《まつもとひであき》氏（73）は「欧米に追い付き追い越せという目標達成型の行政を展開するには、機関委任事務のように国が目標を定めて全体を一定のレベルに引き上げる方法が大変役立った」とし、戦前や復興・高度成長期には中央集権の仕組みが機能したと分析する。

松本英昭元自治事務次官＝2015年6月5日、東京都港区

しかし、中央集権型行政では地域特有の課題の解決は困難。高齢化に伴う医療や介護など、住民に身近な課題が各地方レベルでの解決を迫られるようになって分権の機運が高まり、93年の国会決議、95年の地方分権推進法制定、同法に基づく96～98年の5次にわたる地方分権推進委員会勧告、２０００年の地方分権一括法施行へつながった。

一括法の柱が機関委任事務廃止。主従関係にあった国と自治体が法的には対等な立場となり、自治体で処理する事務のうち、本来国の仕事である戸籍や国政選挙などは法律で任せる「法定受託事務」、それ以外は自治体の権限を認める「自治事務」に再編された。

市町村合併で受け皿整備

分権の受け皿づくりとして、国は99年から「平成の大合併」にかじを切る。合併した市町村に対し、借金をしても元利返済時に有利な財政措置が受けられる合併特例債も用意。市町村数は10年までに約３２００から約１７００へと減った。

合併をめぐっては、庁舎をどこに置くかをめぐり混乱したり、中心部から離れた旧町村部が寂れたりするなどの問題も。日本屈指の観光都市で、04年に周辺の戸井《とい》、恵山《えさん》、椴法華《とどほっけ》、南茅部《みなみかやべ》4町村と合併した北海道函館市の工藤壽樹《くどうとしき》市長（65）は「合併すると特例債を使えて、しなければ地方交付税は減りますよという、アメとムチみたいなことが当時あった」と述懐する。

函館の場合、合併のメリットは「日本有数の水産都市となったこと」「中核市へ移行できたこと」「特例債が活用できたこと」といい、特に合併特例債では「函館アリーナ、国際水産・海洋総合研究センターや、4町村でも学校給食共同調理場、コミュニティー施設、縄文文化交流センターなどが整備できた。二つの旧町立病院は、赤字は変わらなくとも、函館と合併したことで維持できている面もあるのでは」と語った。

分権は「未完の改革」とされ、地方税財源の充実などが課題となったが、04〜06年度の「三位一体改革」では3兆円の税源移譲が実現した半面、交付税はこれを上回って削減される結果になった。現在は自治体が国に具体的改革を求める「提案募集方式」などが試みられているが、「各府省の思惑もあり、抜本改革には届きそうにない」と松本氏はみている。

工藤壽樹函館市長＝2015年6月12日、函館市役所

地方分権と市町村合併

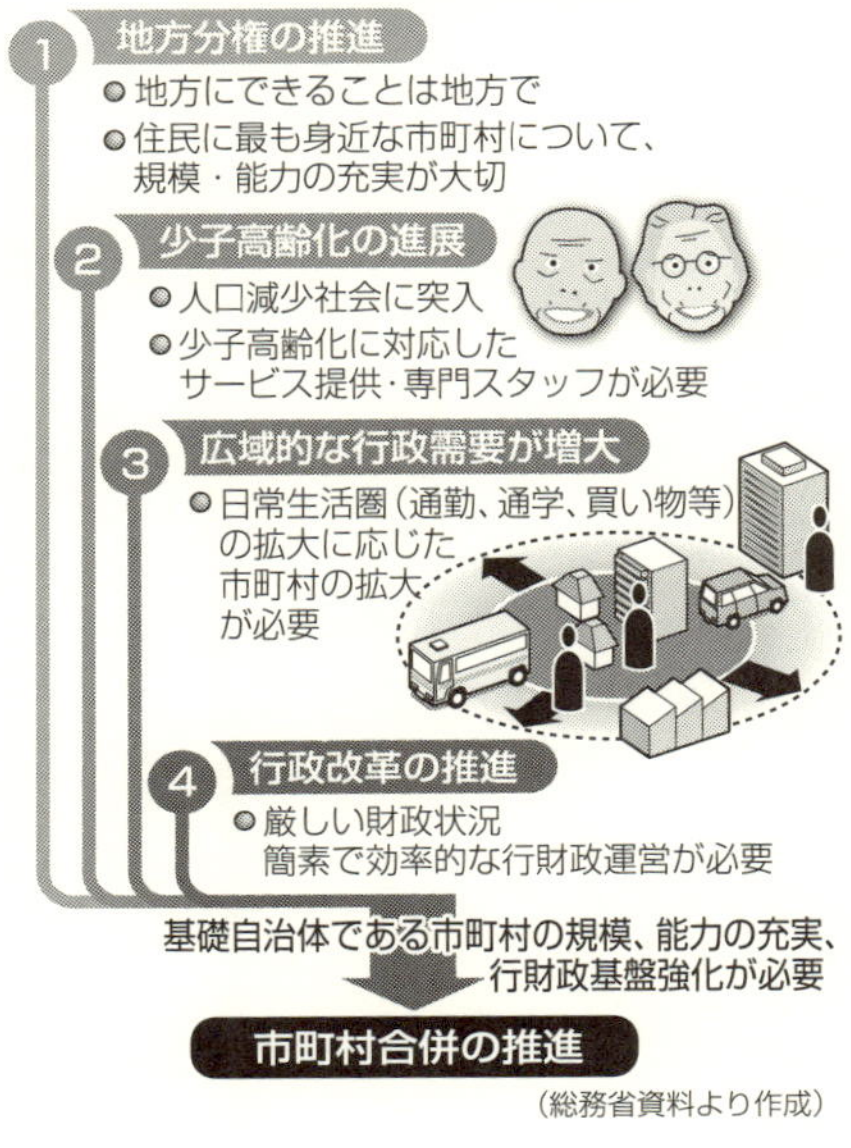
1 地方分権の推進
地方にできることは地方で
住民に最も身近な市町村について、規模・能力の充実が大切
2 少子高齢化の進展
人口減少社会に突入
少子高齢化に対応したサービス提供・専門スタッフが必要
3 広域的な行政需要が増大
日常生活圏（通勤、通学、買い物等）の拡大に応じた市町村の拡大が必要
4 行政改革の推進
厳しい財政状況
簡素で効率的な行財政運営が必要
基礎自治体である市町村の規模、能力の充実、行財政基盤強化が必要
市町村合併の推進
（総務省資料より作成）

「高齢者移住」への賛否

分権の傍らで、国は目下、交付金配分などの「地方創生」を推進中。有識者でつくる旗振り役の「日本創成会議」（座長・増田《ますだ》寛也《ひろや》元総務相）はその一環として、いわば「首都圏高齢者地方移住構想」を先に発表した。

移住好適地として函館市などを名指ししたが、当の工藤市長は「基本は住み慣れた地域で安心して暮らしていただくこと。東京周辺がそれを捨てて、お年寄りには移住してもらうというのは『現代の楢山節考』ではないか」として、高齢者を見捨てることだと批判する。

一方、尾崎正直《おざきまさなお》高知県知事（47）は団塊の世代の帰郷を念頭に「高齢者が来たらどうなるか分析してみたことがあるが、そのケアをする若者、それをまた支える若者の仕事が生まれ、明らかにプラス」とし、「限界もあると思うが、わたしたちとしては賛成したいと思う」と表明した。

尾崎正直高知県知事＝2015年6月6日午後、東京都中央区の時事通信社本社

NEWS WORD

機関委任事務

自治体の首長を法令で国の機関と位置付けて、国が自治体に委任して処理させた仕事。具体例としてはパスポート交付や飲食店営業の許可など。法的には国の事務とされ、首長は遂行に当たって担当大臣の指揮監督を受けるとされた。1947年施行の地方自治法に根拠条文があり、個別法により増やされて95年には政府全体で560件以上に達した。2000年の地方分権一括法施行により廃止された。

Part13

戦後70年、平和への祈り ～皇室の70年

終戦を伝える「玉音放送」から70年。現人神とされた昭和天皇の「人間宣言」や全国巡幸、初の一般家庭出身の皇太子妃誕生などにより、皇室と国民の距離は大きく縮まった。時代は平成に移り、天皇、皇后両陛下の平和への祈りが続く。国民と共に歩んできた皇室の70年を振り返る。

配信：2015/07/13

「現人神」から「人間」へ

=戦後巡幸で国民と向き合い=──訪沖希望、病で幻に・昭和天皇──

太平洋戦争では、大元帥だった昭和天皇の名の下、国内外で多くの尊い命が失われた。戦後、「人間宣言」をした昭和天皇は全国を巡幸し、人々と触れ合われた。晩年、国内最大の地上戦が行われた沖縄へ赴く機会が訪れたが、病に倒れ、幻に終わった。

国民慰め、励ます旅

「耐え難きを耐え、忍び難きを忍び…」。1945年8月15日、「終戦の詔書」を読み上げる昭和天皇の肉声がラジオで放送された。1カ月後の9月27日、マッカーサーと初めて会見。二人が並んだ写真から、国民は敗戦を実感した。

全国巡幸の最初の訪問先、昭和電工川崎工場で、従業員に声を掛けられる昭和天皇＝1946年2月19日、川崎市（昭和電工提供）

昭和天皇は翌46年元旦の詔書で自ら神格性を否定。翌月の神奈川県から巡幸が始まった。

2月19日の昭和電工川崎工場。空襲の傷痕が至る所に残る中、整列して出迎えた従業員に「何年ぐらいいるか」「住宅等に不便はないか」と尋ね、従業員の答えに「ああ、そう」と話した。初めての一般庶民との対

話だった。

同年2月8日に家族とともにパラオから横須賀市の浦賀に到着した野村武《のむらたけし》さん（88）＝札幌市＝は、鴨居《かもい》援護所にいた。昭和天皇が20日、同施設を訪問した。体の大きな駐留米軍人らに囲まれ、背広を着た昭和天皇から「遠いところ大変でしたね」と声を掛けられた。

「神様みたいな存在で、威厳に満ちていると思っていたが、そうではなく、いっぺんに親しみを感じた」と振り返る。そこに「現人神」の姿はなかった。

「人間」が見せた涙

巡幸は関東から始まり、48年の中断を経て、49年の九州巡幸では5月22日、戦災孤児が暮らす佐賀県基山町《きやまちょう》の因通《いんつう》寺《じ》を訪ねた。

昭和天皇は、戦死した父と、引き揚げ途中で亡くなった母の位牌《いはい》を胸に抱いた女の子に「お寂しい」と尋ねた。「私は仏の子どもです。浄土で両親ともう一度会えるから寂しくない」と話す女の子の頭をなで、「仏の子どもはお幸せね。これからも立派に育っておくれよ」と話した。

「その時天皇陛下のお目からはハタハタと涙がお眼鏡を通して畳の上に落ちていった」と当時の住職、調寛雅《しらべかんが》さん（故人）が著書に記している。

全国巡幸は54年の北海道で幕を下ろした。昭和天皇は80年9月、宮内庁担当記者との会見で、「直接に国民を慰め、復興への努力を激励したいと思った。国民が復興に向け一生懸命働いている姿が印象に残っている」と語っている。

沖縄で幻の茶会

最後に残った沖縄への訪問は、87年10月、国体への臨席で実現するはずだった。当時、宮内庁総務課長として、昭和天皇の地方訪問を取り仕切った齊藤正治《さいとうまさはる》さん（78）は87年7月末～8月、事前調査のため、卜部《うらべ》亮吾《りょうご》事務主管侍従（故人）らと沖縄を訪れた。

NEWS WORD

昭和天皇の戦後巡幸

戦後、昭和天皇が行った戦災復興状況視察を目的とした全国各地への訪問。戦災に打ちひしがれた国民を慰め、励ましたいという昭和天皇の意向で、終戦翌年の1946年2月19～20日の神奈川県から始まり、54年8月6～23日の北海道まで、沖縄を除く46都道府県を足かけ8年半で訪問。全行程は3万3000キロ、総日数は165日に上った。

巡幸は当初から昭和天皇の単独で行われたが、最後の北海道は国体への出席を兼ね、香淳皇后とそろっての訪問となった。

齊藤さんによると、訪沖の際には、戦没者追悼施設訪問などに加え、沖縄県民との「ミニ茶会」が内々に提案されていた。県民の各層から若い人も含めて招き、椅子に座って懇談するという企画で、「当時のご臨席行事では前例もなく、全く異例だった」と打ち明ける。

しかし、昭和天皇は体調を崩し、9月22日、腸のバイパス手術を受け、訪沖は中止となった。術後間もなく、「駄目か」と漏らしたと、齊藤さんにも側近を通じ伝わってきた。

「思はざる病となりぬ沖縄をたづねて果さむつとめありしを」。昭和天皇は、当時の心情を歌に残した。齊藤さんが原案を作成した「お言葉」は、皇太子だった今の天皇陛下が沖縄で代読。「お気持ちを十分お届けできたかと、後々まで心配した」と明かす。

昭和天皇の名代として沖縄を訪れ、県民代表を前に、昭和天皇のお言葉を代読される皇太子時代の天皇陛下。右は皇太子妃時代の皇后さま＝1987年10月24日、沖縄県糸満市の沖縄平和祈念堂

訪沖は翌88年春にも、移動範囲や滞在期間を短縮する形で検討されたが、同庁幹部の了承は得られなかった。齊藤さんは「ご回復著しかったが、87歳のお体に無理をお掛けしてはならないとの判断があったのかもしれない」と推察する。

さらに、側近トップの侍従長と、同庁長官が相次ぎ交代し、話は立ち消えに。8月の全国戦没者追悼式が最後の公式行事出席となった。

「沖縄に行けなかったのが、心残りだ」。元時事通信社編集委員の稲生《いなお》雅亮《まさあき》さん（故人）は側近の話として、昭和が終わる直前にも、昭和天皇がベッドの中でこうつぶやいていたと記している。

全国戦没者追悼式での「お言葉」の後、席に戻られる昭和天皇。最後の公式行事出席となった＝1988年8月15日、東京都千代田区の日本武道館

テニスコートで運命の出会い

＝陛下の電話が心動かす＝―国民との距離縮めたご成婚―

1958年11月、皇太子妃が日清製粉社長の長女、正田美智子さま（現皇后さま）と決定。初めての一般家庭出身の皇太子妃誕生に、日本中が沸いた。揺れ動いた若き妃の心を動かしたのは、当時皇太子だった天皇陛下の電話での誠実な姿勢だった。

粘りのテニスに「すごいね」

57年8月19日、長野県軽井沢町の軽井沢会テニスコートで開かれた「ABCDトーナメント」。皇太子さま（今の陛下、以下同じ）の2学年下で、テニス仲間の織《お》田《だ》和《かず》雄《お》さん（79）はコートサイドで、皇太子さまと早稲田大の男子学生、美智子さまと米国人少年のペアの対戦を見守っていた。

皇太子さまは、妹宮の清宮《すがのみや》さま（現島《しま》津《づ》貴子《たかこ》さん）の勧めで出場。4回戦での対戦は全くの偶然だった。第1セットは皇太子さまのペアが6―4で勝利したが、強い球が打ち込まれても丁寧に返球し、粘り強くチャンスを待つプレーに、第2セットは5―7、第3セットは1―6で完敗した。

「あんなに正確に打ち返してくるんだから、かなわないよ。すごいね」。試合後、真っ白なタオルで汗を拭きながら、織田さんのそばに来た皇太子さまは、感嘆の声を上げた。「試合に負けられたのに爽やかだったので、美智子さまに強い印象を持たれたのだなと思った」と振り返る。

2カ月後の10月27日、皇太子さまは東京都調布市のテニスコートに、テニス仲間を通じて美智子さまを招き、お二人は初めてダブルスを組んだ。皇太子さまはこのとき、美智子さまをカメラで撮り、宮内庁職員の写真展に出品した。

皇太子さまは同年秋、「東京ローンテニスクラブ」に入会し、美智子さまも翌58年5月に入った。お二人をつなぐ糸は徐々に太くなっていった。

天皇陛下の2学年下で、ご結婚前の陛下と皇后さまの電話を取り次いでいた織田和雄さん＝2015年4月15日、東京都中央区

1カ月後、二人で祝杯

58年8月、昭和天皇の許しを得て、小泉信三《こいずみしんぞう》・東宮御教育常時参与（故人）は正田家に美智子さまとの結婚を申し入れた。正田家は固辞し、美智子さまは同9月3日、欧米旅行に出発。帰国したのは10月26日だった。

「皇太子さまが東宮仮御所の書斎にいらっしゃるから、差し支えなかったらすぐお電話していただけませんか」。翌27日から、皇太子さまの連絡を受けて正田家に電話し、美智子さまにお願いする織田さんの役目が始まった。それ以前もテニスへのお誘いなどを取り次いでいたが、ご結婚を前提とした交換手の役目はこのときからだった。電話はほぼ毎日続いた。

「度重なる長いお電話のお話の間、殿下はただの一度もご自身のお立場への苦情をお述べになったことはありませんでした。どんなときにも皇太子としての義務は最優先であり、私事はそれに次ぐものとはっきり仰せでした」

後に美智子さまの述懐を聞いた黒木従達《くろきじゅうたつ》・元東宮侍従長（故人）は「この皇太子としてのお心の定まりようこそが最後に妃殿下をお動かししたことはほぼ間違いない」と手記に書いている。

織田さんは11月21日夜、東宮仮御所に招かれ、皇太子さまと二人だけで祝杯を挙げた。23日には「一応片が付いたから。どうもありがとう」とお礼の電話があった。

27日の皇室会議で婚約が決定。直後の記者会見で美智子さまは「とてもご誠実で、ご立派で」と述べ、流行語になった。皇太子さまは婚約内定後、「語らひを重ねゆきつつ気がつきぬわれのこころに開きたる窓」と詠んだ。

馬車列に歓喜の声

59年4月10日の結婚パレード。馬車列が皇居を出発し、沿道にはお二人の姿を一目見ようと、53万人が詰め掛けた。

ご成婚パレードで、沿道の人々の祝福を受け、笑顔を見せられる皇太子さま（現天皇陛下）と美智子さま（現皇后さま）＝1959年4月10日、東京都内

織田さんは東宮仮御所近くでパレードを見て、喜びをかみしめた。

当時大学生だった皇室ジャーナリストの松崎敏弥《まつざきとしや》さん（76）は、母親に誘われ、皇居・半蔵門近くでパレードを見た。身動きできないほどの人であふれる中、お二人が乗った馬車が姿を現し、美智子さまがにこやかに手を振ると、「ミッチー、お幸せそう」「おめでとうございます」「万歳」と、群衆から歓喜の声が上がった。

「美智子さまは本当にきれいだった。皇室はそれまで雲の上の存在だったが、お二人の結婚で国民との距離が大きく縮まった」。松崎さんは「ミッチーブーム」を懐かしく語った。

NEWS WORD

ミッチーブーム

1958年11月27日、皇太子妃に決まった正田美智子さま（現皇后さま）の愛称「ミッチー」にちなみ、日本中が沸き返った社会現象。初めての一般家庭出身の皇太子妃、軽井沢のテニスコートでの出会いなどが「世紀のご成婚」として話題となり、美智子さまのファッションが流行。テレビの普及が進む契機になり、週刊誌の創刊も相次いだ。

59年4月10日、皇居での結婚の儀式の後、東宮仮御所（渋谷区）までの8.8キロを馬車列で走るパレードには、沿道に53万人が詰め掛けた。

平成の皇室「国民と共に」

=床に膝つき、被災者と対話=—戦後の節目に「慰霊の旅」—

1989年1月、象徴天皇制の下で初めて即位した天皇陛下は、国民と共に歩む皇室を皇后さまと築き上げられた。避難所の床に座って被災者と同じ目線で話し、太平洋戦争の激戦地で静かに黙とうする両陛下の姿は、その象徴とも言える。

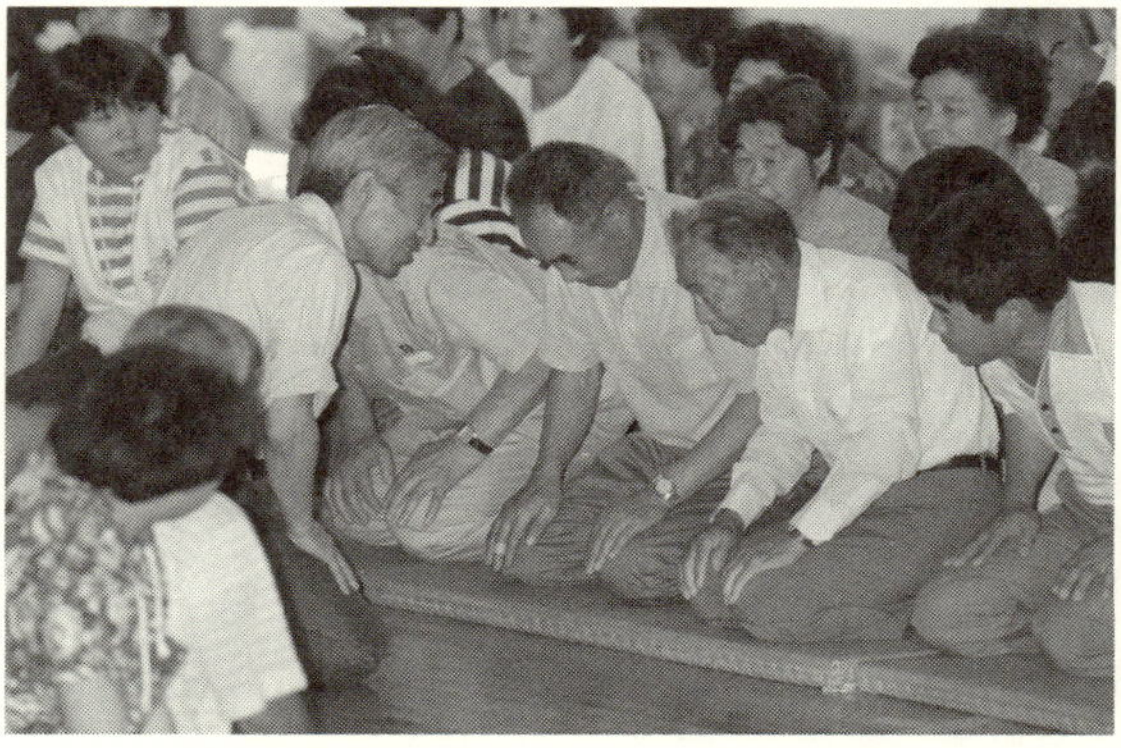

体育館に避難している住民から、膝をついて被災の様子を聞かれる天皇陛下＝1991年7月10日、長崎県布津町（現南島原市）の布津中学校

災害のさなか現地へ

91年6月3日、長崎県の雲仙・普賢岳で大火砕流が発生し、43人が犠牲となった。両陛下は7月10日、一般客も乗った定期便で長崎空港到着後、自衛隊ヘリで島原市

に入った。天皇が災害のさなかに被災地を訪れるのは戦後初めてだった。

ホテルで両陛下は、消防団員らの遺族一人一人に「大変だったですね」などと語り掛けた。遺族の女性が幼い子どもを抱いており、当時の島原市長、鐘《かね》ケ《が》江《え》管《かん》一《いち》さん（84）がふと見ると、皇后さまは目に涙をためていた。

両陛下の希望で、懇談場所は5階特別室から1階の部屋に、昼食はカレーライスになったが、両陛下はほとんど手を付けずに質問を続けた。その後、陛下は腕まくりのワイシャツ姿で、皇后さまと仮設住宅を見舞った後、市立総合体育館の床に膝をつき、住民一人一人に声を掛けた。

「床にお座りになったのでびっくりしたが、国民と共にというお気持ちの表れと思った。悲観ばかりしていたが、両陛下のおかげで生きる希望が湧いた」。鐘ケ江さんは今も感謝している。

雲仙・普賢岳噴火の被災地、長崎県島原市を訪問された天皇、皇后両陛下に、市長（当時）として状況を説明する鐘ケ江管一さん＝1991年7月10日（鐘ケ江さん提供）

鐘ケ江管一さん。雲仙・普賢岳噴火の際、「ひげの市長」として陣頭指揮を執った＝2015年5月14日、長崎県島原市

悲しみ、苦しみ分かち合い

２０１１年３月11日の東日本大震災は、戦後最悪の自然災害となった。両陛下は4月27日、自衛隊機とヘリで宮城県南三陸町に入り、津波でがれきの山となった市街地に静かに黙礼した。

避難所の中学校体育館で皇后さまは、町長の佐藤仁《さとうじん》さん（63）がスリッパを履いていないのに気付くとすぐスリッパを脱ぎ、冷たい床に膝をついた。陛下も脱ごうとしたため、佐藤さんは慌てて止めた。陛下は床に膝をつき、行方不明の3歳の女児を捜す家族に「早く見つかるといいですね」と声を掛けた。「町は水産で必ず復活します」。佐藤さんは両陛下の前で泣いた。

宮城県南三陸町の高台にある小学校から、津波被害を受けた市街地に向かって黙礼される天皇、皇后両陛下＝2011年4月27日、同町歌津

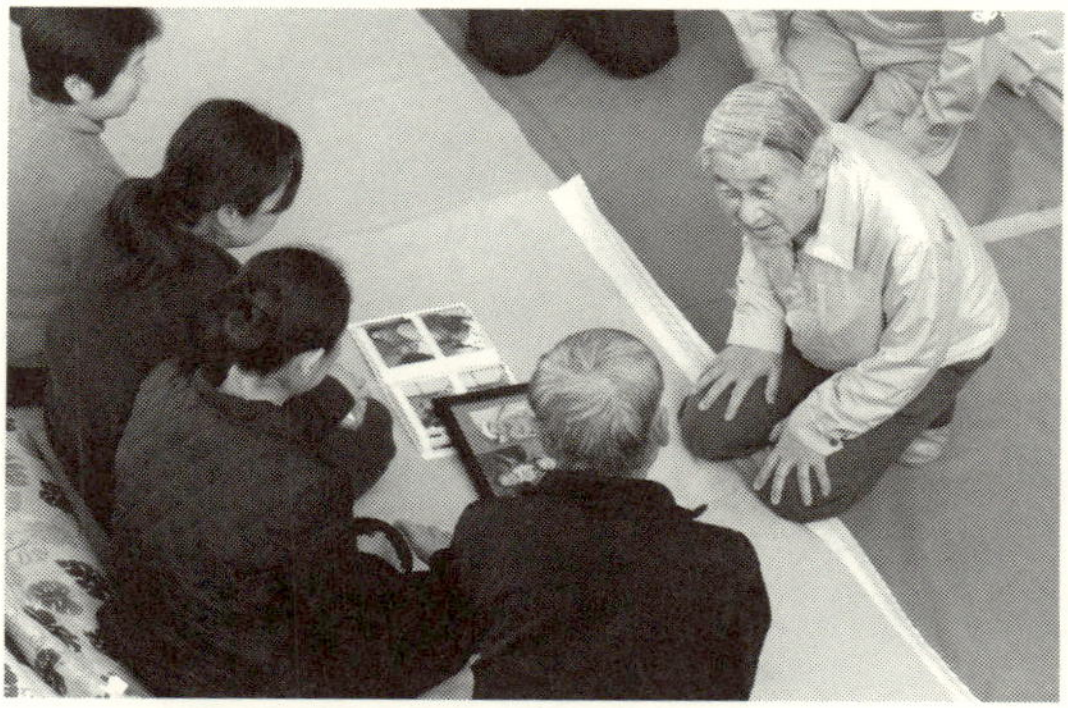

床に膝をつき、行方不明の3歳の女児を捜す家族に声を掛けられる天皇陛下＝2011年4月27日、宮城県南三陸町の歌津中学校

佐藤さんは14年4月の園遊会に招かれ、陛下から「随分苦労されたんでしょうね」といたわられた。「おかげさまで、昨年の市場の水揚げが震災前と同じ量と金額になりました」と報告すると、両陛下は喜びの声を上げ、佐藤さんは「一番厳しいときにお越しいただき、町民が勇気と元気をもらいました」と謝意を伝えた。

宮内庁長官として同行した羽毛田《はけた》信吾《しんご》さん（73）は「人々の悲しみ苦しみをわがこととして受け止め、全身全霊を傾けお務めになった。象徴の地位と活動は一体のものとはっきりおっしゃった陛下の、そのありようを見た思いがした」と語る。

日本政府の「西太平洋戦没者の碑」に花を供えた後、約10キロ先の激戦地アンガウル島に向かって黙礼される天皇、皇后両陛下＝2015年4月9日、パラオ・ペリリュー島

焼け野原が原体験

戦後70年の15年4月、両陛下はパラオを訪問。激戦地ペリリュー島で、日本政府の慰霊碑に続き、約10キロ先のアンガウル島に向かって深々と頭を下げた。遺族らはその姿を万感の思いで見守った。

「戦友に代わって御礼申し上げます」。アンガウル戦で生き残り、玉砕した約１２００人の仲間の名簿を持ち、両陛下と対面した倉田《くらた》洋二《ようじ》さん（88）は「いつ来てくれるのかと思っていた。この日をずっと願っていた」と声を絞り出した。

歴史の風化を懸念する両陛下の意向で、戦後の節目ごと行われてきた「慰霊の旅」。侍従長を07年まで10年半務めた渡辺允《わたなべまこと》さん（79）は「戦没者慰霊は両陛下にとって生涯を懸けた務めだ」と語る。

陛下の幼なじみで同級生の明石元紹《あかしもとつぐ》さん（81）は戦時中、沼津や日光で陛下と集団疎開生活を共にした。45年11月、陛下と同じ列車で原宿の皇室専用ホームに降り立ち、一面の焼け野原を見た。「建物が全くなく、どこまでも見渡せた。本当にやられてしまったなと実感した」と回顧する。

渡辺さんは「陛下にとって大変な衝撃で、原体験として記憶の底にずっと残っておられると思う」と話した。

明石さんは時代が平成に代わる直前の88年大みそかの夜、同級生らと3人で当時のお住まいの東宮御所に招かれた。昭和天皇の病状は深刻だったが、「（今の陛下は）結構お元気で、既に覚悟を決められていると感じた」と振り返る。

その上で「国民、国家の幸せを祈り、どこにでも足を運び、不幸や災害に遭った人々を慰める両陛下のご活動は、多くの国民の尊敬を集めているのではないか」とエールを送る。

天皇陛下の同級生の明石元紹さん＝2015年4月27日、東京都世田谷区

NEWS WORD

象徴天皇制

日本国憲法の規定により、天皇を国および国民統合の象徴とする制度。天皇の地位は、主権の存する日本国民の総意に基づくものとされ、国の元首であり、統治権を総攬（そうらん）する地位にあった戦前の旧憲法下とは大きく異なる。

象徴天皇の職務は現憲法上、国事行為に限定され、内閣の助言と承認を必要とし、国政に関する権能を有しないとされている。実際は国事行為以外に、戦没者の慰霊や被災地のお見舞い、外国賓客の接遇や外国訪問などの公的行為が存在する。

Part14

日中韓、国交正常化と緊張

日本の戦後70年は、先の大戦により失った中国や韓国とのつながりを取り戻し、再構築する歩みでもあった。しかし、戦争で加害者と被害者の立場に分かれた日本と中韓では、歴史への評価で深い溝を残す。領土をめぐる対立も厳しさを増している。経済面では相互依存を強める3カ国だが、成熟した関係を築くには乗り越えるべきハードルも多い。

日中、民間貿易が橋渡し
＝日韓接近は米が要求＝ ―正常化交渉―

日本は１９６５年に韓国と、72年に中国との国交正常化を実現した。中国との国交回復の鍵を握ったのは、民間貿易のパイプ。日韓の接近を後押ししたのは、冷戦下で自由主義陣営の連携を求める米国の存在だった。ただ、日本と中韓の間では、隣国ゆえに戦争の傷痕は深く、国民感情のすれ違いも深刻で、それぞれの正常化交渉は困難を極めた。（敬称略。肩書は当時）

周恩来の小宴

72年9月25日、首相就任から2カ月余りの田中角栄が北京空港に到着、中国首相の周恩来が出迎え、握手を交わした。両首相は29日に日中共同声明に署名したが、田中訪中に先立つ23日夜、周は岡崎《おかざき》嘉《か》平太《へいた》ら日中覚書貿易事務所の日本人関係者を人民大会堂に招いて小宴を開いた。

日中共同声明に署名する田中角栄首相（左から２人目）と周恩来・中国首相（中央）＝1972年9月29日、中国・北京

周はこう語りかけた。「間もなく田中総理が来られ国交が回復するが、田中総理が来られた

配信：2015/07/13

周恩来中国首相（右）と会談する岡崎嘉平太氏＝1971年3月1日、北京・人民大会堂（「岡崎嘉平太記念館」提供）

から国交が回復するのではありません。ここまで準備をするためには日本の多くの方が努力しております。わが国には『水を飲むときには、井戸を掘った人のことを忘れない』という言葉がありますが、そういう人があったから国交が回復できるのです。あなた方もその一人一人です」（「岡崎嘉平太伝」）。

岡崎は元日銀職員で、上海で終戦を迎えた。戦後は全日空社長などを務め、半官半民の「LT貿易」を通じて日中経済交流を進めたが、目的はあくまで国交正常化だった。

東京、北京の双方に置かれた貿易事務所は、国交がない両政府の非公式の窓口となった。日本側の記録では、71年8月、日中双方の貿易事務所の代表が、本国との連絡に暗号を使用することで合意した。これにより台湾など第三者に傍受されることなく日中が連絡を取ることが可能となった。当時、日本外務省中国課首席事務官だった小倉和夫氏（元駐韓大使）は暗号化合意について「国交正常化に向けた中国側の前向きなサインだった」と振り返る。

背中押した大平

田中は日中国交正常化を掲げて首相になったが、周から訪中の招きを受けると、ちゅうちょしたという。自民党内

NEWS WORD

岡崎嘉平太（おかざき・かへいた）とLT貿易

岡崎氏は1897年岡山県生まれの経済人。1962年、高碕達之助（たかさき・たつのすけ）元通産相を団長とする日中貿易交渉訪中団に同行し、岡崎氏の構想を基に「日中覚書貿易」が実現。日中代表の高碕氏と廖承志氏（後の中国共産党政治局委員）の頭文字からLT貿易と呼ばれた。

岡崎氏は22年、東京帝大卒業後、日銀に入行。38年、陸軍省事務嘱託として上海に赴任し、在中華民国大使館に勤務。上海で敗戦処理に当たった。池貝鉄工、丸善石油（いずれも当時）で社長として再建に手腕を発揮し、61年から67年まで全日空社長。日中覚書貿易事務所の理事長を務めた。戦後の訪中回数は100回に上る。89年に92歳で死去。

大平正芳元首相

は「親台湾派」勢力が強く、台湾断交への反対論がうずまいていた。田中の背中を押したのは外相の大平正芳だった。大平の秘書官だった森田《もりた》一《はじめ》（元運輸相）は「ちょっと渋った田中を大平が4、5日かけて一生懸命説得した」と証言する。

日中戦争中の39年5月、大蔵官僚だった大平は中国大陸の占領地を統治する興亜院に出向し、内蒙古に赴任した。興亜院はアヘンを売却し、軍事費に充当しており、森田は「大平には、中国に悪いことをしたなという意識は非常にあった」と語る。

大平は田中訪中の8年半前から、日中国交正常化を見据えていた。起点となるのは、64年2月の衆院外務委員会での池田内閣の外相としての答弁。社会党の穂積七郎《ほづみしちろう》の対中姿勢に関する質問に対し、「国連において正当なメンバーとして祝福されるというような事態になれば、国交の正常化を考えなければならぬのは当然」と、踏み込んだ。

71年7月、ニクソン米大統領が訪中計画を発表し、世界を震撼《しんかん》させた。同政権は日中のLT貿易に着目していたとみられる。岡崎の証言によると、交渉のため毎年訪中する岡崎に米政府関係者がひそかに接触、中国情報を得ていた。日本側は出し抜かれた形となったが、米中接近は国際情勢を激変させた。同年10月には国連は中国加盟を決定し、台湾が脱退、日中国交正常化への機運は高まった。

日中共同声明では、日本の戦争責任をどう盛り込むかが焦点の一つとなった。中国側は「日本軍国主義」の責任を明記するよう主張したが、日本側は拒否。難交渉の末、「責任を痛感し、深く反省する」との表現で折り合った。

中国側は賠償請求権を放棄した。既に台湾の蒋介石政権が日本への賠償請求権を放棄していることも背景にあった。この中国側の基本的な考えは岡崎が事前につかみ、日本政府に伝えた。

「池田は怖くない」

日韓国交正常化交渉は51年に始まったが、日韓併合をめぐる両国の認識の違いや国民感情の摩擦もあり、たびたび空転した。もたつく交渉を突き動かしたのは米国だった。ケネディ政権はベトナム戦争が泥沼化する中、反共陣営として日本と韓国の結束を求めた。

交渉の最大の懸案は日韓請求権問題だったが、ここでも大平が大きな役割を果たした。

62年7月、大平は第2次池田勇人改造内閣の外相に就くと、韓国中央情報部長の金鍾泌《キム・ジョンピル》と折衝を開始。大平は当初、池田の指示に基づき「8000万ドルが限度」と表明したが、金は6億ドルを主張。最終的には「請求権」ではなく経済協力として、「無償3億ドル、有償2億ドル、民間借款1億ドル」を日本が供与することで合意した。

大幅に譲歩した大平の決断は、欧州訪問中の池田には寝耳に水だった。池田は帰国後、首相官邸で大平から報告を受けると「金額が多過ぎる」と不快感を示した。だが、官邸を出た大平は森田に「池田が怒ったって、ちっとも怖くないよ」と語り、自らの判断に自信を見せた。

日韓併合条約の合法性など残された問題は、65年の日韓基本条約で玉虫色の表現とすることで決着した。韓国世論は「屈辱的」と反発したが、日本の経済支援が「漢江《ハンガン》の奇跡」と呼ばれる韓国の急速な発展につながった。

首相官邸で日韓基本条約、日韓漁業協定など4協定の議定書に調印する椎名悦三郎外相（右）と李東元・韓国外務部長官＝1965年6月22日、東京・永田町

NEWS WORD

日韓基本条約

日本と韓国が国交を正常化した条約。1965年に調印、発効した。1910年の日韓併合条約の扱いが交渉の焦点の一つとなり、韓国側は「当初から無効」、日本側は「当時は合法的に結ばれた」と主張して対立。結局、基本条約には「もはや無効」（already null and void）として、無効になった時点をあいまいにし、「解釈に相違がある場合には、英語の本文による」と明記された。

日韓正常化に向けた外交交渉は、日本が51年9月にサンフランシスコ平和条約に調印した翌月から開始。しかし、韓国側が52年、竹島（島根県）を含む日本海に「李承晩（イ・スンマン）ライン」を一方的に設定したことや、日本側代表が植民地支配を肯定する発言をしたことなどで日韓双方が反発し、交渉はたびたび中断した。

政治学者の姜尚中《カン・サンジュン》は２０１５年５月、ソウルで日韓国交正常化50年をテーマに講演し、こう指摘した。「基本条約がさまざまな限界を含んでいるにせよ、正常化は両国民にとって多大な成果をもたらした。両国を行き交う人の数が数百倍に跳ね上がったこと一つをとっても国交正常化を祝福すべきだ」。

INTERVIEW

田中氏の尖閣言及は当然―日中正常化

=小倉元駐韓大使に聞く=

１９７２年の日中国交正常化で、外務省中国課首席事務官だった小倉和夫氏（元駐韓大使）に当時の話を聞いた。（肩書は当時）

――国交正常化で小倉氏の役割は。

実務的な処理、中国情勢の分析、台湾工作を担当した。外交は大体が仲良くするため、危機を回避するためだが、台湾とは「別れの外交」だった。

――自民党内では日台断交への反対が強かった。

小倉和夫元駐韓大使＝東京都新宿区

田中内閣は破竹の勢いだった。日中国交正常化を中枢に据え、世論もバックアップした。野党も賛成だった。自民党の親台湾派といっても「正常化反対」とは言えない。「台湾との関係も維持せよ」という条件闘争だった。

――国交正常化に至る中国の印象は。

佐藤内閣の時代、中国はものすごい勢いで日本批判をやっていた。台湾擁護の佐藤内閣では日中国交正常化はできない、とみんな思っていた。

だが、日中の覚書貿易事務所が暗号使用で合意した。国交正常化に向けた中国側の前向きなサインだった。裏の交渉をやってもいいよ、と。

佐藤内閣で注目すべきは72年2月のモンゴルとの国

交正常化だ。社会主義国の中で日中正常化の突破口となる国としてモンゴルに目を着けた。台湾は反対したが、中国へのシグナルになった。

――中国は賠償請求を放棄した。

台湾は日華平和条約で賠償を放棄した。蔣介石（台湾総統）が放棄したものを、毛沢東（中国国家主席）が「放棄しない」と言ったら大騒ぎだ。ただ、経済協力とか、賠償に変わるものは日中双方の頭の中にあった。

――田中角栄首相は周恩来中国首相との会談で尖閣諸島に言及した。予想外の発言か。

いや、触れなくてはいけない、と思っていた。一切議論しなければ5年10年先に、何をしていたんだ、ということになる、という考えはあった。日中共同声明はある意味の講和条約だから、領土を避けて通ることはあり得ない。当時、もし中国が問題にしようとしたら、法的にも国際的にも日本は絶対勝つという自信があった。

INTERVIEW

妥協の産物、歴史は評価―日韓正常化

＝姜尚中・東大名誉教授に聞く＝

姜尚中・東大名誉教授＝東京都千代田区

政治学者の姜尚中《カン・サンジュン》氏（東大名誉教授）に１９６５年調印の日韓基本条約や当時の政治情勢について聞いた。

――日韓基本条約の評価は。

あの時代、韓国も日本も（条約に）反対のうねりが

あった。今から思うと信じられないくらいだ。一切、過去の問題を閑却したことは、妥協の産物だったのだろう。歴史認識は非常に大きな溝があった。当時の状況をそのまま反映させた。

それでも国交正常化がなければ、日本も韓国も歴史が大きく変わっていた。基本条約は限界があったにしても歴史的によかったという評価をしている。

——日韓が接近した背景は。

やはり米国の要請と、戦前からの人脈が両国関係を結び付けた。くしくも朴槿恵《パク・クネ》韓国大統領の父（朴正熙《パク・チョンヒ》元大統領）と安倍晋三首相の祖父（岸信介氏＝首相退陣後も日韓国交正常化に尽力＝）、この二人の力は大きかった。歴史の因果だ。

——歴史問題はあやふやにした。

今に通じるところがあるが、歴史の問題はおそらく、それをやりだしたら、パンドラの箱を開けることになるのではないか。それよりは今ある非常に現実的な問題、共産圏の中国、ソ連、北朝鮮の脅威に対抗し、日本、韓国、台湾の3者が連携することを米国としても望んだ。

——日韓関係は冷え込んでいる。

かっこ付きの「正常化」だった。韓国は（民主化宣言した）87年以降大きく変わった。民主化の代償だ。民主化のパラドックスともいうが、今起きているぎくしゃくしている面は、日韓の国民同士の交流が増えたからだ。国内世論が多様で、民主的な価値を持つ社会であればあるほどそうだ。要するに変数が多くなったということだ。

——かつての韓国は軍事政権で世論を抑え、歴史や賠償の不満を抑えていたということか。

そう思う。よく中国が民主化されたらいいと言われるが、もっと難しい事態が出てくる。歴史の問題が韓国どころではない形で飛び出してくる可能性がある。

火種解消の知恵生まれず

＝「尖閣」で続く対立―日中＝

2014年11月の首相・安倍晋三と中国国家主席・習近平の会談を契機に改善に向かい始めた日中関係。しかし、火種としてくすぶり続けるのが、沖縄県・尖閣諸島をめぐる対立だ。中国の経済発展の礎を築いた鄧小平が「われわれより知恵のある次世代の人に解決してもらおう」と深入りを避けたこの難題。ただ、台頭を続ける中国が「海洋強国」を掲げ、海洋への進出に力を入れる中、尖閣をめぐる緊張はむしろ増している。（敬称略）

解釈割れる「棚上げ合意」

1978年10月、中国副首相だった鄧の来日を歓迎する式典が、東京・元赤坂の迎賓館で開かれた。首相・福田赳夫が出迎え、礼砲が鳴り響く中、五星紅旗が掲げられた。

「これで、中国と日本が新しい時代を迎えたと思った。一生忘れられない出来事だ」。長く日中関係に携わり、当時も駐日大使館の連絡係として、鄧来日の準備に奔走した程永華（現駐日中国大使）は、こう振り返る。

日本記者クラブで内外記者団と会見する鄧小平副首相＝1978年10月25日、東京都千代田区の日本プレスセンター

歓迎式典で儀仗（ぎじょう）隊を巡閲する中国の鄧小平副首相と福田赳夫首相＝1978年10月23日、東京・迎賓館

中国指導者として戦後初となった鄧の来日の目的は、78年8月に調印した日中平和友好条約の批准書交換だった。そんな鄧から飛び出したのが、「こういう問題は10年棚上げにしても構わない」とする日本記者クラブでの尖閣「棚上げ」発言だった。

尖閣周辺に地下資源が埋蔵されている可能性があるとの国連の調査結果を受けて中国は、70年ごろから尖閣の領有権を主張し始めた。ただ、当時から外務省内には、法的にも国際的にも、中国には負けないという空気が支配的だった。国交正常化の際、中国課首席だった小倉和夫は「日本には自信があった」と語る。

72年の国交正常化交渉では、日本の首相・田中角栄が、中国首相・周恩来との会談の最終局面で「尖閣諸島についてどう思うか」と自ら尖閣の話題を持ち出した。正常化交渉当時の外相・大平正芳の秘書官だった森田一は「事前の打ち合わせではなかった話。田中首相が切り出したのは、大平にとって予想外だった」と証言する。既に日本は尖閣を実効支配しており、交渉のテーブルに乗せることは得策ではないからだ。

だが、中国側はこの時のやりとりを、「棚上げ合意」の根拠とする。日本政府は一貫して合意を否定しているが、国交回復を優先させるため、尖閣の位置付けを曖昧にした側面は残る。尖閣の領有権を明確にする選択肢はなかったのか。森田は「そんなことしたら、日中国交正常化は取りやめになっている」と回想する。

日中首脳会談を前に握手する鄧小平中国副首相（左）と福田赳夫首相＝1978年10月25日、首相官邸

沖縄県・尖閣諸島の魚釣島と北小島、南小島＝2010年9月15日、海上自衛隊P3C哨戒機から撮影

国有化に猛反発

２０１２年秋、中国各地で日系商店などを標的にした暴動や反日デモが続発した。引き金となったのは野田内閣が同年9月に踏み切った尖閣国有化の閣議決定だった。

10年9月には、尖閣諸島付近で、中国漁船と海上保安庁の巡視船の衝突事件が発生。日本側が中国人船長を逮捕し、その後釈放した経緯に日中双方の世論が沸騰、日中関係は険悪化していた。

「あの時は、あれしかなかった」。野田内閣で官房長官を務めた藤村修は、尖閣の長期かつ安定的な維持・管理のため、国有化の判断は適切だったと当時を振り返る。閣議決定に先立ち、日本側は水面下で中国に「現状の大きな変更ではない」と繰り返し説明。対中強硬派の東京都知事・石原慎太郎が尖閣購入計画を表明していたことから、藤村は「中国は、石原さんに買ってもらっては困るとの感触の方が大きかった」と受け止めた。

しかし、中国の反発は日本側の予測を大きく超え、日中の意思疎通の難しさを印象付けた。国有化以降、目に見えて増えた中国公船による領海侵入は依然として続く。藤村は「日本は挑発に乗らず、自らも挑発的行動をしないことだ。我慢、忍耐が必要」と安倍政権に注文する。

大平の予言

「中国は正直言って、国交正常化交渉では、非常に低姿勢だった」。大平の秘書官だった森田は当時の中国をこう語る。中国は経済面で日本に後れを取り、中ソ関係悪化もあって、日本以上に国交正常化に前向きだったと森田は指摘する。

しかし、いまや中国は国内総生産（ＧＤＰ）で日本を抜き、米国に次ぐ世界第2位の経済大国に。軍事面でも拡大を続け、日本を取り巻く東アジア情勢は、国交正常化当時と比べ、大きく変容した。森田は、当時の大平の心中を「中国がどんどん大きくなり、大国になったら、そういう（低姿勢な）態度は取らなくなるだろうと予想していた」と明かす。

アジアインフラ投資銀行（ＡＩＩＢ）の設立により、グローバルな影響力を増す中国。「大国化」路線は今後も止まりそうになく、日本の対中外交が難度を増していくことは間違いない。

NEWS WORD

尖閣諸島

沖縄県石垣市に属し、石垣島の北約170キロに位置。魚釣島、北小島、南小島、久場島、大正島などから成る島々の総称。かつては日本人の島民がいたが、現在はいずれも無人島となっている。1970年代以降、中国が領有権を主張しているが、日本側は領土問題の存在自体を認めていない。2012年には魚釣島、北小島、南小島を民間人から政府が購入して国有化したが、これに中国が反発し、日中関係悪化の要因となった。

尖閣をめぐる日中の動き

1945年	8月	終戦
49年	10月	中華人民共和国成立
72年	9月	日中国交正常化
78年	8月	日中平和友好条約調印
	10月	鄧小平副首相が来日。尖閣めぐり「棚上げ」発言
2006年	10月	安倍晋三首相が訪中。胡錦濤国家主席と戦略的互恵関係の構築で一致
10年	9月	沖縄県・尖閣諸島沖で中国漁船が海上保安庁の巡視船に衝突
12年	4月	東京都の石原慎太郎知事が尖閣諸島の購入方針を発表
	9月	日本が尖閣諸島を国有化。中国各地で反日デモ
	12月	第2次安倍内閣発足
13年	1月	中国海軍のフリゲート艦が東シナ海で海上自衛隊の護衛艦に射撃管制用レーダーを照射
	11月	中国が東シナ海に防空識別圏設定。日本が抗議
	12月	安倍首相が靖国神社参拝。中国が反発
14年	5月	中国軍戦闘機が東シナ海上空で自衛隊機に異常接近。日本が抗議
	11月	日中が4項目の合意文書発表。北京で日中首脳が会談
15年	1月	「海上連絡メカニズム」運用に向けた協議再開
	3月	日中安保対話を東京都内で開催
	4月	インドネシア・ジャカルタで日中首脳が会談

（注）肩書は当時

INTERVIEW

藤村修元官房長官＝東京都千代田区

尖閣国有化「あれしかなかった」

＝藤村修元官房長官に聞く＝

２０１２年の沖縄県・尖閣諸島の国有化当時に、野田内閣で官房長官を務めた藤村修氏に、国有化に踏み切った決断の背景などを聞いた。

――12年4月、石原慎太郎東京都知事（当時）が尖閣購入計画を表明したが、構想を知った時の率直な感想は。

そんなこと、実際具体化できるのかというのが、最初の受け止めだった。日中関係への影響は、皆が瞬時に分かったことだ。政府としては、中国との間に領土問題は存在しないという立場だが、懸案の一つであることは確かだから、石原さんが正面に立つことは悪影響があると誰しも思うだろうし、私もそう思った。

――当時、野田佳彦首相が藤村氏ら限られた官邸メンバーに出した指示内容は。

12年5月18日、首相執務室に招集された。メンバーは、私と長浜博行官房副長官、長島昭久首相補佐官、河相周夫官房副長官補、外務省の佐々江賢一郎事務次官だと思う。それまでも、野田首相と私の間では、いろいろなやりとりがなされていたが、東京都が尖閣を買うのは無理筋だと。また、小泉内閣の終わりごろから、（地権者から）借りているものを所有する「所有権の移転」は必要との問題意識はずっとあり、事務方も淡々と進めていた。その道も探ることが、会合で指示されたと思う。

――中国側とは水面下で感触を探っていたのか。

いろいろなルートを通じてやっていた。たとえば、佐々江次官と中国側次官とのやりとりは、割ときちっとやっていた。ただ、どちらにせよ、肯定的ではないことは確かだった。日本側としては、現状を何か大きく変更することではないという説明をした。

――国有化見送りの選択肢はなかったのか。

当時の外務省は何もしてほしくないのが本音だったかもしれない。しかし、東京都が購入することは相当無理がある。日中間の懸案に地方自治体が首を突っ込むのは良くないというのが、官邸の考えだった。いろいろなルートで、日本の考え方を説明し、反対だが、比較的「石原さんに買ってもらっては困る」という感触の方が大きかったのではないか。

――9月11日の閣議決定の2日前に、野田首相と胡錦濤国家主席の会談があった。直後の閣議決定が中国側を刺激したとの見方があるが。

立ち話の会談は予定されたものではなかった。野田首相は直前に発生した中国の地震についてお見舞いを伝えようと立ち止まったところ、胡錦濤氏から尖閣の話があったそうだ。

――当時の外務省は日中関係への影響をどう分析していたか。

「当分の間」と「2、3年」。両方の言い方があったと思う。所有権の移転ということで現状変更するわけだからから、それなりのハレーションがあるだろうというものだった。

――国有化に踏み切った判断を振り返って、どう考えるか。

より長期に、安定期に、平穏な維持・管理というものに近づくと、われわれは確信していた。歴史にイフはないが、あの時、あれしかなかったと思う。

INTERVIEW

程永華駐日中国大使＝東京都港区

尖閣「棚上げ合意」は存在

＝程永華駐日中国大使に聞く＝

中国の程永華駐日大使に、沖縄県・尖閣諸島をめぐる中国側の主張や、長年携わってきた日中関係について聞いた。

――尖閣諸島をめぐる中国の主張は。

私は、1978年の鄧小平先生の日本記者クラブでの様子を思い出す。私は連絡係として訪問に同行していた。中国では「釣魚島」と言うが、この言葉からも、日中の立場が違うことは分かる。

国交正常化の際も、この問題はいくら議論しても、なかなか解決は難しい。しばらく置いておいて、後世に任せてみましょうと。さらに、私たちの世代ではなかなか知恵が足らない。後世は、もっと知恵があるだろうという（鄧氏の）発言があった。記者クラブのみなさんが、わーっと拍手をした。そういうシーンがあった。

「釣魚島」は中国固有の領土だ。多くの資料から証明されている。

――日中間には「棚上げ合意」があったとの認識か。

国交正常化などで、棚上げとサインはしていない。しかし、当時の会談記録を読むと、両国のトップ、政治家の言葉から、一つの方向があったことは否めない。

当時、田中角栄首相が「もう一つ問題がある。これを言わないと自分は帰れない」として、（尖閣の話題を）持ち出した。周恩来首相ではなく、田中首相から。それで、周恩来首相は「今、その問題の議論をすると、今回私たちが解決しようとする問題も解決できなくなる」と。田中首相は「分かりました。後にしましょう」

と話をしたそうです。サインした形ではないが、会話の経緯から、双方の共通認識はあったと思う。

――野田政権が2012年に尖閣国有化に踏み切った。

個別の人が政治目的で、こういうトラブルを起こした。当時の日本政府は誤った対応をした。それが、以降の両国関係に大きなショックを与えた。（日中両政府は）14年にいろいろ話し合い、領土問題や海洋関係で立場の違いはあるが、コントロールしていく4項目の基本認識をまとめた。ぜひ、日本側も守ってもらいたい。

――戦後70年の日中関係で最も印象に残る出来事は何か。

インパクトが大きかったのは、鄧小平先生の訪日だ。戦後最初の中国要人の訪日だった。私が非常に心を打たれたのは、迎賓館での歓迎式典だ。中国国旗がバルコニーで上がり、中国国歌が吹奏された。福田赳夫首相が赤じゅうたんで出迎え、礼砲が撃たれた。その響きがすごくて、僕の心に響くような感触があった。これで中国と日本が新しい時代を迎えたと思った。これは、一生忘れられない大きな出来事だった。

私が大使として一番心を痛めたことは、ここ数年間、中国と日本の関係が最も困難な時期にあったことだ。これからは、双方の信頼が大事だ。国交正常化の際、周恩来首相は田中角栄首相に、「言必信、行必果」（言は必ず信あり、行いは必ず果たす）という6文字の漢字を贈った。これに対し、田中首相は「信は万事の本なり」ということを書いて返した。日中は、平和友好協力の大きな方向を目指し、互いの違いは適切に管理していく。大局に影響ないようにしていくのが、協力のパートナーだ。

相互不信の連鎖深刻―日韓
＝慰安婦問題、遠い解決＝

１９６５年の国交正常化以降、紆余《うよ》曲折を経つつも協力の実績を積み上げてきた日韓両国だが、ここ数年の両国関係は停滞が著しい。最大の懸案がいわゆる従軍慰安婦問題だ。日本に対し「誠意ある対応」を講じるよう求める韓国。日本側には、これまでの謝罪や人道的な取り組みを評価しない韓国へのいら立ちが募る。国民感情も絡んだ日韓の相互不信が、問題解決を遠ざける悪循環が続く。（敬称略）

徹底的な調査

日本政府は当初、慰安婦問題について、国の関与を認めていなかった。しかし、92年1月、首相・宮沢喜一の訪韓直前に朝日新聞1面に「慰安所　軍関与示す資料」の見出しが躍り、問題が一気に顕在化。当時の外務省北東アジア課長で、後に駐韓大使を務めた武藤正敏《むとうまさとし》は「急激に外交問題としてクローズアップされた。訪韓の時も大きな宿題みたいになった」と振り返る。

元政府関係者によれば、韓国側が求めたのは「きちんと実態を調査して認識を共有してくれないか」ということだった。「文書はないか、証人はいないか、広く広く調査した。（日本政府関係者が）米国まで行って資料を探した」。93年に官房長官として、慰安婦問題への軍の関与を認め謝罪した「河野談話」を発表した河野洋平は、日本記者クラブでの会見でこう語り、徹底的に調査したことを強調する。

記者会見で従軍慰安婦問題の調査結果を発表する河野洋平官房長官（当時）＝1993年8月4日、首相官邸

慰安婦問題で強制性に踏み込んだ河野談話には今もなお批判がある。河野は談話作成に際し「証拠のあるものだけ談話に書こう」と話し合ったといい、「嫌だから帰るわけにもいかない。移動のたびに軍の準備した車に乗せられる。強制性があったと見るのは当然だ」と断言する。

知恵絞った女性基金

日本政府は、村山政権時代の95年にアジア女性基金の事業を発表。事業には国民からの募金を基にした元慰安婦への「償い金」のほかに、政府拠出金を原資とした医療福祉支援も盛り込まれた。被害者には、首相からの謝罪の手紙も手渡すことにした。

日本側は個人の補償問題は65年の日韓請求権協定で解決済みとの立場だ。ただ、官房長官として事業を発表した五十嵐広三は著作「官邸の螺旋《らせん》階段」で、「対応の必要が本当にないかと言えば、誰しも胸の痛い思いがするだろう。50年前の深い反省に立って真剣に対応する必要がある」と述懐。戦後の日韓外交の枠組みを崩さぬようにしつつ、知恵を絞ったことを伺わせた。

しかし、97年に韓国で事業が実施に移されると、受け入れた元慰安婦を支援団体が批判する事態が起きた。日本政府に法的賠償を求める支援団体は、事業を受け入れることは、自らを「売春婦」と認める行為だと非難。当初は事業に一定の評価を示していた韓国政府も態度を変え、遺憾の意を表明した。「国民の基金の方がよほど償いとして日本人全体の気持ちがこもっていると思ったが、そうはならなかった」。元政府関係者はこう述懐、無念さをにじませる。

政府間協議に限界

韓国では近年、問題解決を困難にする出来事が相次いだ。２０１１年には憲法裁判所が元慰安婦の賠償請求権をめぐり、韓国政府が日本側と交渉する努力をしないのは違憲と判断。在韓国日本大使館前には支援団体が元慰安婦の少女時代を表現した像を設置した。

当時の野田政権は非公式に解決策としてアジア女性基金とは異なる人道的な処置などを打診。官房副長官としてこれに関わった斎藤勁《さいとうつよし》によれば、大統領・李明博《イ・ミョンバク》の特使と複数回接触、交渉は「大きな山を越えた」が、12年11月の衆院解散で頓挫してしまったという。

その後、安倍政権が誕生すると、日本側でも河野談話の作成過程を検証するなど、韓国側からすれば不審を抱かざるを得ない動きがあった。自民党内では談話に対し「もはや役割は終わった」などと、新たな談話による上書きを求める声が上がった。

ソウルの日本大使館前に設置された少女の像と並ぶ元慰安婦の女性（手前左）＝2011年12月、韓国・ソウル

日韓は14年4

月から外務省局長級協議を行い、慰安婦問題に関する協議を続けているが、接点は見いだせず、首相・安倍晋三と大統領・朴槿恵《パク・クネ》の2国間の首脳会談が実現しない状態が続く。元慰安婦への財政支援や、首相による謝罪などが打開案として取り沙汰されるが、より踏み込んだ対応を迫る韓国側と、「問題を蒸し返されるようなら意味がない」と警戒する日本側との認識ギャップは依然として大きい。

解決への道筋について、世宗大教授の朴裕河《パク・ユハ》は、政府間協議には限界があるとして、慰安婦問題に関し、対立する見解を持つ有識者らが議論する「協議体」を設けることを提案。「重要な論点を議論し、メディアがそれを伝えて、両国民の認識の歩み寄りをつくり出すことが必要」と指摘する。

NEWS WORD

河野談話

1993年に当時の河野洋平官房長官が発表した、いわゆる従軍慰安婦問題に関し「おわびと反省の気持ち」を表明した談話。慰安所の設置や管理、慰安婦の移送に旧日本軍が関与したことを認めた。募集については「軍の要請を受けた業者が主としてこれに当たった」とし、「本人たちの意思に反して集められた事例が数多くあり、官憲等が直接これに加担したこともあった」と記した。

歴史認識をめぐって韓国が対日批判を強める中、安倍政権は2014年に談話の作成過程を検証し、韓国側と文言調整を行っていたことなどを公表、韓国側の反発を招いた。ただ、安倍晋三首相は談話に関し、「継承し、見直す考えはない」と明言している。

INTERVIEW

慰安婦問題、協議体設置を

＝朴裕河世宗大教授に聞く＝

いわゆる従軍慰安婦問題について、「帝国の慰安婦」などの著作がある朴裕河《パク・ユハ》世宗大教授に、日本のこれまでの取り組みへの評価などを聞いた。

——韓国で1990年代に入って慰安婦問題に対する関心が集まった背景は。

60年代でも映画に慰安婦がメーンではないが出てきているし、問題意識はあったと思う。冷戦が終結し、それまで抑圧されていた左翼も声が出せるようになった。90年代以降は冷戦終結に伴って、世界中でナショナリズムが高まる時期でもある。ちょうど在韓米軍基地周辺で米兵によって女性が殺された事件もあって問題が注目されやすかった。

――河野洋平官房長官談話やアジア女性基金など、これまでの日本側の取り組みに対する評価は。

（河野談話は）高く評価している。曖昧な形になっているが、韓国人慰安婦の実態を踏まえ、それでいながら責任は認めるような、考え抜かれた結果と考える。（アジア女性基金は）もうちょっと政府が関わっていることを表に出せばよかった。過去の決定に縛られ過ぎた気がする。

――日韓両政府は解決を模索しているが、どのような解決策が望ましいか。

（有識者らによる）協議体をつくって議論して接点をつくらなければ（ならない）。学術的観点での距離を縮めるのは難しくても、国家間の問題となった以上、解決を前提とした歩み寄りが必要だ。学者同士は立場を譲らないので、重要な論点を議論し、メディアがそれを伝えて、両国民の認識の歩み寄りをつくり出すことが必要だ。

あまりにもこの問題で（両国の国民）感情が悪化している。（日本側から）突然措置が出ても、関係改善にはすぐにはつながらない。日本は日本で多分、不満が残る。慰安婦の実態についての理解だけでなく、この問題をめぐって日本が何をしたのか、しなかったのかについて韓国の人に知ってもらうことも必要だ。

朴裕河・世宗大教授＝韓国・ソウル

INTERVIEW

武藤正敏前駐韓大使＝東京都港区

「日本謝れ」だけでは駄目

＝武藤正敏前駐韓大使に聞く＝

いわゆる従軍慰安婦問題や日韓関係について、外務省北東アジア課長や駐韓大使を務めた武藤正敏氏に聞いた。

——慰安婦問題が日韓間の懸案となったきっかけは。

1992年1月に宮沢喜一首相の訪韓があった。その前に（慰安婦問題に関する）朝日新聞の報道もあった。それ以降だ。急激に外交問題としてクローズアップされたのは。訪韓の時も大きな宿題みたいになった。

——日本政府は慰安婦問題に精いっぱい向き合ってきたと考えるか。

われわれはいろいろな制約の中で仕事をしている。国内世論もあるし、相手国との関係もあるし、これをやるべきだということを100％できるようなケースというのは極めてまれだ。だが、そういった制約の中では一生懸命やってきた。

——韓国側は現在、「誠意ある対応」を求めているがその内容ははっきりしない。

（日本政府による法的賠償など、元慰安婦を支援する）韓国挺身《ていしん》隊問題対策協議会（挺対協）の言っていること100％であれば韓国側は満足なわけだが、日本として法的責任を認めるなどということはできない。では、どこまで取れたら納得できるのか。韓国政府は挺対協の反発を恐れて何も言えない。そこが問題だ。韓国政府が腹をくくらないと駄目だ。

――現在のような日韓関係の悪化が起こらないようにするにはどうすればいいか。

日本では嫌韓感情が強くなってもういいかげんにしろという雰囲気だろう。日本人誰に聞いても「もうほっとけ」という感じだ。そういう事実を韓国がもっと知るべきだし、今までみたいに「自分たちが正しい、日本が謝れ」だけではもうまとまらないんだと理解することが新しいルールだ。

日本側でも「当時慰安婦なんてどこにでもあった」と言う人がいるが、それが今の世界で通用すると思うか。道徳的に良くなかったことは認めて反省し、取り組んでいかなければならないと言われるに決まっている。国際スタンダードがどういうところにあるか考えながら日韓関係に取り組んでいくことが重要だ。

尾を引く強制連行問題
＝民間レベルで「解決」模索―中国＝

戦時中の労働力不足を補うため、炭鉱など日本各地で労働を強いられた元中国人労働者らの強制連行問題が、日中関係に影を落としている。日本のほか、中国各地で２０１4年以降、訴訟が相次ぎ、使用者側企業と独自に交渉を重ねて、民間レベルで「解決」の道を探る動きもある。当時、中国から内地に「移入」されたのは約３万９０００人。戦後70年が経過、複雑な国際政治のはざまで日中の「和解」を待つ元労働者の数も減るばかりだ。

中国天津市の「烈士陵園」に建つ「在日殉難烈士・労働者記念館」＝2015年6月、中国・天津市

進む記念館整備

天津市の広大な「烈士陵園」に建つ「在日殉難烈士・労働者記念館」では、９月の「抗日戦勝記念日」に向け、２階の展示スペースの改装が行われている。

室内には過酷な労働環境を示すジオラマ。記念館の１階には遺骨を納めた２３１６の小箱が安置され、陵園の一角では、秋田県大館市の花岡鉱山で中国人労働者らが蜂起し多くの犠牲者を出した「花岡事件」の記念園の整備が進む。陵園は中国の「愛国主義教育」基地でもある。付近では「(日中)双方の面から見るべきだ。当時は大戦中。日本の状況も分かるが、非人道的な事があった」と、できるだけ客観的に問題を考えようとする声も聞かれた。

中国天津市の「烈士陵園」に建つ強制連行された中国人労働者の像＝2015年6月、中国・天津市

日本政府は戦時中の１９４２年11月、産業界の要望を受け、労働力不足の緩和に中国人労働者を利用しようと、「華人労務者内地移入ニ関スル件」を閣議決定。移入された３万８９３５人のうち、６８３０人が帰国できずに死亡したとされる。

日中対立の原点が、国交正常化を実現させた72年の「日中共同声明」の解釈だ。共同声明は「中国は日本に対する戦争賠償の請求を放棄する」と規定。訴訟は90年代以降、日本で数多く起こされたが、最高裁は２００７年、「個人の請求権も放棄された」と判断。これにより、日本での訴訟による救済の道は閉ざされ、日本政府も「解決済み」との立場を貫いている。

一方、中国政府は「今日に至るまで、多くの被害者の正当で合理的な要求は日本側の責任ある対応と解決を得ていない」(外務省報道官)と、元労働者らの賠償請求を容認。明治日本の産業革命遺産の世界文化遺産登録にも、一部施設で強制連行・労働があったことを理由に明確な反対を表明した。

長期化避けられず

中国では現在、各地の裁判所に日本政府や企業に賠償を求める訴状が提出され、一部企業とは謝罪条件など具体的な和解交渉も行われた。背景には「花岡事件」などかつて日本企業との間で成立した和解がある。

ゼネコン鹿島との間で2000年に成立した同事件の和解は、企業が基金を設け被害者全員を一括救済する点で注目された。ただ、元労働者側にも和解条件などをめぐり意見の相違があり、一枚岩ではない。関係者は「企業を突破口に日本政府を交えた全面解決を目指す」と話し、問題の長期化は避けられない状況だ。

思い出す日本語

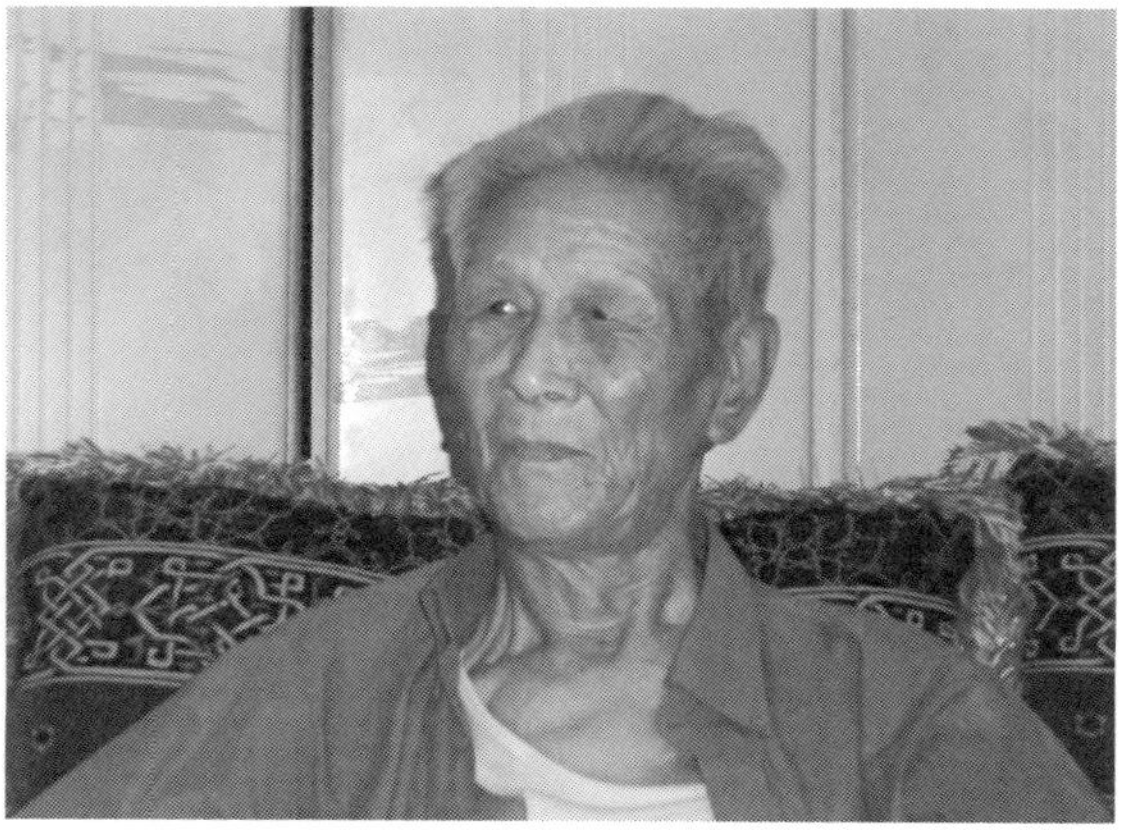

戦時中の強制連行問題で取材に応じる趙宗仁さん＝2015年7月、中国・北京市

北京市に住む趙宗仁さん（85）が日本に連れて来られたのはわずか14歳の時だった。家は貧しく「働き口がある」と誘われた。天津市の鉄条網で囲われた施設に入れられ、だまされたと知った。日本では福島、長野両県から北海道に。今でも「雪」や「気をつけ」などの日本語を覚えている。宿舎では大人の労働者が「小さいのにかわいそうだ」と思い、よく顔をなでてくれた。付近の家でサツマイモをもらったことがあり、「日本人の中にもいい人がいる」と思ったという。

元労働者の父親を亡くした遺族は、日中友好のニュースには比較的穏やかな父が、小泉純一郎元首相の靖国神社参拝にひどく怒ったのを覚えている。

かつて強制連行をめぐる訴訟は中国内で提訴しようとしても受理されなかった。日中関係への配慮や、運動が広がれば「社会の安定」に影響しかねないとの懸念があったとされる。公安関係者が被害者側の集会などを厳しく監視していた時代もあった。

元遺族の一人は「中国は戦争賠償を放棄し、平和友好を求めた。これは（中国の置かれた）当時の大きな国際環境だったのだろう」と言いつつ、「政府には国民を保護する責任と義務がある。政府レベルでこの問題の進展に関心を払うべきだ」と中国当局にも注文を付けた。

NEWS WORD

日中共同声明

日中両政府が1972年9月に北京で調印した。これにより日中国交正常化が実現した。日中の「不正常な状態」の終了をうたい、日本は中華人民共和国を中国の「唯一の合法政府」と承認。「中国は両国国民の友好のために日本に対する戦争賠償の請求を放棄する」と明記された。78年の日中平和友好条約、98年の日中共同宣言、2008年の戦略的互恵関係推進に関する共同声明を合わせ、両国間の四つの政治文書と呼ばれる。

経済優先、補償置き去り

=「恨み」残した植民地清算―韓国=

日本と韓国は50年前の1965年6月、国交を正常化した。35年間に及んだ日本の植民地支配に関する請求権の問題は、日本が経済協力資金を支払う形で清算が図られた。韓国政府はこれを活用し、「漢江《ハンガン》の奇跡」と呼ばれる高度経済成長を成し遂げた一方、元徴用工ら個人への補償はほとんど行わなかった。残された「恨み」は今もなお、両国関係に影を落としている。

「豊かな今こそ補償を」

国交正常化の際の請求権協定は、日本が韓国に無償で3億ドル、有償で2億ドルを提供すると明記。同時に請求権問題が「完全かつ最終的に解決されたことになる」と確認した。

資金は「経済の発展に役立つものでなければならない」と規定。韓国はこの資金をソウル―釜山《プサン》を結ぶ京釜《キョンプ》高速道路や世界最大級の浦項《ポハン》製鉄所の建設などに使った。一方、当時の朴正熙《パク・チョンヒ》政権が個人補償に充てたのは、無償供与3億ドルの5・4%にすぎなかった。

軍属だった父親を南太平洋で亡くした「日帝強占下遺族

「日帝強占下遺族会」の金鍾大会長＝2015年7月1日、ソウル

会」の金鍾大《キム・ジョンデ》会長（77）は、「日本の資金で韓国経済が発展したのはいいことだ」と評価する。しかしその上で、「経済発展が実現したのだから、韓国政府は今こそ個人補償をしなければならない」と訴える。

2005年1月に韓国で公開された外交文書には「（韓国）政府は個人請求権の保有者に補償義務を負う」との考えが記された文書が確認された。これを基に当時の盧武鉉《ノ・ムヒョン》政権は、「無償資金の相当額を強制動員被害者の救済に使わねばならない」と表明。その後、1人当たり最高2000万ウォン（約220万円）が慰労金として支払われている。

「政治決着しかなかった」

しかし金会長は1人当たり2億ウォンを補償金として支払うよう要求。今年春には韓国政府を相手に民事訴訟を起こした。日本でも日本政府を相手取り補償訴訟を起こしたが敗訴が確定している。

呉在熙・元駐日韓国大使＝2015年7月1日、ソウル

金会長は日本に対しても要求があるという。「日本は死亡した軍人・軍属らの遺骨の返還に全力を尽くし、それが無理なら位牌《いはい》をつくって慰労金と共に渡すなど、私たちの心のわだかまりを解消してほしい」と訴えた。

国交正常化交渉の終盤、外務省条約課長などの立場で参加した呉在熙《オ・ジェヒ》・元駐日大使（83）は、「日本政府が情報を出し渋る中で、個々人の複雑な請求額を出すのはあまりにも時間がかかった。交渉を早くまとめるには政治決着以外に方法はなかった」と振り返る。その上で、「資金は経済開発に有効に使われた。韓国政府は請求権問題は韓国が解決すべきだとの立場であり、慰労金の支給を続け、不満を静めていくことが重要だ」と語った。

底流に歴史認識の差

日韓国交正常化に関し、もう一つくすぶり続ける問題が１９１０年の日韓併合条約の効力をめぐる見解差だ。日本が「併合は合法的に行われた」、韓国は「条約は強制的に結ばれたもので無効」と真っ向から対立している。国交正常化の基本条約では旧条約が「もはや無効」という玉虫色の表現で妥協した。

日本の政治家らから飛び出す植民地支配を正当化する発言は、韓国を刺激し続けている。韓国側も一方的な主張で日本をいら立たせる。両国の対立の底流には、国交正常化後も解消されていない歴史認識の差がある。

呉元大使は、韓国は「併合条約は当初から無効だ」と主張したが、日本は「韓国の近代化のために植民地支配した。併合条約は両国が署名して結んだものだ」と譲らなかったと指摘。外交交渉では見解が分かれる事案は省略することも多いが、韓国政府は「併合条約は無効」との合意を勝ち取ると国民に表明していたため後には引けず、「もはや無効」を受け入れたという。

呉元大使は「時が流れ、戦後50年の村山富市首相談話などで日本は植民地支配におわびの意を示した。これは、正常化交渉で歴史問題の重要性を認識したことと無関係ではないだろう」と語る。「批判もあるが、韓国は当時としては最善を尽くして日本と交渉し、妥協した」と力を込めた。

NEWS WORD

日韓請求権協定

日本と韓国が 1965 年に国交を正常化した際に結んだ両国の請求権と経済協力について定めた協定。日本による無償３億ドル、有償２億ドルの資金提供とともに、両国と国民間の請求権問題が「完全かつ最終的に解決されたことになることを確認する」と明記し、植民地支配に関する請求権の決着が図られた。

その後、韓国の軍人・軍属や元徴用工らが日本政府を相手取り戦後補償訴訟を相次いで起こしたが、日本の裁判所は「請求権協定で債権が消滅した」として訴えを退けた。一方、韓国最高裁は 2012 年５月、「不法行為による損害賠償請求権は請求権協定に含まれているとみるのは難しい」として、元徴用工の請求権を認め、審理を高裁に差し戻す初判決を下し、請求権問題が再燃している。

Part15

日米通商摩擦と国際経済の動乱

戦後、目覚ましい発展を遂げた日本経済。世界を席巻し、「ジャパン・アズ・ナンバーワン」とまで評されたが、その代償や犠牲も小さくはなかった。繊維製品に始まる米国との幾多の貿易摩擦では自主的な輸出規制に追い込まれ、構造協議では社会構造まで立ち入った改革を迫られた。オイルショックは狂乱物価を引き起こし、国民生活は甚大な打撃を受けた。しかし、これらの試練が現在の日本を形づくる上での転機となったことも事実だ。

配信：2015/07/27

通商摩擦、大国への道で激化

＝「繊維」「自動車」輸出規制で対応＝

日本が急速な戦後復興を成し遂げ、世界有数の経済大国へと駆け上がる中、米国市場に大挙して押し寄せた「メード・イン・ジャパン」製品。米国は特に急激な輸入増加を看過できず、頻繁に日米間で通商摩擦が激化した。対象品目は、衣料品を中心とした「繊維」から、「鉄鋼」「テレビ」「自動車」へと移り変わり、１９８０年代は「半導体」が問題化した。安全保障上の「盟友」に守られ、経済発展に専念できた日本は、通商問題ではその盟友の強い圧力に屈し、幾度となく自主的対応という形で譲歩した。

繊維は繊機買い上げ

「ニクソン大統領の立場を最小限立てる形にて繊維交渉を取りまとめるよう政府のご英断をお願い申し上げる」。当時の牛場《うしば》信彦《のぶひこ》駐米大使が70年12月14日付で外務省に送った意見書。米国内の空気を踏まえ、繊維交渉で米国の事情に十分配慮する必要性を強調した。

68年に当選を果たしたニクソン大統領は、米市場で大きな存在感を示していた日本製の繊維製品の輸入規制強化を公約。しかし、国内業界の抵抗が強い日本との2国間交渉は難航を極めた。71年には金・ドル交換停止を定めた、いわゆる「ニクソン・ショック」が日本を突然襲う。沖縄返還に同意したにもかかわらず、繊維交渉が進展しないことへの大統領のいら立ちが背景にあったともされる。

この難局を打開したのは71年7月に就任した田中角栄通産相。米国が望む内容の輸出規制の協定締結の見返りに、巨額資金を国内繊維業界の過剰織機の買い上げに充てる大胆な案を打ち出し、10月に繊維交渉は決着した。「その決断は普通ならできない。一業界に２０００億円も使うなんて考えられない」。当時通産相秘書官を務めていた小《こ》長《なが》啓《けい》一《いち》氏はこう回想する。「それ以外の方法で長引かせていたら、日米関係は決定的に悪くなっていただろう」

日米間の初の通商摩擦である繊維交渉が解決した後も、日本政府が抱く、対米貿易黒字拡大に伴う関係悪化への懸念は拭い去れなかった。情報公開された72年9月の外務省経済局の内部資料は「日米貿易収支の現状に鑑み、米国としては（同年11月の）大統領選挙後のしかるべき機会に、第3のニクソン・ショックともいうべき思い切った対日強硬策を打ち出す恐れなしとしない」と警戒している。

取材に応じる小長啓一氏＝2015年5月22日、東京都内

2度のオイルショックに見舞われた70年代には、日本車の対米輸出急増による問題が浮上する。ガソリン価格上昇を受け、燃費性能に優れた車が好まれた結果、利益率の高い大型車に固執した当時のビッグスリー（米3大自動車メーカー）は経営難に追い込まれ、人員整理を余儀なくされる。全米自動車労組（ＵＡＷ）の組合員は日本メーカーへの怒りを、日本車をたたき壊すパフォーマンスで表現した。

81年に日本はついに、年間輸出台数の上限を定める自主規制を導入。今度は通産省の機械情報産業局の次長として対応に当たった小長氏によると、「日本の自動車メーカーの間には輸出自主規制への大きな不満があった」。

しかし、「特に日本政府には繊維の二の舞い、つまり政治問題にしたくないという教訓があった。頑張って摩擦を重ねると、自動車産業の犠牲が大きい。産業の裾野の広さは（繊維と）全然違うのだから」と、やむを得ない措置だったと強調した。

貿易摩擦、歴史の一部に

社会学者エズラ・ボーゲル氏は79年に著書「ジャパン・アズ・ナンバーワン　アメリカへの教訓」を世に送り、日本式の経営などを高く評価し、注目を浴びた。80年代の米国が財政赤字と経常赤字の「双子の赤字」に苦しむ中、ジャパンマネーは世界を席巻し、三菱地所による米国のロックフェラーセンター買収は米国民の感情を逆なでした。
その後、日本のバブルは崩壊し、長期景気低迷に陥った。その間に新たな経済大国として中国がのし上がり、国内総生産では日本を超えた。ボーゲル氏は今もなお、「日本は全然駄目になっていない」「日本は、格差は少ないので、健康な社会だ」とエールを送るが、「経済一流」と呼ばれた日本がもてはやされ、警戒された時期の貿易摩擦はもはや歴史の一部だ。

NEWS WORD

ニクソン・ショック

1971年にニクソン米大統領が突如発表し、世界を驚かせた外交・経済に関する二つの政策の急転換。同年7月、対立関係にあった共産主義陣営の中国を翌年訪問する計画を表明、実際の訪中で米中首脳会談を実現し、両国関係改善の重要な一歩を踏み出した。8月には、1オンス＝35ドルでの金とドルの交換を米政府が停止すると発表した。金保有高の減少が理由。第2次大戦後、米国の圧倒的な経済力を背景に発足した金・ドルの交換に基づく固定相場制度は事実上崩壊、国際金融体制の重大な転機となった。

米、対日赤字解消へ強腰外交
＝制裁視野に市場開放迫る＝―スーパー301条と構造協議―

1980年代に最盛期を迎えた日本経済。日本製品やジャパンマネーは破竹の勢いで世界市場を席巻し、「ジャパン・アズ・ナンバーワン」の称号をほしいままにした。しかし、対日貿易赤字が急速に膨らむ米国はいら立ちを募らせる。不公正な貿易慣行国に対する報復関税措置を盛り込んだ包括通商法「スーパー301条」を88年に制定。制裁を視野に市場開放を迫るとともに、その矛先を日本の経済や社会の「構造」にも向け、改革を求めた。

日本を優先交渉国に

「われわれの目的は市場開放と貿易障壁の撤廃だ」。父ブッシュ大統領は89年5月、インド、ブラジルと並び、日本にスーパー301条を適用し、スーパーコンピューター、人工衛星、木材製品の3分野を交渉対象品目に指定した。併せて、同条項の枠外で、日米両国の貿易不均衡の構造要因について協議する場を設けることを提案した。
米通商代表部（USTR）で日本・中国担当の代表補代理を務めたグレン・S・フクシマ氏は「対日批判を強める米議会を納得させ、保護主義立法を防ぐためにスーパー3

０１条の適用は不可避だった」と振り返る。米政府は、同条項を日本に行使することで議会と折り合いを付ける一方、問題の実質的な解決手段として、構造協議に力点を置いた。

その背景には、従来の為替調整や分野別の通商交渉では対日赤字は解消しないとの判断、さらに「貿易不均衡の主因は日本市場の特殊性にある」と主張する「リビジョニスト」と呼ばれた勢力の台頭があった。日本の経済構造や社会慣行にまで踏み込んだ改革の必要性が叫ばれた。

NEWS WORD

スーパー301条

1988年に成立した米包括通商・競争力法の対外制裁条項。不公正な貿易慣行を持つ国への報復措置を定めた通商法301条の強化版に当たる。この条項に基づき、通商代表部（USTR）は外国の貿易障壁を特定し、議会に報告することが義務付けられ、相手国との協議開始後3年以内に障壁が撤廃されなければ関税引き上げなどの措置を発動できる。

双方向で問題指摘

構造協議は89年7月の仏アルシュ・サミット（主要国首脳会議）に合わせて開かれた日米首脳会談で正式に決定した。90年春の中間報告を挟み、協議開始から1年以内に最終報告をまとめるスケジュールも定まった。

特徴の一つは、米国が日本に一方的に注文を付けてきた従来の通商交渉とは異なり、互いに問題点を指摘し合う「双方向」の形式を取ったことだ。日本側の構造問題として①貯蓄・投資パターン②土地利用③流通④排他的取引慣行⑤系列⑥価格メカニズム――の6項目が取り上げられる一方、米国側の問題点としては①貯蓄・投資パターン②企業の投資活動と生産力③企業ビヘイビア（活動）④政府規制⑤研究・開発⑥輸出振興⑦労働力の教育および訓練――の

構造協議が進展するきっかけとなった日米首脳会談を前に、歓迎式典に臨む海部俊樹首相（左）とジョージ・H・W・ブッシュ米大統領＝1990年3月、米カリフォルニア州パームスプリングス（AFP＝時事）

7項目が挙がった。

双方共通の問題となった貯蓄・投資パターンは、貿易不均衡の要因として、消費や投資に比べ貯蓄性向が高い日本と、その逆のタイプである米国のマクロ経済状況の差に着目。日本側は改善策として公共投資の拡大を求められたが、主権国家の財布にまで手を突っ込む提案に「内政干渉も甚だしい」「第二の占領政策だ」などと反発する声も上がった。

「外圧」の功罪

最終会合となる第5回日米構造協議に臨む両国代表。手前が日本側＝1990年6月、外務省

米国側は会見などさまざまなルートを通じ、「構造協議は日本の消費者の利益になる」と訴え続けた。実際に日本ではその主張を支持する声も少なくなかった。「公園や下水道などの社会資本が不足している」「労働時間が長く余暇が少ない」といった指摘は、経済成長が消費者の豊かさに結び付いていないという日本国民の実感に沿うものだった。

外務省北米2課長の立場で構造協議に参加した藪中三十二《やぶなかみとじ》元事務次官は「国内事情でなかなか変わらなかった制度が『外圧』によって合理化された面もある」と指摘する。大型店の出店を規制し、実質的に個人商店主らの既得権益となっていた大規模小売店舗法（大店法）の見直しや、談合の抑止力として十分機能していなかった独占禁止法・公正取引委員会の強化などは、構造協議という外圧がなければ進展しなかった可能性もある。

ただ、光があれば影もある。日本が10年間で総額430兆円を支出することで決着した公共投資問題については、社会資本の整備につながった半面、その後の景気後退期には財政出動の口実となり、現在の巨額の財政赤字の一因となった。大店法の見直しも「街中に量販店が増え、消費者の利便性が高まった」（フクシマ氏）一方で、商店街が次々とつぶれるなど地方都市の衰退につながったとの見方もできる。

通商問題をきっかけに始まった日米構造協議。その功罪が四半世紀たった今の日本経済や社会を形作っている。

NEWS WORD

日米構造協議

日米貿易収支の不均衡を是正するため、1989、90年に行われた両国の社会・経済制度改革に関する政府間協議。90年6月にまとめられた最終報告書には、日本側の措置として公共投資の拡大や流通制度の改善、独占禁止法の強化など、米国側の措置として財政赤字削減や企業の競争力強化、労働力の教育・訓練などが盛り込まれた。93年から日米包括経済協議に引き継がれた。

オイルショックが直撃

=トイレットペーパー買い占め=―産業構造高度化への転機に―

1973年10月の第4次中東戦争勃発を機に石油輸出国機構（OPEC）加盟の中東産油国が原油の値上げと供給削減に踏み切った。石油価格の急騰や供給不安が世界を襲い、中東に石油を多く依存する日本では物価の急上昇のみならず、トイレットペーパーの買い占めなど消費者にパニックをもたらした。経済は戦後初のマイナス成長に転落した。

インフレ23%、狂乱物価に

「経験したことのない混乱ぶりだった」。第1次オイルショック発生直後の73年10月末、大阪府千里ニュータウンにある「千里大丸」（現ピーコックストア千里中央店）で、仕入れ販売を担当していた清水《しみず》暉人《てるひと》さん（72）は、当時の状況をこう述懐する。

トイレットペーパー買い占め騒動の「震源地」とされる同店では、朝の開店前には2、3百人の主婦らが行列をなしていた。既に品薄気味だったトイレットペーパーの特売チラシを出したことが直接的な引き金だったが、当日出勤した清水さんも「行列の原因が何なのか、すぐには分からなかった」という。混乱を避けるため、順番に商品を渡していったが、予定していた特売分はすぐ売り切れに。この様子が翌日の新聞やテレビで取り上げられると、騒動が全国に飛び火し、混乱は1カ月ほど続いた。

当時、円高不況対策で日銀の金融政策は緩和的。また、列島改造ブームで物価は既にインフレ基調にあった。このため、オイルショックが狂乱物価を誘発。消費者物価指数の上昇率は73年の12%から、74年には23%と、インフレが急加速した。そして経済成長は戦後初のマイナスに。約20年も続いた高度経済成長に終止符が打たれた。

商品が消えたスーパーの洗剤売場。買い占めの影響で商店からトイレットペーパーや洗剤などの生活資材の品切れが続いた＝1973年11月、神奈川県逗子市

第1次の悪夢も覚めやらぬ79年2月には、イラン革命を機に第2次オイルショックが発生した。2度のオイルショックを通じ、原油価格は危機以前の1バレル＝3ドル程度から40ドル弱と、約7年で10倍以上に高騰した。

省エネ推進、中東依存低減へ

第1次オイルショックまで中東などの石油資源は「メジャー」と呼ばれる一握りの国際石油企業が利権を掌握していた。しかし、産油国の間で国営石油会社が相次いで設立されるなど資源ナショナリズムが台頭し、石油を戦略的資源として扱う動きが鮮明化。その結果、世界の石油市場におけるメジャーと産油国の力関係は逆転した。

OPECウオッチャーとして知られる英王立国際問題研究所（チャタム・ハウス）の特別フェロー、ポール・スティーブンス教授は、オイルショックは「歴史的にも、石油市場の大きな変化。以前の石油価格は密室内でメジャーによって決められていたが、70年代における産油国の資源国有化で、このシステムが崩壊した」と指摘した。

一方、戦後日本経済にとってはオイルショックは大きな転機になった。当時、旧経済企画庁に在籍していた小峰隆《こみねたか》夫《お》・日本経済研究センター研究顧問は、オイルショックが日本における省エネ推進の契機になったと指摘。「石油価格の上昇を機に、企業の省エネ対応が進んだ。自動車や家電など日本製品の省エネ化が進み、世界で売れるようになった」とし、「むしろオイルショックを経験したことで、日本の産業構造が高度化し、経済がより筋肉質なものとなった」と評価する。

日本のエネルギー政策も、２度の危機で変化した。73年に旧通産省に入省した田中信男《たなかのぶお》・元国際エネルギー機関（ＩＥＡ）事務局長は「中東石油への依存度を減らしていくことがいかに大事かということを、日本は骨身に染みて理解した」と振り返る。

しかし、オイルショックから30年以上を経た２０１１年。国策として掲げられた原子力の推進は、東日本大震災と東京電力福島第１原発事故によって、覆された。

田中氏は国内での原発再稼働が容易でない状況にあることを認めつつも「中東情勢も依然として一触即発の状況が続いており、事態はオイルショック当時よりも悪い」と懸念する。「日本は原子力を動かすリスクについては学んだが、動かさないリスクについては十分に対応しているとは言えないのではないか」と警鐘を鳴らした。

NEWS WORD

石油輸出国機構（OPEC）

産油国が欧米の国際石油資本（メジャー）に対抗するために組織した国際機関。サウジアラビア、イラン、イラク、クウェート、ベネズエラの5カ国で1960年9月に設立され、現在の加盟国は12カ国。本部はウィーン。

産油国側の利益保護と拡大を目的に、生産調整など加盟国間の石油政策の調整を行う。世界全体の産油量に占める加盟国のシェアは、70年代には50%以上あったが、近年はシェールオイルの台頭もあって40%台に低下しており、原油価格に及ぼす影響力もかつてより弱まってきている。

Part16

社会を襲った事件、テロ ～戦後の凶悪犯罪、疑獄事件

時代が昭和から平成へと変わる中、子どもを狙った凄惨《せいさん》な殺人事件や、オウム真理教による一連の事件をはじめとするテロが社会を襲い、安全に対する意識は大きく変わった。一方、「最強の捜査機関」とも呼ばれた東京地検特捜部の歩みは日本の疑獄事件の歴史でもあった。不祥事をきっかけに、弱体化は否めないが、精緻な捜査による再生が期待されている。

配信：2015/07/27

後絶たぬ猟奇事件

＝増える劇場型、無差別も＝―犯罪被害者保護に光―

大量殺人や幼児誘拐、無差別殺傷の通り魔事件など、社会を震撼《しんかん》させる凶悪事件は後を絶たない。事件を誇示するように謎めいた犯行声明を送り付けたり、事件を起こすまでの様子をネット上で「実況中継」したりする劇場型犯罪が現れ、逮捕された容疑者が「人を殺してみたかった」などと動機を説明する事件も増えた。一方、被害者・遺族の権利にも光が当てられ始めた。

「劇場型」、類似事件も

北秋川の清流が流れる東京都五日市町（現あきる野市）の山あいに、連続幼女誘拐事件の宮崎勤《みやざきつとむ》元死刑囚＝２００８年に執行＝の自宅があった。遺体損壊の現場にもなった場所だ。アニメなどを録画した５０００本以上のビデオテープが発見され、「オタク」「ロリコン」などの言葉が広まるきっかけとなった。

現在、家屋は取り壊され、事件を示す物は残されていない。近くの神社の宮司（63）によると、地元自治会が土地を借り受けて駐車場を運営しているという。

宮崎元死刑囚は被害者宅に遺骨を置き、「今田勇子」名の「告白文」などを送り付けた。子どもを亡くした母親を装い、「子供の遊び相手として送るため殺害し、床下に埋めた子供の隣に骨を埋めた」とつづっていた。こうした「劇場型」の展開が、事件の異様さを増幅させた。

宮崎元死刑囚の事件後も、類似の犯罪が相次いだ。１９９７年に神戸市須磨区で小６男児＝当時（11）＝を殺害し、遺体を切断して中学校の正門前に置いた事件。「酒鬼薔薇

聖斗」を名乗り、「殺しが愉快でたまらない」などと書いた挑戦状が現場で見つかった。

99年に京都市立小2年の男児＝同（7）＝が殺された事件では、校庭に「私を識別する記号→てるくはのる」と書かれた犯行声明が残されていた。奈良市で04年、小1女児＝同（7）＝を殺害した小林薫《こばやしかおる》元死刑囚＝13年執行＝は逮捕後、「第2の宮崎勤として名前が残ってほしい」と述べたとされる。

08年に起きた秋葉原無差別殺傷事件の加藤智大《かとうともひろ》死刑囚（32）は事件直前まで、ネットの掲示板に「車でつっこんで、車がつかえなくなったらナイフを使います」などと書き込んでいた。他に、怨恨《えんこん》や金銭などの明確な動機がなく、「誰でもよかった」「人を殺してみたかった」と殺人自体を目的とする事件も相次いだ。

ビデオテープが山積みになっていた宮崎勤元死刑囚の部屋＝1989年8月10日、東京都五日市町（現あきる野市）

裁判長として宮崎元死刑囚の一審を担当した田尾健二郎《たおけんじろう》さん（71）は告白文などについて、「自分がしたことをオープンにせざるを得ない顕示欲があったのではないか」と分析。法廷での様子について、「動きが緩慢で反応に乏しい。1日の審理の終わりに声を掛けても、何も言わなかった」と振り返る。

置き去りだった被害者、遺族

大事件が起こると背景事情や加害者に注目が集まるが、被害者や遺族の権利については長く置き去りにされたままだった。第一東京弁護士会所属の弁護士岡村勲《おかむらいさお》さん（86）は自分が遺族の立場に立たされて初めて、その事実を身をもって知り、がくぜんとした。

株の信用取引で生じた損失を補填《ほてん》するよう求めていた男が97年、証券会社の交渉窓口だった岡村さんを逆恨みし、殺害しようと東京都小金井市の自宅を訪れた。岡村さんは留守で、男は対応に出た妻＝当時（63）＝を刺し、殺害した。

男は逮捕され、公判が始まった。遺族の岡村さんは、捜査記録の閲覧も許可されなかった。傍聴はできても、供述調書などの中身は分からない。「蚊帳の外に置かれている」と感じた。

岡村さんは犯罪被害者の支援と権利拡大を目指した「あ

す の会」を設立。自ら金策に走り、法整備のためにロビー活動もした。

その結果、2000年に犯罪被害者保護法が成立。被害者参加制度も始まり、遺族らは訴訟記録を閲覧・謄写し、法廷で被告や証人に直接質問できるようになった。有罪判決後に刑事裁判の証拠をそのまま利用して損害賠償を求める「付帯私訴」制度もできた。印紙代も低額で、負担が大幅に軽減された。

しかし、賠償命令が出ても被告に資力がなく、実際には救済されないケースが多いなど、課題は残る。岡村さんは「国家による補償も、被害者参加の問題も、まだまだ不十分で、変えていかなければいけない」と話した。

NEWS WORD

連続幼女誘拐殺人事件

昭和から平成に変わる1988年8月から89年6月にかけ、埼玉県と東京都で4〜7歳の女児が相次いで誘拐され、殺害された事件。同年7月、八王子市の女児に対する強制わいせつ事件で現行犯逮捕された宮崎勤元死刑囚が4人殺害を自供した。公判では、「ネズミ人間が出てきた」などと異常な言動を繰り返し、責任能力が争点となった。精神鑑定が行われ「多重人格」を含む3通りの結果が出されたが、一審東京地裁は責任能力を認めて死刑判決を出し、06年に最高裁で確定。08年に死刑が執行された。

オウム暴走、未曽有のテロ

＝閉塞感で若者過激化も＝—警察、捜査出遅れ教訓—

１９８０年代に入り、国内では過激派の爆弾事件が沈静化し、日本はバブル景気に沸いていたが、そのさなかに誕生したのが、後に未曽有の化学テロ地下鉄サリン事件を起こし、日本の治安を根幹から揺るがしたオウム真理教だ。教祖を絶対的存在と盲信した信者らは次々と犯罪に手を染めた。オウム事件からは社会に対する不満や閉塞《へいそく》感から過激な思想に感化した若者の姿も浮かぶ。オウム暴走を阻止できなかった警察の捜査力も問われた。

バブル期経て1万人超入信

オウム真理教元代表の松本智津夫《まつもとちづお》（麻原彰晃《あさはらしょうこう》）死刑囚は熊本県で育ち、鍼灸《しんきゅう》師の資格を取得後、上京。84年、ヨガ・サークル「オウム神仙の会」を設立し、空中に浮いているような写真を雑誌に掲載させ、「だれでも超能力者になれる」などと説いた。その後、「最終解脱者」と称して信者を募り、87年に「オウム真理教」に改称。信者は95年には1万人を超えた。

多くの若者が入信したことについて、立正大の西田公昭《にしだきみあき》教授（社会心理学）は「若者は常に生き方に悩むものだが、当時は経済的豊かさよりも精神的な豊かさが見直された時期だった」と分析。「バブル経済の中で踊っていちゃいけないと感じはじめた若者に『社会を変えられないなら、あなたが変わればいい。解脱しなさい。社会に執着するな』と麻原が現れた」と話す。

地下鉄サリン実行役の1人、林郁夫《はやしいくお》受刑者（68）＝無期懲役確定＝を取り調べた元警視庁警察官の稲冨功《いなとみいさお》さん（68）は当時、なぜオウムが事件を起こしたのかと林受刑者に尋ねると「『閉塞社会です』と答えた」と振り返る。

稲冨さんは「信者は自らの境遇に閉塞感やジレンマを感じて、オウムに引き寄せられたのではないか。閉塞感が漂う社会は今も変わっていない」と話す。

松本死刑囚は信者を使い、教団の勢力拡大の障害とみなした相手を次々と殺害。90年の衆院選で自身を含め教団幹

多数の消防車、救急車でごったがえす営団地下鉄（現東京メトロ）築地駅付近＝1995年3月20日、東京都中央区

部が落選したことを機に、化学兵器や自動小銃の製造などを進め、オウムは「テロ集団化」した。山梨県にサリン生成プラントを建設。94年6月に住人8人が死亡、600人が被害を訴えた松本サリン、その9カ月後に死傷者6000人以上の犠牲者を出した地下鉄サリン事件を起こした。

出遅れたオウム捜査

　オウム事件の捜査をめぐっては、オウムが宗教法人だったことや都道府県警の管轄が壁となり、捜査が出遅れたとの指摘もある。松本サリン事件後、警察当局は教団がダミー会社を通じてサリンの原材料を大量に購入していることを把握。地下鉄サリンの約4カ月前の94年11月には、警察庁の科学警察研究所が山梨県の教団施設周辺の土壌からサリンが分解した際にできる化学物質を検出していた。

　佐々《さっさ》淳行《あつゆき》元内閣安全保障室長は「松本サリン事件が起きたときにもっと警察は身構えなければいけなかった。当時の警察庁は事なかれ主義で、宗教法人に対する捜査にあまりに慎重すぎた」と指摘する。

　事件後、警察法が改正され、広域組織犯罪については都道府県警がそれぞれの管轄区域を越えて捜査できるようになった。元警視庁幹部は「警察法が改正されたが、運用する側に危機意識がなければ効果を発揮しない。オウムの教訓を決して忘れてはならない」と自戒を込めて話す。

オウム真理教による地下鉄サリン事件で駅構内から運び出され路上で救助を待つ乗客ら＝1995年3月20日、東京都港区の地下鉄神谷町駅
※一部画像処理（人物の顔にモザイク）しています

個人のテロ脅威

　現在もオウムは存続。公安当局によると、2012年以降に入信した新規信者のうち、6割以上を35歳未満が占める。一方、国内外では自分が置かれた境遇に不満を持ち、過激な思想に感化された個人がテロに走る脅威も高まっている。

　15年4月に起きた首相官邸の小型無人機「ドローン」事件で、逮捕された無職男（40）はブログに自身を「ローンウルフ（一匹おおかみ）」と称し、オウム事件を意識したような「サリン風の液体」などの書き込みをしていた。

　14年、過激派組織「イスラム国」に戦闘目的で加わるためにシリアに渡航準備をしたとされる北海道大生（27）は、警視庁の聴取に「就職活動がうまくいかなかった」と動機の背景に境遇への不満や孤立感があったことを示唆したとされる。
西田教授は「オウムやイスラム国に若者たちが集まるのは一種、流行現象のような面もある。若者はパワーを持っているのに、なすべきことが分からないような人も多い。若者たちが今の社会を見限らないようにする取り組みも必要ではないか」と話した。

NEWS WORD

地下鉄サリン事件

1995年3月20日午前8時ごろ、東京都千代田区の営団地下鉄（現・東京メトロ）霞ケ関駅を通る3路線の5本の電車内に猛毒のサリンが散布され、13人が死亡し、6000人以上が負傷したオウム真理教による無差別殺傷テロ事件。当時の幹部5人が実行役となり、電車内で液体のサリンが入った計11袋を傘で突き刺し散布した。オウム真理教元代表の松本智津夫（麻原彰晃）死刑囚（60）ら10人の死刑、4人の無期懲役が確定。松本死刑囚は地下鉄サリン事件前年の94年6月27日、長野県松本市でサリンをまき、周辺住民8人が死亡し、600人が被害を訴えた「松本サリン事件」も起こした。サリンの殺傷能力を試すことなどが目的だった。

丸の内で無差別殺りくテロ

=容疑者逃亡中、「事件終わらず」=──三菱重工爆破・警視庁──

戦後最悪の爆弾テロが41年前、日本のビジネス街の象徴、東京・丸の内で起きた。爆破されたのは東京駅からも皇居からも近い三菱重工業ビル。爆薬の威力はダイナマイト700本分ともいわれ、8人が死亡、380人が負傷する大惨事となった。犯人は既存の過激派に属さない20代の若者だった。事件は企業にテロ対策の意識を根付かせるきっかけにもなった。

血の海、白昼オフィス街

1974年8月30日午後0時45分ごろ、「ドーン」という大音響とともに三菱重工ビル正面玄関に置かれた時限爆弾が爆発した。二十数キロもの爆薬の威力はすさまじく、ビルの谷間を猛烈な爆風が吹き抜け通行人をなぎ倒し、頭上から無数のガラス片が容赦なく、倒れたサラリーマンやOLらの体に降り注いだ。元三菱重工業社員立川文敏《たちかわふみとし》さん（64）は当時、爆弾が仕掛けられた場所から10メートルほど離れた同ビル1階の喫茶店にいた。
昼休みが終わりに近づき、会計をしていたところ爆発音とともに、爆風で飛んで来たブラインドが左足に突き刺さった。「何が起こったんだ」。状況がよく分からないまま同僚に肩を抱えられて外に避難すると、「ガシャン、ガシャン」とビルの上から割れたガラスが落下し、路上にガラス片が5センチぐらい積もっていた。「表に出ると車は大破し、爆風で側溝に吹き飛ばされている人もいた…」。今でも悲惨な現場が脳裏に焼き付いている。

　犯行声明を出したのは「東アジア反日武装戦線」を名乗るグループ。海外進出企業をアジアで搾取していると敵視し、三井物産や大成建設などの有名企業に次々と爆弾を仕掛け、連続爆破事件を起こした。同戦線は爆弾製造マニュアル「腹腹時計」を地下出版していたが、警視庁公安部は実態を十分にはつかんでいなかった。

時限爆弾による三菱重工業ビル爆破事件で救助される負傷者＝1974年8月30日、東京都千代田区

犯人は「普通の市民」

　発生から約4カ月後の75年1月。公安部の捜査員2人が、捜査線上に浮上した若者のアパート（東京都北区）を訪れた。共用玄関の中に入ると、目に留まったのは茶色の紙と麻紐できれいに包装された大きな荷物。北海道から送られたもので、宛名は、後に逮捕されるメンバー「佐々木規夫《ささきのりお》」。当時巡査だった元捜査員（65）は「持ち上げてみるとかなり重かった。もしかすると爆弾の原料の農薬だったのかもしれない」と振り返る。

　すぐに交番に走り、上司に連絡。近くの店でカメラを借り、荷物を撮影した。翌日から本格的な監視が始まり、同年5月の一斉逮捕につながった。

　逮捕されたリーダーの大道寺将司《だいどうじまさし》死刑囚（67）や妻あや子容疑者（66）＝国際手配中＝、佐々木規夫容疑者（66）＝同＝ら8人はいずれも当時20代で、既存の過激派やセクトには属さず、少人数でそれぞれ「狼」「大地の牙」「さそり」を名乗り東アジア反日武装戦線を構成。会社員や喫茶店店員などの職業に就き、当時「愛想よく礼儀正しい人」「きちんとあいさつする普通の市民」などと報じられた。

　あや子容疑者の勤務先の同僚男性は「お嫁さんにしたら最高と思っていた」と驚いていたという。

甚大な被害が出た三菱重工業ビル爆破事件の現場付近＝1974年8月30日、東京都千代田区

皇室お召列車も攻撃計画

捜査の結果、三菱重工爆破の約２週間前に「狼」のメンバーが皇室専用の特別車両「お召し列車」爆破を計画し、実行寸前で断念していたことも判明。この時用意した爆弾が三菱爆破に使用され、警視庁に大きな衝撃を与えた。

元捜査員は三菱爆破の犯人について「教育水準が高く、社会の矛盾に対して何かを感じる若者たちが身勝手な革命論に心酔し、過激化した」と指摘する。佐々木、大道寺あや子両容疑者は日本赤軍によるマレーシア・クアラルンプールの米領事館などの占拠や日航機乗っ取り事件の超法規的措置で釈放され現在も逃亡中で、「日本国内に潜伏している可能性も排除できない」（捜査関係者）。

警視庁幹部は「どれだけ時間が経過しても、あの冷酷非道なテロに怒りがこみ上げる。逃亡中の２人を捕まえるまで捜査は終わらない」と語気を強めた。

NEWS WORD

三菱重工ビル爆破事件

1974年8月30日、東京・丸ノ内の三菱重工業ビル玄関前に置かれた爆弾が爆発し、8人が死亡、380人が重軽傷を負った事件。犯行声明を出した「東アジア反日武装戦線」はその後、大手商社やゼネコンなどを標的に連続企業爆破事件を起こした。警視庁は同戦線の「狼（おおかみ）」「大地の牙」「さそり」の3グループ計9人を逮捕した。うち1人は逮捕直後に自殺した。

大道寺将司死刑囚ら死刑囚2人を含む6人の有罪が確定。日本赤軍のハイジャック事件などによる超法規的措置で釈放された佐々木規夫、大道寺あや子両容疑者は現在も逃亡中。三菱重工ビル爆破事件などが契機となり、国から遺族や被害者に給付金が支給される「犯罪被害者等給付金支給法」が制定された。

INTERVIEW

佐々淳行（さっさ・あつゆき）元内閣安全保障室長＝東京都目黒区

「凄惨な現場、怒りに震えた」
―企業のテロ対策きっかけに―

佐々淳行　元内閣安全保障室長

三菱重工業ビル爆破事件当時、警察庁警備課長で、初代内閣安全保障室長を務めた佐々淳行《さっさあつゆき》氏（84）に当時の現場の状況やテロ対策について聞いた。

――爆破事件発生当時の状況は。

私は警察庁の警備課長室にいたが、「ズシーン」と腹に響くような大きな爆発音が聞こえた。部下を屋上に上がらせたら、丸の内の方角から煙が上がっていると報告があった。当初警察無線には「タクシーのプロパンガス爆発」と入ったが、やがて「爆弾があるらしい」との情報も流れた。機動隊を出動させて警戒配置に就かせ、私も現場に出た。

――現場の状況は。

路上は一面、分厚いガラスの破片で覆われ、ぼろぼろになった背広やワンピース姿の人たちが倒れ、足を吹き飛ばされている人もいた。罪のないサラリーマンやOLらを大量に殺傷した無差別殺傷テロで、凄惨《せいさん》な現場に、犯人への怒りに震え「必ず検挙する」とみんなで誓い合った。腹の底から怒りを感じた。

――事件は日本社会にどのような影響を与えたか。

経団連や大手企業が組織を挙げてテロ対策を考えるようになった。私の部屋の前には警備を陳情する企業幹部の列ができたが、民間企業に交番を置いたり、警察官をガードマン代わりにしたりすることはできない。企業には自主警備を助言し、手が回らないところには警察が協力することを伝えた。事件は警備会社が急成長するきっかけにもなった。

——日本赤軍による大使館占拠と日航機ハイジャック事件（ダッカ事件）で一部の容疑者が超法規的措置で釈放された。

当時、海外の捜査機関から「日本は車だけでなく、テロリストも輸出するのか」と言われた。ダッカ事件では日本政府は身代金600万ドルに加え釈放時に有効なパスポートまで発給し、あまりに弱腰だった。容疑者は逃亡中で事件はまだ終わっていない。

——2016年の伊勢志摩サミット（主要国首脳会議）や東京五輪を控え、どのようなテロ対策が必要か。

日本人が犠牲になったアルジェリアや「イスラム国」の人質事件では、情報収集能力のなさが浮き彫りになった。海外のインテリジェンスコミュニティーと対等に情報交換できる、首相直轄の情報機関の創設が急務だ。

佐々淳行（さっさ・あつゆき）　1954年警察庁入り、警察庁外事課長、警備課長、三重県警本部長、防衛施設庁長官などを経て86年に初代内閣安全保障室長に就任。89年退官。東大安田講堂事件や連合赤軍あさま山荘事件、金大中事件などの対応に携わった。

「最強神話」にかげり

=輝き失う特捜部=——疑獄摘発も、不祥事機に——

「最強の捜査機関」と呼ばれ、戦後、数々の疑獄事件を手掛けた東京地検特捜部。元首相の逮捕など圧倒的な実績から「特捜神話」を生み出した巨大組織が、一連の検察不祥事を機に輝きを失っている。（敬称略）

ロッキードの遺産

「ロッキード（裁判）を担当してもらう。これは負けられない事件だ。とにかく一生懸命やってほしい」。後に東京地検特捜部長などを務めた宗像紀夫《むなかたのりお》（73）は鮮明に覚えている。言葉の主はロッキード事件の主任検事で、その後検事総長となった吉永祐介《よしながゆうすけ》。当時は東京地検次席検事だった。

宗像は1984年、東京地検特捜部から東京高検に異動する。ロッキード事件控訴審で「丸紅ルート」、元首相田《た》中角栄《なかかくえい》の裁判を担当するためだ。一審東京地裁は83年、田中に懲役4年の実刑を言い渡していた。

控訴審で弁護側は、賄賂の5億円授受に立ち会った運転手について「その日は家族旅行に出ていた」という新たなアリバイを主張した。検察側の緊張は一気に高まり、宗像らはアリバイ崩しのため、補充捜査に奔走。物証を得て弁護側主張を退けた。田中は控訴審も実刑となり、上告中の93年に死去した。

「首相の犯罪」を立件したロッキード事件は戦後最大の疑獄で、ここから特捜神話は生まれた。一方、ロッキード弁護団の一員で、後にリクルート事件も担当する小野正典《おのまさのり》（66）はこう話す。「田中を打ち倒し、特捜は正義の味方だというイメージがつくり上げられた」。特捜部は常に「巨悪を討つ」ことを期待されるようになった。ロッキードの負の遺産とも言えた。

ロッキード事件の判決公判で東京地裁に入る田中角栄元首相（中央）＝1983年、東京・霞が関

「自白」めぐる攻防

88年6月18日、東京地検特捜部の副部長室で新聞をチェックしていた宗像の目にある記事が飛び込んできた。「川崎市の助役がリクルートから未公開株をもらっていた」

未公開株は政官財界に広くばらまかれていた。焦点は、譲渡された株に賄賂性があるかだ。宗像は主任検事となり、リクルート会長だった江副浩正《えぞえひろまさ》の取り調べを担当した。担当検事は他に2人いたが、江副は政治家の話をなかなかしゃべらなかった。「政治家の絡みは主任である君がやれ。それで、自白が得られないなら諦める」。東京地検検事正として事件を指揮した吉永は言った。

事件では、元首相中曽根康弘《なかそねやすひろ》（97）に絡む疑惑も取り沙

NEWS WORD

ロッキード事件

「首相の犯罪」が裁かれた戦後最大の疑獄事件。1976年に米上院の多国籍企業小委員会で、米ロッキード社の航空機売り込みなどに絡んだ対日工作が発覚。田中角栄元首相が東京地検特捜部に逮捕され、販売代理店の丸紅側から5億円を受け取った受託収賄罪で起訴された。

田中元首相は無罪を主張。一、二審で実刑とされ、上告中の93年に死去し、公訴が棄却された。公判は、日本の検察当局が刑事免責を与えた上で米国の裁判所に依頼したロッキード社幹部らの嘱託尋問の証拠能力など、前例のない争点で展開された。

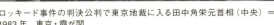

リクルート事件初公判で、東京地裁に入る藤波孝生元官房長官（中央）＝1989年、東京・霞が関

汰された。宗像によると、中曽根の話になると、江副は「もういいじゃないですか。将来の総理になる人を差し出したんだから」と話したという。将来の総理とは有罪が確定した元官房長官の藤波孝生《ふじなみたかお》だ。中曽根は立件されなかった。

江副は公判で、自白調書の信用性を争い、全面無罪を主張。13年余りに及ぶ法廷闘争の末、2003年に一審東京地裁で有罪判決を受け、控訴せずに確定した。09年には事件に関する本を出版。宗像とは別の検事の名前を挙げ、「土下座を強要されたり、壁際に立たされて耳元で大声を出されたりした」などと、取り調べの違法性を訴えた。

相次ぐ不祥事

10年、大阪地検特捜部が立件した郵便不正事件で、証拠の文書ファイルの日時が検察側の見立てに合うよう改変されていたことが発覚。ストーリーありきの取り調べも問題視された。衆院議員小沢一郎《おざわいちろう》（73）が強制起訴され、無罪が確定した陸山会事件では、東京地検特捜部の検事が虚偽の内容を記載した捜査報告書を作成し、起訴の根拠の一つとなった。

相次いだ不祥事。「巨悪を討つ。（自分たちは）万能なんだ、自分たちの組み立てた筋が正解なんだ、と思うようになった」。ロッキード事件の弁護人だった小野は、特捜部の病をこう解説する。その上で、「被告らが調書と反対のことを公判で言っても、これまで裁判所が全部、調書を採用してきた」と指摘。「その意味で裁判所の責任は重い」と強調した。

小沢弁護団の喜田村洋一《きたむらよういち》（64）も「裁判所が検察の応援団だった」と指摘する。一方、不祥事後「（検察への）裁判所の見方はずいぶん変わってきた」とも話した。

不祥事以来、特捜部に昔日の勢いは感じられない。国会では、特捜事件などの容疑者取り調べの録音・録画（可視化）義務付けを柱とする刑事訴訟法改正案などが審議中だ。改正案には司法取引の導入といった新たな捜査の武器も盛

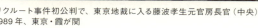

り込まれた。捜査はどう変わるのか。

「自白だけに頼らない、証拠に基づく立証」。宗像は今は亡き吉永の捜査を振り返る。「地道に捜査技術を磨いて、ここぞという案件があれば総力を結集してほしい」。宗像の言葉が、重く響いた。

※文中、年齢表記がない人物はいずれも故人です。

NEWS WORD

リクルート事件

1988年6月、リクルートが川崎市助役（当時）にグループ会社の未公開株を譲渡したことが発覚。その後、未公開株を政官財界に広く配り、大きな売却益を上げさせていたことが判明し、贈収賄事件に発展した。

東京地検特捜部は、政界、文部省、労働省、NTTの4ルートで捜査。収賄側では、藤波孝生元官房長官ら国会議員2人と両省の元事務次官、真藤恒（しんとう・ひさし）NTT元会長らの有罪が確定した。リクルートの江副浩正元会長は起訴内容を全面否認。初公判から13年を超す裁判の末、2003年に懲役3年、執行猶予5年とした一審判決が確定した。

INTERVIEW

可視化前提で工夫を

宗像紀夫 元特捜部長

検察不祥事と、それに伴う容疑者取り調べの録音・録画（可視化）義務付けなどの制度改正について、宗《むな》像紀《かたのり》夫《お》・東京地検元特捜部長（73）に聞いた。

――大阪地検特捜部の不祥事の背景は。

特捜部は一定の成果を上げないといけない。期待される。あるいは強迫観念みたいなものがあって、これは成果主義と言うのだけど。最近、事件できていないじゃないか、何かやらなければと。大阪の事件では中央官庁の局長クラスを立件すると。そういう流れだった。そこに矛盾する証拠が出てきたから、改ざんした。

――可視化には以前から賛成と聞く。

取り調べの可視化をやらないと、おかしな調べを受けた、暴行脅迫を受けた、いや、やっていないと、永遠にこればかりになる。だから、人に見られて困るような調べをしてはいけない。特捜部が身柄事件でやる

東京地検元特捜部長の宗像紀夫氏＝東京都新宿区

ような案件で、可視化したら困るということじゃ駄目だ。可視化を前提にして工夫しながらやるべきだ。

——可視化や司法取引の導入を柱とした刑事訴訟法改正案が審議中だ。特捜部の捜査への影響は。

プラスにもマイナスにもなる。可視化については一般的に捜査が難しくなるという意味ではマイナスだが、逆に司法取引だってあるわけだから、場合によっては贈収賄事件が摘発しやすくなる場面もあると思う。

——今の特捜部にエールを送るとしたら。

社会の奥底に潜む悪を退治する感じでやってほしい。大きな仕事をしたいと思っては駄目だ。どんなに小さな事件でも、社会正義の実現のために、検察がやらなきゃできないような事件を見つけて拾い出して、えぐり出してほしい。

Part17

生活支えた社会資本

敗戦で焦土と化した日本の国土。人々はバラックから建物造りを始め、やがて公共投資により道路網などを整備して再興の礎を築き、台風などの災害とも闘った。エネルギー確保のため、電力会社は険しい場所での発電所設置に挑んだ。１９６４年に開業した東海道新幹線は、国民の誇りを取り戻す精神的支柱となり、大規模な公団住宅の造成は高度経済成長の原点となった。95年の阪神大震災、２０１１年の東日本大震災という二度の震災を経てその役割が見直される一方、老朽化が目立ってきた数々の社会資本。戦後の生活を支え続けてきたその整備の歩みを振り返る。

配信：2015/07/27

縮んだ領土の礎に

＝全国総合開発計画とリンク＝―災害との闘いも・社会資本整備―

太平洋戦争の敗戦により日本の主権は「本州、北海道、九州及四国並ニ吾等ノ決定スル諸小島」（ポツダム宣言）に限定され、68万平方キロだった領土は約半分の38万平方キロへと縮小した。狭くなった国土で人々の生活の礎となったのが各種社会資本だ。復興とともに進んだ発電所や道路網、港湾などの整備が経済成長をもたらし、それらを合理的に配置しようと、国は全国総合開発計画を策定した。

一方、終戦直後は台風の直撃が相次ぎ、１９９５年には阪神大震災、２０１１年には東日本大震災が発生。戦後の社会資本整備は災害との闘いでもあった。

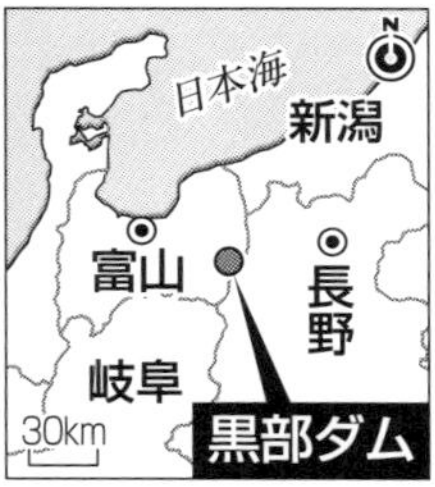

高度経済成長とともに

戦後の混乱が一段落した後、インフラ整備が本格的に始まるのは50年の朝鮮戦争がきっかけだ。日本経済は特需に沸き、51年には工業生産量が戦前を上回る。外貨を使わない国産エネルギーとして水力発電所が盛んに開発されたのはこの頃だ。関西電力社員として黒部ダム（黒四ダム）の建設に携わった奥野《おくの》義雄《よしお》さん（91）は、「黒四ダムは『死はあってもけがはない』と言われるくらい険しい土地に建設された。今でも黒四ダムの

上流は開発されていない。若かったし、がむしゃらに働いた。今になって、すごい工事をしたなと思う」と振り返る。

62年には、「所得倍増」を打ち出した池田勇人内閣の下で、初めての国土計画である全国総合開発計画（全総）が決定される。発電所や道路など経済発展を支えるインフラ建設とともに、日本は高度経済成長をひた走ることになる。その後、公害問題の発生や東京一極集中を経て、全総は第5次まで策定し直され、地方への定住圏構想や多極分散型国土の構築などが打ち出された。

黒部ダム（黒四ダム）建設のため、ブルドーザーを分解して運搬する作業員（1956年、奥野義雄さん提供）

黒部ダム（黒四ダム）での湛水開始の様子（1960年10月1日、奥野義雄さん提供）

災害対策のインフラ建設も、この時期急速に進む。東京大の目黒《めぐろ》公郎《きみろう》教授（52）によると、台風など自然災害による死者の45～59年の年間平均は２３６５人。それが60～89年には平均２９８人に減少する。政府が各地に堤防など防災インフラを建設した成果で、目黒教授は「この時期は経済力が高まり、それによって防災インフラも展開することができた」と、経済成長と防災対策が密接に関連していたと指摘する。

バブル崩壊と阪神大震災

社会資本整備の歩みのターニングポイントとなったのは、91年のバブル崩壊だ。国は95年に財政危機宣言を発表し、公共工事費用は大きく削減されていく。98年に策定された第五次全国総合開発計画（五全総）からは大規模プロジェクトが姿を消す。

国土交通省の技監を務めた一般財団法人国土技術研究センターの大石《おおいし》久和《ひさかず》国土政策研究所長（70）は「具体的なプロジェクトを入れると財政圧力になると言われ、書くことができなかった」と明かす。経済が成長しない時代、インフラ投資への批判が強まっていった。

防災の観点からもインフラ整備は転機を迎える。順調に減少していた自然災害の犠牲者だったが、95年の阪神大震災では６４００人余が死亡。目黒教授は「阪神大震災の直前には『自分たちは自然を見切っている』という安全神話が生まれてしまっていた」と、災害対策への過信があったと指摘する。

東日本大震災を教訓に

しかし現在、11年の東日本大震災を受け、国は防災力を強化する国土強靱《きょうじん》化へと大きくかじを切っている。インフラ設備が長期的に経済効果を発揮する「ストック効果」が認識され始め、削減されてきた国の公共事業費も15年度予算では3年連続の増加となった。

大石所長は「日本は他国と比べて災害が多い。失われた公共事業の時代が20年間続いてきたが、やっと『社会を支えるインフラ』という概念に日本もたどり着いたと思う」と感慨深げ。今後は「経済成長と防災に資するインフラを厳選して重点投資すべきだ」と語る。

一方で深刻なのがインフラの老朽化だ。内閣府によると、09年時点での社会資本ストックは７８６兆円。今後は維持改修費用の増加が予想されている。少子高齢化も進行する中で防災対策を進めなければならない状況を、目黒教授は「貧乏になっていく中の総力戦」と危機感を込めて表現しつつ、「ハード（設備）なくしては人の命は救えない」と、防災インフラへの投資の大切さを強調。自力で耐震化した住宅が被災した場合に優遇補償することで国民に耐震化を促す制度など、財政に負担をかけない防災対策も提唱している。

NEWS WORD

全国総合開発計画

国土総合開発法に基づき国土づくりの指針となった計画。池田内閣の所得倍増計画を国土政策から裏打ちするため1962年に初めて閣議決定された。東京・大阪への集中の解消を目標に、開発効果の高い地域に工業を再配置する「拠点開発方式」を掲げ、高度経済成長のバックボーンとなる。

その後も、おおむね10年ごとに第五次まで策定され、新幹線・高速道路のネットワーク構想や地方への定住を促す定住圏構想などを打ち出していくが、開発中心型との批判も受ける。2008年、成熟社会に対応する新たな国土計画の「国土形成計画」にその役割を引き継いだ。

成長勢いづけた「夢の超特急」

＝外国の鉄道発展にも寄与＝―新幹線、並行在来線の問題も―

　戦後の復興が一段落し、１９６４年東京五輪の開幕直前に開業した「夢の超特急」東海道新幹線。日本の高度経済成長を支え、諸外国の高速鉄道の発展にも寄与した。その後、新幹線は山陽、東北、上越、北陸、九州へと路線を延ばし、来春には北海道新幹線が誕生予定。鉄道の高速化によって人々の生活は変わったが、人口が少ない地域では並行して走る在来線の存廃問題も生じている。地域の足をどう確保するか、交通体系の「グランドデザイン」を描く必要性も指摘されている。

東京―大阪間3時間

　東海道新幹線の構想が世間に伝えられたのは、57年5月。国鉄の研究機関が開いた講演会で、東京―大阪間を3時間で結ぶ高速鉄道の構想が発表された。鉄道技術が専門の曽《そ》根《ね》悟《さとる》工学院大学特任教授（76）は高校3年生だった当時、この講演を聞いている。「（翌年に登場する特急こだま号で）6時間50分で大阪に行けるという時に、その半分以下の3時間で行けるよというアドバルーンを上げた。すごさが違った」と振り返る。この構想はマスコミも注目し、新幹線は「夢の超特急」ともてはやされた。

東京駅で行われた東海道新幹線の開業式＝1964年10月1日、東京駅

　とはいえ、このころは自動車や飛行機による移動が増え始め、「鉄道の時代は終わった」と考える人々も少なくなかった。幾多の論争を経て、59年4月に起工にこぎ着けた新幹線は、その直後に開催が決まった東京五輪に間に合わせるべく建設を急ぐ。そして、5年半後の64年10月1日に開業を迎えた。

　開業時、国鉄営業局の課長補佐だった須田《すだ》寛《ひろし》JR東海相談役（84）は、前日から職場に泊まり込み、当日はテレビで新幹線の出発を見守った。本格的な試運転期間はわずか2カ月しかなく、直前まで時間通りに走らせられるか心配だった。しかし、新幹線初列車は定刻に目的地に到達。須田氏は「局内の誰かが『東海道新幹線上下定時到着』と叫んだのを覚えている。どよめきが起きて、よしと言う人がいたり、握手する人がいたりした」と当時の高揚を回顧する。

富士山のふもとを走る東海道新幹線＝2013年12月25日（ＪＲ東海提供）

世界最速の高速鉄道

東海道新幹線の誕生は、戦後日本の復興を国内外に印象付けた。開業当初の最高速度は、時速２１０キロで世界最速。フランスやドイツといった鉄道先進国を刺激し、各国はより速い鉄道を造ろうとしのぎを削ることとなる。その後、新幹線は高速性では他国に抜かれたが、安全性では高い評価を保持。開業から半世紀を経た現在まで、衝突や脱線により乗客が死傷する事故は起きていない。

曽根氏は「日本の車両はめったに故障しないが、それは他国と設計方針が違うためだ」と解説する。「日本の部品は、余裕を取ろうという方針。ヨーロッパだと無駄は排除しようとなる。だから、設計条件と違うことをすると当然壊れてしまう。余裕と無駄は、実は同じものなのだ」。

開業後、徐々にスピードアップと本数増を図った新幹線は、人々の生活に浸透していく。国土交通省出身の盛山正《もりやままさ》仁《ひと》衆院議員（61）は「新幹線は在来線とは違う乗り物。人の流れや仕事のやり方がすごく変わった」と指摘する。日帰り出張は一般化し、国内旅行も大幅に増加。「例えば今は、修学旅行生が新幹線を使って移動するが、昔はそんなことは考えられなかった」と振り返った。

須田氏は「国民が新幹線に期待して、うまく使っていただいたから、高度経済成長に結果的に大きく寄与することができた」と感謝の意を示す。「（建設は）相当な決断だったが、私たちは成功すると確信していた」とも。

交通体系、デザインを

東海道新幹線の成功を踏まえ、新幹線網は全国へと延伸。２０１５年3月には北陸新幹線（長野―金沢）が開業し、地元は歓声に包まれた。今でも新幹線を待ち望む地域は少なくないが、一方で曽根氏は「東海道がうまくいったから、他の地域でも同じだろうという発想が、足を引っ張っている」と分析する。人口密度が低い地域に新幹線を通す場合、ＪＲから経営分離される並行在来線の問題などが生じるためだ。
新幹線が活躍する傍らで、過疎化や少子高齢化で廃止を余儀なくされるローカル線は相次いでいる。観光列車を走らせ、地元の鉄道を残そうと取り組むケースもみられるが、根本的な解決に至っていない。盛山氏は「国がある程度、鉄道政策に関与すべきではないか」と指摘しており、「どの程度の需要があれば、国は鉄道輸送を守るのか。今こそ、新幹線と在来線、リニアも含めた国のグランドデザインが必要だ」と強調した。

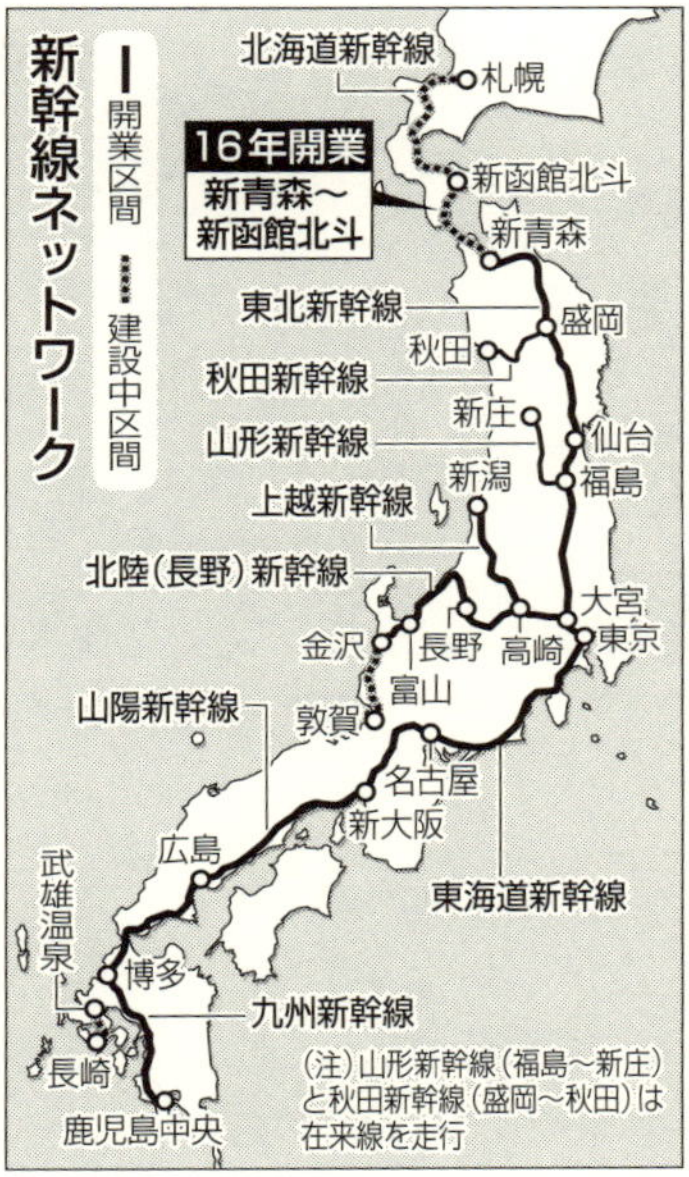

NEWS WORD

東海道新幹線

東京と新大阪を結ぶ日本初の高速鉄道。戦後、在来線の東海道本線で輸送需要が増大したことから計画された。建設費は約3800億円。1987年の国鉄民営化後は、ＪＲ東海が運営している。列車の愛称は「のぞみ」「ひかり」「こだま」の3種類。

開業当時、東京―新大阪間の所要時間は4時間だったが、車両を軽量化することで、最速2時間22分（2015年3月現在）に短縮した。最高時速は285キロ（同）。1日の平均乗客数は、14年3月現在で42万4000人。

住宅政策「３本柱」で

＝団地、高度成長の原点＝―現在は既存ストック活用へ―

空襲で家屋が焼失した国土で、疎開先や海外から引き揚げてきた人々の家をどう確保するか。戦災復興に向けた国の喫緊の課題は良質な住まいの供給だった。政府は低所得者向けの公営住宅と、「団地」に代表される日本住宅公団による勤労者向けの住宅、中間層以上を想定した住宅金融公庫による融資という所得階層に応じた「３本柱」の住宅政策を推進。特に団地は「高度経済成長の原点」と言われた。

１９６０年代後半には住宅総数が世帯数を上回り、量から質の時代に。現代の政策の主眼は空き家問題に象徴されるように、既存ストックの有効活用にシフトしている。

東京郊外の公団住宅ひばりが丘団地の公園で野球をして遊ぶ子供たち＝1961年ごろ、東京都

短期間で量産

終戦直後の住宅不足は推計４２０万戸にも及んだ。50年には住宅専門の政府系金融機関、特殊法人「住宅金融公庫」が発足し、国民に長期低利の住宅資金を貸し付ける仕組みが誕生した。51年には国の補助を受けて自治体が低所得者向け住宅を造る、公営住宅法が施行された。

しかしこれだけでは都市の勤労者の住宅需要に到底追い付かない。政府は日本住宅公団を設立。公団は初年度の55年度、９カ月間に２万戸という「すさまじい数字の戸数」（旧公団関係者）を建設会社に発注した。

「住宅政策はとにかく戸数至上主義。『何万戸造るか』が毎年度重要視された」。元建設省幹部は入省した60年代前半の雰囲気をこう語る。それを裏打ちするように公団も毎年の発注を着実に増やし、最盛期の71年度の計画戸数は８万８０００戸に達した。

短期間で住宅を量産するため、公団は画一化した設計モデルを採用。ステンレスの流し台、台所と食事スペースを兼ねたダイニングキッチンと二つの寝室で構成する２ＤＫは団地の代名詞だ。

「小学校、町役場出張所、バスまで通ってるわ。独立した

東京郊外の公団住宅ひばりが丘団地の公園で遊ぶ子供たち＝1961年ごろ、東京都

新しい街なのね。交番もあるのよ安心ね」。60年ごろの東京・ひばりが丘団地（現西東京市、東久留米市）を紹介した16ミリ映画「団地への招待」では、若夫婦が兄夫婦の住む団地を訪れ、生活機能が完備した街での暮らしに夢膨らませる様子が描かれている。先の元建設省幹部は、「新幹線や高速道路ができていった高度経済成長の基礎部分には、住宅公団の住宅があった」と語る。

戸外も工夫を凝らした。旧公団ＯＢの中田《なかた》雅資《まさすけ》氏（71）は、「日本の屋外の遊び場の設計は公団住宅から始まったようなものだ」と自負。70年代に同氏が建設に携わった奈良市内の団地には、地元文化に触れてもらうため、出土した奈良時代の瓦のレプリカを集会所に飾ったことや、敷地内に人工の川を造り完成時に関係者が喜んで飛び込んだことなどを楽しげに振り返る。

宅地造成、初の抑制

住宅着工は他産業への経済的な波及効果が大きく、景気対策に直結する。政府は公庫融資と税制優遇をセットにマイホーム取得を後押しした。68年度に住宅総戸数は世帯総数を上回り、多様な家族形態や働き方、より広く快適な住宅へのニーズに対応した「質」の時代に入る。

その傍ら、住宅総数に占める空き家率は68年度の４・０％からじりじり伸び、２０１３年度は13・５％に達する。その数約８２０万戸。朽ちゆく空き家に悩む市町村や住民に対応するため、政府は15年、危険な空き家の所有者に撤去や修繕を命令できる空き家対策特別措置法を施行した。

さらに政府はこれまで常に増加目標を定めてきた宅地造成について、15年の国土利用計画で抑制方針を初めて打ち出した。国土交通省は「人口が減少する中、むやみに新規造成を行う時代ではない」と、今ある空き家の有効活用を優先する考えを鮮明にしている。

公団も都市再生機構（ＵＲ）に衣替えし、現在は建て替え以外の新規住宅は造っていない。民間と手を組んで団地の空き部屋をサービス付き高齢者向け住宅に改修し、医療・福祉機能を併せ持った街に造り替えたり、若者向けのシェアハウスに改造したりするなど既存ストックを使った新たな試みを進めている。
旧公団時代に団地の設計に携わったＯＢの斎藤《さいとう》賢《けん》一《いち》氏（66）は、「今はチャレンジの時代。ＵＲは（所有する賃貸住宅）75万戸の大家として、持っている住宅をその時々のニーズに合うものに造り替えて世に出していくべきだ」と語る。

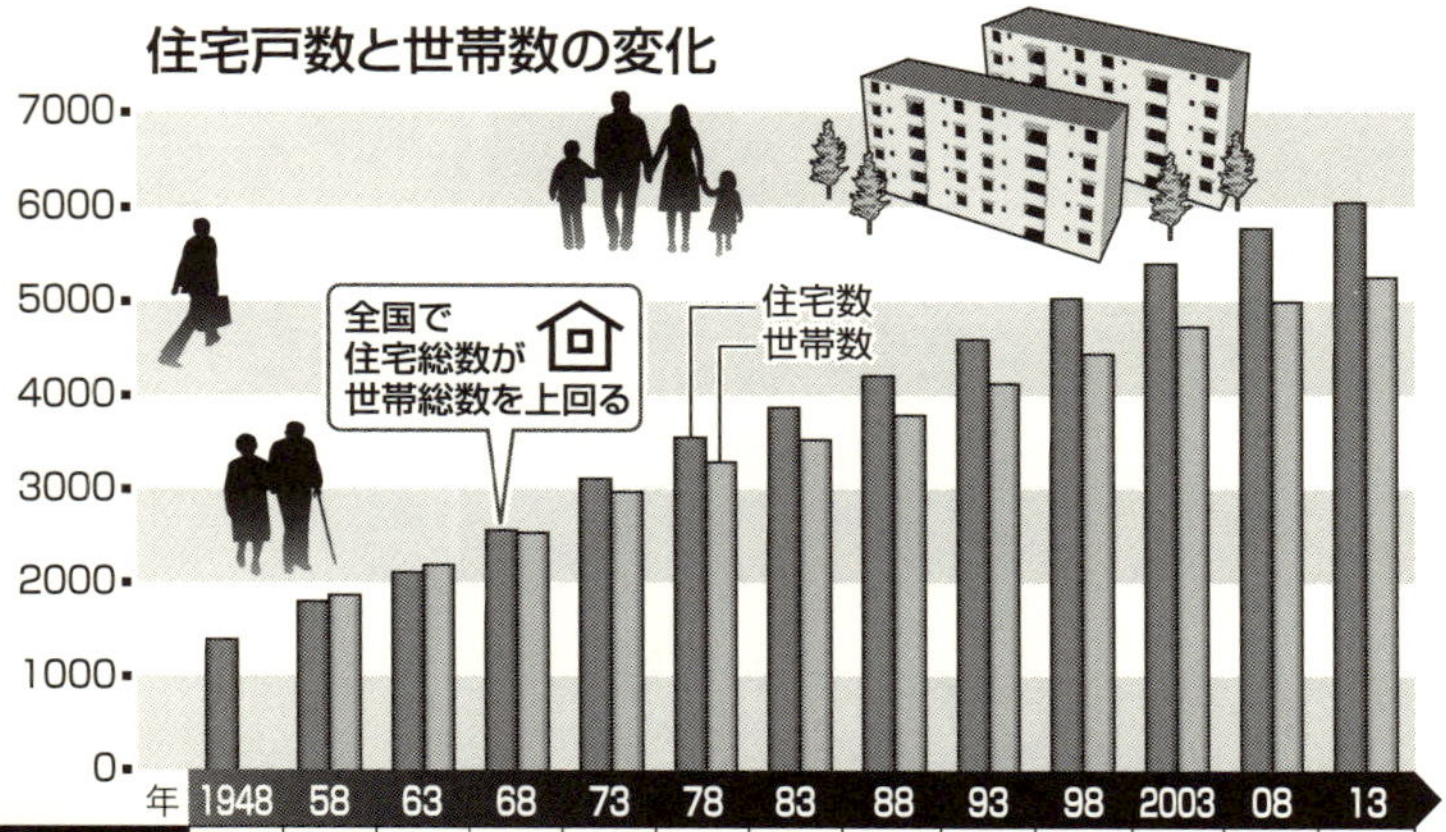

年	1948	58	63	68	73	78	83	88	93	98	2003	08	13
住宅数（万戸）	1391	1793	2109	2559	3106	3545	3861	4201	4588	5025	5389	5759	6063
世帯数（万世帯）	—	1865	2182	2532	2965	3284	3520	3781	4116	4436	4726	4997	5245
空き家率（%）	—	—	—	4.0	5.5	7.6	8.5	9.4	9.8	11.5	12.2	13.1	13.5

（総務省調査より）

NEWS WORD

日本住宅公団

戦後の住宅ニーズに対応するため、住宅政策を旗印に掲げた鳩山一郎内閣時代の1955年7月に設立された特殊法人。国や自治体からの公的資金や民間からの借り入れ、政府保証の住宅債券発行などを原資に、中層労働者向けの団地を中心に住宅の設計、供給を行った。

81年に住宅・都市整備公団に改組。99年に都市基盤整備公団になった際は、分譲住宅から全面撤退した。2004年に地域振興整備公団の一部と統合した独立行政法人「都市再生機構」（UR）が発足。URは都市の再開発事業のほかに約75万戸に及ぶ賃貸住宅の管理などを行っている。

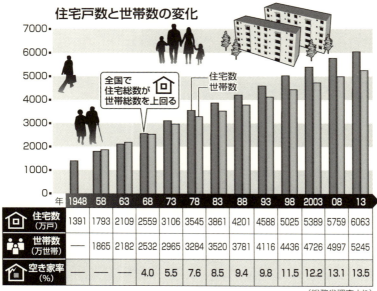

Part18

女性の社会進出

戦後、米国の占領下で男女平等の理念を受け入れた日本。女性の地位は飛躍的に向上し、家庭の外にも能力を生かす道が開かれた。一方、女性に家事、育児の役割を求める伝統的な性別分業意識は強く、女性の社会進出の歩みは苦闘の連続でもあった。近年は少子化が深刻となり、男女ともに家庭を持ちながらも社会で活躍できる環境づくりが課題になっている。

配信：2015/07/27

「女性は家庭」、根強く
＝高度成長期に固定化＝―仕事の継続、課題山積―

戦後、男女平等の理念が浸透し、女性の生き方の選択肢は広がった。ただ、高度経済成長期に固定化した「男性は仕事、女性は家庭」という性別分業の意識は根強く残り、現在でも女性が出産後に働き続けるには課題が山積している。

米占領で風穴

戦前の女性に求められた役割は「良妻賢母」。家庭で夫を支え、跡継ぎとなる男児を産み育てることが期待された。女性は男性戸主の支配下に家族を置く「家制度」に縛られ、経済的な自立も難しかった。九州地方に住む女性（88）は「女に生まれても世の中には何の役にも立たなかった。夫に仕えて生きていくしかなかった」と話す。

こうした状況に風穴を開けたのが、戦後の米国による占領統治だ。米国は男性中心の軍国主義社会から、男女平等を基本原則とする民主社会への変革を推し進めた。１９４５年に戦前からの悲願だった女性参政権が確立し、47年には「個人の尊重」と「法の下の平等」をうたった日本国憲法が施行。女性を抑圧していた家制度は廃止された。

一方、女性に家庭での役割を強く求める意識は変わらなかった。50年代後半から70年代前半にかけての高度経済成長は、職場で猛烈に働く男性と、子育てと家事に専念する女性との分業体制によって支えられた。国も専業主婦のいる世帯の所得税を軽くする「配偶者控除」を創設したほか、中等教育では女子のみに家庭科を学ばせるなどし、分業モデルは固定化していった。

世界で女性運動

女性の高学歴化は進んだが、社会に活躍できる受け皿は少なかった。60年代には大学が花嫁修業の場になっているなどと有名私大の教授が相次ぎ批判し、「女子学生亡国論」も取り沙汰された。

同じ頃、米国では専業主婦の苦悩と職業生活の大切さを記したベティ・フリーダン氏の著書「新しい女性の創造」が出版される。物質的に豊かになり、満たされているように見える中産階級の主婦の行き詰まりを描いた内容が共感を呼び、世界で女性の地位向上を目指す運動が盛り上がった。

こうした流れの中で、国連は75年にメキシコで「国際婦人年世界会議」を開催。当時フジテレビに所属し、取材に当たった有馬真喜子《ありままきこ》さん（81）は「国によって女性の置かれた状況はまちまちだったが、国連として世界基準を示し、それに近づけるよう呼び掛けた。この頃から女性の活躍の場を広げようという取り組みが本格化した」と解説し、「北欧からは首相が参加していた。女性問題の会議に国のトップが来るとは、驚いた」と振り返った。

日本での女性の地位向上のきっかけともなった国際婦人年世界会議（メキシコ市）

国際社会の動きを受けて、国内でも女性の社会進出に向けた環境づくりが始まった。

79年には、国連で女子差別撤廃条約が採択される。日本も条約を批准するため、職場での男女の均等な取り扱いを定めた「男女雇用機会均等法」を85年に制定したほか、家庭科の男女共修化も決まった。

晩婚、非婚へ

女性に社会への道が開かれるにつれ、晩婚化、非婚化がじわじわと進行した。平均初婚年齢は85年の25・5歳から2014年には29・4歳に、生涯未婚率も85年の4・3％から10年には10・6％にそれぞれ上昇。少子化が深刻な問題として浮上した。

人口の減少に直面し、危機感を覚えた国は職業生活と家庭とを両立するワークライフバランスを強調している。しかし、長時間労働を良しとする企業風土は根強く残り、週49時間以上働く就業者の割合は2割超と国際的に見ても多い。

男女ともに使える育児休業など子育て支援制度も、男性の利用は進まず、家事育児が女性に偏る状況は変わっていない。保育所の不足も解消されず、女性が出産後も安心して仕事を続けられる環境にはほど遠いのが現状だ。

有馬さんは「戦前の意識を引きずりながらも、その壁を打ち破ろうともがいてきたのがこの70年だった」と指摘。「妊娠や出産が病気や老化と同じように人生の中で普通にあることとして捉えられるようになれば、個人も社会ももっと楽になるのではないか」と話している。

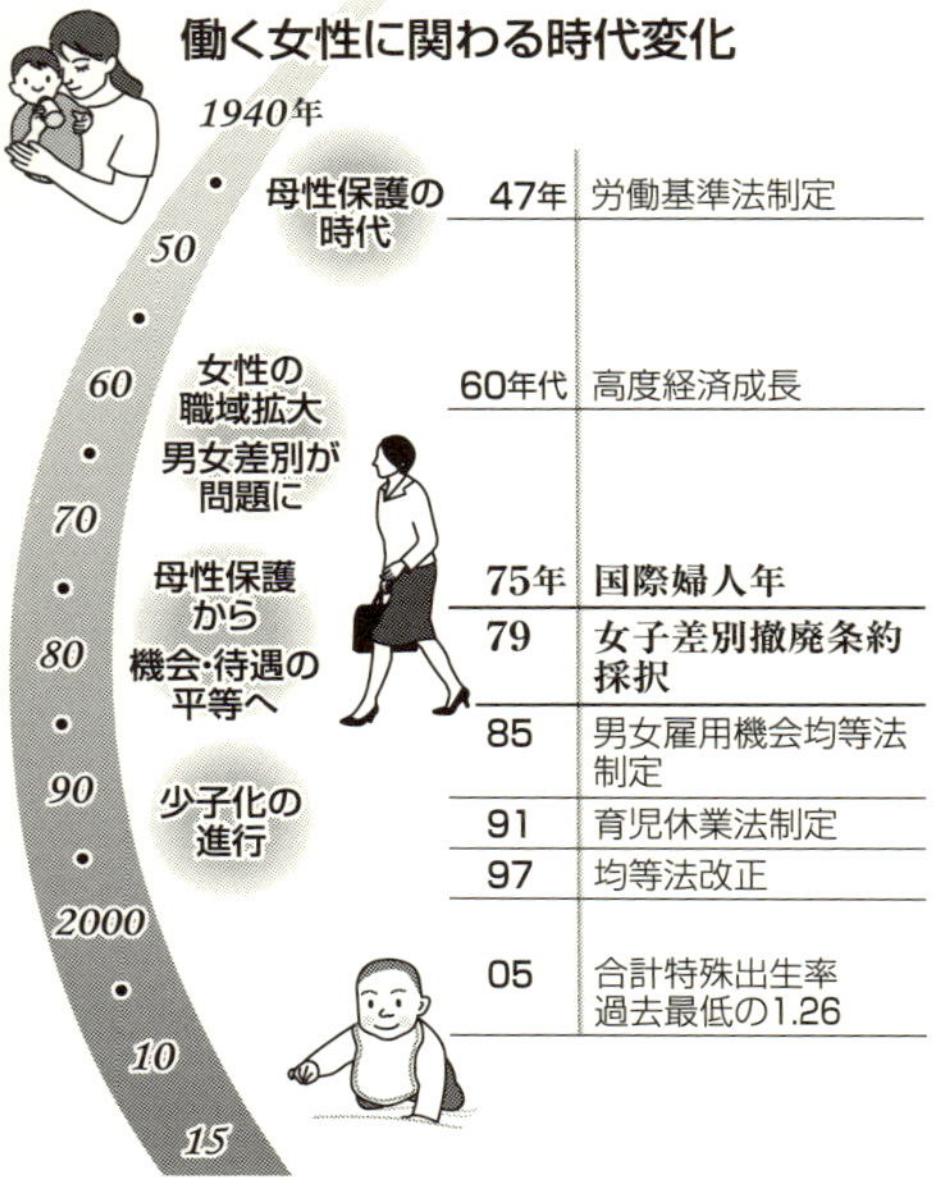

NEWS WORD

国際婦人年世界会議

国連が女性の地位向上を目的に1975年に開催した。世界133カ国の政府代表らが参加し、日本からは藤田たき婦人少年問題審議会会長が首席代表として出席した。男女の伝統的な役割の見直しなどを盛り込んだ指針「世界行動計画」を採択し、各国に対応を求めた。

日本は指針を踏まえ、86年までを対象にした国内行動計画を策定。政策決定への女性の参加促進や雇用の男女平等を重点項目に掲げて取り組みを開始し、現在の男女共同参画政策の出発点ともなった。

企業で働く、険しい道のり

=性別分業が最大の壁= ―職場や男性の意識に変化も―

戦後の長い間、企業で女性が働き続けるのは容易ではなかった。社会に残る性別分業意識が最大の壁となってきた。だが近年は子育てに積極的な男性が増えるなど、一筋の光も差し始めている。

「ニコニコ、はいはい」

「何を言われても笑顔で応じる『ニコニコ、はいはい』」――。1950年代に4年制大学を卒業し、就職活動を経験した起業家の今野《こんの》由梨《ゆり》さん（79）は、当時の企業が女性に求めていた姿をこう語る。

定年まで働き続けるつもりで、昇進の意欲も持っていた今野さん。約10社の採用面接を受けたが、全て不合格だった。「面接官には必ず『結婚したらどうするのか』と聞かれた。企業の期待する労働力とは違ったのだろう」と振り返る。

終戦後、焼け野原から驚異的な勢いで立ち直り、世界有数の経済大国へと上り詰めた日本。その屋台骨は、昼夜問わず猛烈に働いた男性と、家庭の切り盛りを一手に引き受けた女性との分業体制によって支えられた。

女性の働き手は未婚の若年層と、子育てが一段落した後にパートで雇用される中高年層とに二極化。キャリアの展望は描けなかった。「優秀な女性の先輩がたくさん就職したが、みんな20代で辞めていった」（今野さん）という。

子どもがかわいそう

60年代から世界的に女性運動が盛り上がる。70年代には国連が主導し、女性の社会進出に向けた環境を整えるよう各国に促した。国際的な流れに押される形で、国内でも取り組みが始まり、「男女雇用機会均等法」が制定された。

均等法前夜の84年、日産自動車に入社した青山《あおやま》純子《じゅんこ》さん（53）は、90年に会社が設けた育児休暇制度を利用した女性第1号だ。語学が堪能だった青山さんは研究所に配属され、海外の先端情報を収集・翻訳して報告書にまとめる仕事に従事していた。

90年2月に出産し、息子が生後4カ月で復職した。職場でそうした女性は例がなく、周囲からは驚かれたという。「当時は育休を1年取る勇気はなかった。年配の男性は『子どもがかわいそう』という反応だった」と振り返る。

復職後は実家の目の前のマンションを購入。体の弱かった息子を育てながら仕事を続けられたのは、両親の強力なサポートがあったからだ。「夫に頼むのは抵抗があった」と青山さん。家事は、時にヘルパーの手も借りながらやりくりした。

特に大変だったのは、息子が小学生になる頃、近所にあった研究所から通勤に往復3時間かかる本社に異動になったことだ。頼みの綱だった母親の病気も重なり、「いつ辞めようかと考えたこともあった」という。

入社当時は30人余りいた同期の大卒女性で、社内に残っているのは数人だ。多くが出産や育児といった家庭の事情で辞めていった。

「イクメン」登場

90年代以降は、育児休業法の制定など仕事と家庭とを両立するための法整備が進んだ。少子化が深刻となり、企業も家庭生活に配慮した職場づくりに取り組み始めている。

現在の日産は、女性の活躍する企業として国などがお墨付きを与える「なでしこ銘柄」にも選定されている。青山さんは「今は子どもが2、3人いても続けるのは当たり前。時短や在宅勤務といった制度もでき、格段に働き続けやすくなっている」と、この30年余りの職場の変化を肌身に感じている。

男性の意識も変わりつつある。97年創業のＩＴ企業サイボウズは、男性の経営トップが育児に積極的に携わる「イクメン」として知られる。男女問わず、社員一人ひとりの事情に応じて柔軟に働ける仕組みも整える。

２０１４年に入社した山川ジェシカさん（27）は「職場で子育て中の社員が自然に働いているので、同じ立場になっても安心して続けられる」と話す。「30代前半で子どもを産みたい。夫になる男性は料理上手な人がいい」と将来を見据えている。

「挫折も色々あったが、負けん気でここまでやってきた」と話す日産自動車の青山純子さん＝2015年6月、横浜市の同本社

「就活では家庭を持っても働きやすい企業かどうかを重視した」と話すサイボウズの山川ジェシカさん＝2015年5月、東京都文京区

NEWS WORD

男女雇用機会均等法

1985年に制定。事業主に採用や配置、昇進などで性差別をしないよう求め、それまで補助的な業務に就くことが多かった女性に幹部候補となる道を開いた。

ただ、当初は努力義務にとどまり、不十分との指摘があった。企業も総合職、一般職というコース別の人事制度を設けるケースがあり、実態として職場での男女のすみ分けは残った。97、2006年の改正で、違反企業への罰則規定やセクハラの対策義務化が盛り込まれ、実効性が高まった。

INTERVIEW

女性は「お手伝いさん」

＝企業の門戸、固く―今野さん＝

企業で女性が働くとはどういうことだったのか。1950年代に就職を目指したが門戸を固く閉ざされ、起業の道を選んだ今野由梨さん（79）に聞いた。

――59年に津田塾大を卒業した。就職は。

10社近く面接を受けたが、完敗だった。当時は「寿退社」する女性が求められていた。私は結婚しても辞める気はなかったから、企業の期待する労働力とは違ったのだろう。

――当時、企業で女性はどのように働いていたのか。

社内ウエートレス、お手伝いさんのような存在だ。何を言われても笑顔で応じる「ニコニコ、はいはい」という言葉をずいぶん聞いた。優秀な女性の先輩がたくさん就職したが、みんな20代で辞めていった。

――そこで、会社を興そうと思った。

社会の価値観に閉じ込められて、自分らしく活躍する機会が与えられない女性が他にもたくさんいるはずだと思った。60年代にニューヨークで女性起業家たちと出会い、周りを覆う氷を溶かすのは私たちだと励まし合った。

――69年に電話情報サービス会社「ダイヤル・サービス」を設立する。女性のみの会社で困難はなかったか。

男性からセクハラまがいのことを言われるときもあったが、自分の敵として現れた人でも大事にしようと思ってやってきた。社員は85年まで全員女性。結婚して3人、4人と子どもを産んだ人もいるが、そういう女性を大事にした。お金では買えない知恵や経験を身に付けて戻ってきてくれたからだ。

――近年は企業も女性を戦力として考えるようになってきた。しかし、家庭との両立は難しく、出産前後の退職が多い。

当時はまだワークライフバランスという言葉はなかったが、社員に家庭の時間があるのは当然と考えていた。社内ではお互いが持っている個人的な問題もみんなで共有した。家庭を持ちたいなら、そういうことが歓迎される企業を選ぶか、今いる職場を変えていく努力をするしかない。

起業家の今野由梨（こんの・ゆり）さん
1936年6月2日生まれ、三重県桑名市出身＝東京都千代田区

――働く女性に伝えたいことは。

たった1回の人生。何をしたいのか、どう生きたいのか、自分の心としっかり対話をしてほしい。それが分かれば、あとは迷わないこと。大きな試練に出会うこともあるが、「選ばれて経験させていただいているもの」と考えれば必ず乗り越えられる。

専門職の世界にも変革

＝急増する女性医師＝―両立支援が課題―

戦後、さまざまな職業分野に女性が進出する中で、専門職である医師の世界も大きく変化した。数％だった女性の比率は今では2割に。医学生では3割を超え、今後ますます女性医師が増える見通しだ。これに伴い、妊娠・出産といったライフイベントを経ても働き続けられるよう、男性も含めた勤務環境整備が大きな課題となっている。

「3倍働いた」パイオニア

「病院はもともと女性の職場。昔から女性医師も全く同じ仕事をしており、違和感はなかった」と振り返るのは、日本医師会で男女共同参画を担当する笠井《かさい》英夫《ひでお》理事。専門職として男女平等が早くから実現されていたともいえる。明治生まれの叔母も、子育てをしながら医師として働いていた。

しかし当時は大家族社会で、周りのサポートも得やすかった。核家族化と少子化が進んで社会構造が変わる中、「母性保護だけではない支援が必要だ」と同理事。

横浜市で内科・婦人科・小児科のクリニックを営む大竹《おおたけ》輝子《てるこ》さん（88）は、周囲のサポートなしに激動の戦後、職業生活と家庭生活を乗り切ってきた。東京女子医専（現東京女子医大）に在学中の１９４５年、空襲で自宅が焼失。勉学どころではない状況下でも、「医者になる」という意思は固く、青森県に疎開中の家族に頼らず、夜間警備の仕事で学費と生活費を稼ぎながら卒業した。

静岡県の産婦人科クリニックで住み込みで働いていた頃に出産し、子供を背負って復帰。横浜で開業してからは「ご飯を食べる時間もないくらい忙しかった」が、夫の食事の支度をしに走って帰ることも。「仕事、妻、育児…。女性が仕事を持つということは人の3倍働かなくてはだめだと思っていた。戦時中から自立生活をしてきたから、忙しくても寝なくても平気だった」と振り返る。

激動の戦後を振り返る開業医の大竹輝子さん＝2015年4月、横浜市

針のむしろ乗り越え

組織の中で働く女性医師の道は険しかった。東京医科大学皮膚科の大久保ゆかり教授（56）は、医師10年目で病棟医長を務めているときに妊娠。「申し訳ありません」と上司に報告したところ「最悪だね」と返された。90年代前半。「当時、妊娠・出産した女性は針のむしろ状態。先輩の女性医師は何人もいたが、出産したら辞めるか開業し、大学で働き続けている人はほとんどいなかった」という。

産後の回復はやや遅れたが、3カ月で復帰。その間に勉強して二つ目の専門医資格を取得した。復帰後しばらくは保育所に空きがなく、ベビーシッター、保育ママなどをフルに活用。かなり費用はかかったが「自分のキャリアのため必要な投資」と割り切り、仕事と育児による過労で不整脈を発症しながらも、周囲のサポートもあり着実にキャリアを重ねてきた。

医師も「M字カーブ」

女性の就業率が30代の出産・育児期に落ち込み、子育てが一段落するころから徐々に回復する「M字カーブ」はよく知られている。専門職である医師でもこれは変わらず、女性が働き続けることへの理解が進んだ現在でも、「迷惑をかけるから」と離職を選ぶ人は後を絶たない。

女性医師の離職は、そのまま現場の医師不足につながる。危機感を持った医療界や各病院では、出産しても働き続けられるようにと、さまざまな取り組みを行っている。

その一つ、九州大学病院「きらめきプロジェクト」は、育児などでフルに働けない医師が、各自の事情に合わせて曜日や時間を限定して3年間非常勤で働く仕組み。給料は安いが、辞めずに大学での診療・研究のキャリアを継続できるのがメリットだ。プロジェクト終了者の半数以上が常勤に復帰、責任ある役職に就いている人もいる。

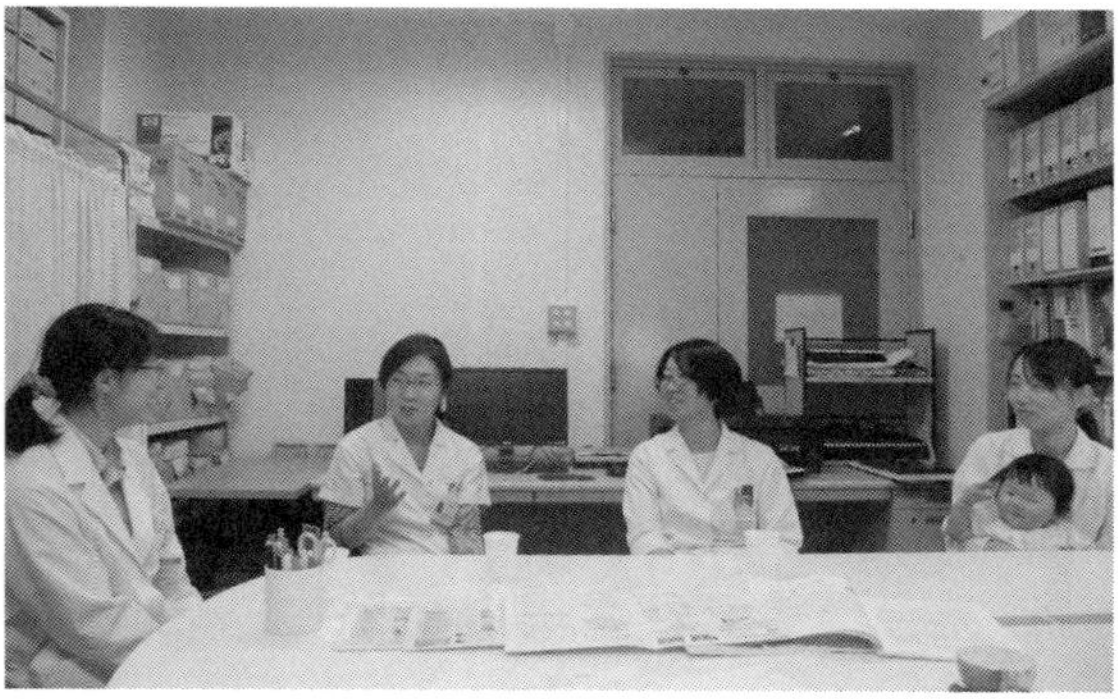

九州大きらめきプロジェクトで働く女性医師ら＝2015年6月、福岡市

臨床腫瘍外科の山《やま》田舞《だまい》さん（36）は、2児を育てながら週2回外来、週1回手術を担当している。前に勤めていた病院でも、第1子を産んだ際に上司は「サポートする」と言ってくれたが、当直免除や急な休みなど、前例のない中で職場全体に受け入れられるのは無理だった。「育

児もしっかりしたいしキャリアも積みたい。今は仕事と育児をいいバランスでできている」という。

NEWS WORD

女性医師の増加

厚生労働省の統計によると、1965年の女性医師数は1万人余で、全体に占める割合は約9％。80年代半ばまで1割前後で推移したが、90年代以降、数・比率とも増加が顕著となり、2012年は5万9641人、19.7％。医師国家試験合格者に占める女性の割合は2000年以降、毎年3割を超えている。一方、学会や大学、病院などの管理職における女性の比率は現在もごくわずかで、就労継続支援と併せ、意思決定機関への参画支援も重要視されている。

Part19

女が語る ～戦後70年

戦後70年を迎え、政府は集団的自衛権の行使を可能にする安全保障関連法案の整備を進める。日本は「戦争」と向き合う立ち位置を大きく変え始めた。戦前に生まれ、敗戦から日本が立ち直ってきた時代を生きた女性たちは今、何を思うのか。婦人科医師野末悦子さん、児童文学作家あまんきみこさん、評論家樋口恵子さんの3人に、それぞれの戦争・戦後の体験と併せて聞いた。

配信：2015/06/08

女性を時代の犠牲にさせない

＝「戦争の事実、後世に」―医師野末悦子さん＝

「患者の悩みもさまざま。介護で苦しんでいる人には施設を、経済的に困っている人には支援窓口を紹介する。デパートの案内係みたいなものね」と話す野末悦子さん＝川崎市の久地診療所

久地診療所（川崎市）の婦人科医師、野末悦子さんは82歳の今も現役で診察にあたっている。子ども時代を旧満州（現中国東北部）で過ごした野末さんは「戦争やその時代に翻弄《ほんろう》されてきた女性たちを助けたい」という強い思いを胸に患者の悩みに耳を傾けている。

旧満州・奉天市の自宅で母親と写る5歳の野末悦子さん。立派なひな壇は、日本に引き揚げる際に父親の教え子に譲ったという＝1938年（野末さん提供）

5歳のとき、父・敏《とし》の勤務先の中国進出に伴い満州奉天市に移り住んだ。父親は工場で若い中国人たちの技術指導を担当し

関東中央病院（東京都世田谷区）で勤務していた28歳の頃の野末悦子さん（左から2番目）＝1960年（野末さん提供）

ており、自宅にはよく教え子が遊びに来ていたという。

敗戦の日、12歳の野末さんは軍需工場に動員され軍用乾パンの計量作業をしていた。「重大放送がある」とラジオの前に集められたが、音が悪く内容は分からない。「どうも日本が負けたらしい」と周囲から聞こえた。

事情がのみ込めないまま生徒仲間と自宅に帰る途中、当時の朝鮮人に「日本は負けたんだぞ」と石を投げられた。「みんなが泣きだしたので叱咤《しった》して帰したが、家に着くと『これからどうなるのか』と放心して座り込んでしまいました」。街中で暴動が起き、日本企業が襲われた。目の前で銃で撃たれた日本人もいたという。「父は教え子に慕われており、私たち家族は無事でした」。混乱の中、日本に戻れたのは翌年の夏だった。

帰国後、憧れだった祖父の跡を継ごうと横浜市立大医学部に入学。卒業が近づいた頃、朝鮮戦争と特需景気に沸く時代に違和感を覚えた。「改めて戦争には反対と思うとともに、いかに女性が虐げられているかという社会的状況も分かるようになりました。女性の役に立つ仕事がしたいと思いました」と話す。

産婦人科医だった大学の指導教授の言葉が野末さんを後押しした。「戦争中は産めよ増やせよで体を壊し、戦後は中絶が増えて再び体を壊した。女性が時代の犠牲になってはいけない」。婦人科の道に進んだ野末さんの診察室には、今も家族関係や更年期障害などで悩む多くの女性が訪れる。

毎年8月15日には憲法9条を守るための街頭宣伝に立

「選挙には必ず行って。大切な1票、棄権なんてしてはいけない」と話す野末悦子さん＝川崎市

つ。「殺し、殺される戦争は絶対に起こしては駄目。沖縄戦や原爆投下、日本が海外でしてきたことを後世にちゃんと伝えていかないと危険な方向に進んでしまう」と危機感を抱く。「これまでは無事だった自衛隊の人たちも、集団的自衛権が行使されれば命の保証はない」

「女性は今も政治や社会にもてあそばれています」と野末さん。「地域でも職場でも政治でも、同じ考えを持つ仲間を見つけて協力し合えば環境は変えていけるはず」とエールを送った。

野末悦子（のずえ・えつこ）
1932年8月23日生まれ、東京都出身。自らの乳がん体験を通して2000年発足の「乳房健康研究会」の副理事長を務めるなど啓発に尽くす。女性の体と健康に関する著書多数。

「陰」を想像できる力を
＝児童文学作家、あまんきみこさん＝

空襲で家族を失った幼い女の子の悲しい物語「ちいちゃんのかげおくり」などを世に送り出してきた児童文学作家のあまんきみこさん（83）は旧満州（現中国東北部）の撫順市で生まれ、大連市で育った。「子どもの頃の楽しい記憶を思い出すたびに、裏側にあった現実を思わずにはいられません。その折り合いがいまだに付かないんです」と、あまんさんは語る。

子ども時代、里帰りする母に連れられて宮崎県を訪れていたあまんさんにとって、満州と宮崎は「同じ国内の少し離れた場所」という感覚だったという。「女の子で行動半

「敗戦後も変わらなかった先生は国家や戦争のことを声高に話さなかった人でした」と話すあまんきみこさん＝京都府長岡京市の自宅

径も狭かったせいもあるのでしょうが、現地で中国の人を見ることがなかったんです。周りはみんな日本人で、日本にいるのと何ら変わらない意識で暮らしていました」

しかし、14歳になった2日後に大連市で敗戦を迎え、その1週間後に当時のソ連軍がやって来たことで、その日常は一変した。祖父は既に亡くなり、父は出征して不在。「日本の兵隊さんが丸腰にされて連れて行かれるのを見ました。ソ連兵が家の中に入って来た時は、母や祖母たちと2階からベランダに出て、屋根の瓦の上をはい進んで煙突の陰に隠れたりしました」と振り返るあまんさん。

幸い、早い時期にソ連軍の規律が正されたため、身の危険は少なくなった。敗戦から数カ月後には通っていた女学校も再開されたが、多感な少女がそこで見たのは、突然それまでと正反対のことを言い出した教師たちの姿。「あまりの変わりように、先生への信頼はめちゃくちゃになりました」

「満州にいた頃、犬の訓練を見ました。今、『あれは何のための訓練だったんだろう?』と考えると、すごく怖いんです」と語るあまんきみこさん＝京都府長岡京市の自宅

１９４７年3月に日本に引き揚げ、それからは戦争について深く考えるようになった。「自分が日なたのように心地良く感じていたあの場所は、そこにいるべき人たちを日陰に追いやってできたものでした。満州とは、戦争とは一体何なのか、知らずにはいられなかったんです」

心の内に抱え込んだ思いを物語に紡ぎ続けた40代の頃のあまんきみこさん（あまんさん提供）

その思いはやがてファンタジーの手法を使って戦争の本質を描く作品群を生み出していく。２０１４年12月に出した絵本「鳥よめ」（ポプラ社）はその系譜の最新作だ。

「子どもたちにはいっぱいの光を浴びて大きくなってほしい。でも、光の中にあっても、しずくほどでもいいから『陰』のことを想像できる力を養ってほしい。その想像力があれば、いつか陰の中を歩くことになったときも、どこかに必ず光があることを信じられる。そんな願いから戦争に関わるお話を書き続けています」

「鳥よめ」（ポプラ社）

あまんきみこ（本名・阿萬紀美子）
1931年8月13日生まれ、旧満州出身。日本女子大学児童学科（通信）卒業。「車のいろは空のいろ」で日本児童文学者協会新人賞と野間児童文芸推奨作品賞、「ちいちゃんのかげおくり」で小学館文学賞を受賞。

戦中の思想統制思い出す
＝職場の性差別にも物言い―評論家樋口恵子さん＝

女性労働、高齢社会などの分野で活躍する評論家樋口恵子さん（83）。13歳で終戦を迎えた樋口さんは「『反戦的だ』と教師からいじめられた兄の経験を通して、戦争の異常さを体験した」と振り返る。

記憶に残る戦争の悲惨な出来事は1944年12月、米軍による爆撃で東京都練馬区の樋口さんの自宅が半壊したこと。仲が良かった女の子も家に爆弾を落とされ亡くなった。「結核で集団疎開していた私は、母からの手紙でそのことを知り、ぼうぜんとなりました」

もう一つの強烈な記憶は「兄が受けた言論、表現の自由

「国が戦争・全体主義の方向に行かないためには、今の憲法を守らないといけない」と語る樋口恵子さん＝東京都新宿区

お茶の水女子大付属高校1年の時、友人宅の前で（左から2番目が樋口恵子さん）＝東京都内

の弾圧」。「兄は早熟な文学少年で、機械仕掛けに『天皇陛下の御《おん》ため』とか言われると、ふっと苦笑いを漏らすようなところがありました」

国民学校初等科6年の12歳の時、軍国主義を信奉していた担任から「反戦的だ」といじめられ、優秀だった成績は、たちまち評価が下がり、都立中学の入試にも落ちた。内申書は、当時一番重視される（道徳に当たる）「修身」が下から2番目の「良下」で、「頭脳明晰《めいせき》なれど、批判精神のみ強く時局への理解に乏しい」と記されていた。

「兄の体験があるので、特定秘密保護法など戦前、戦中の思想統制を想起させる法整備に暗たんたる思いがします」と表情を曇らせる。

40代の頃、女性の集いであいさつする樋口恵子さん＝撮影年、場所などは不明

戦後、東京大を卒業。就職活動を始める前は「男女平等の社会になったから、好きな職業に就けるはずと思っていた」。大学新聞部の編集長も務めたので自信もあった。ところが、報道機関を希望しても、ほとんどが「女性は募集していない」と門前払い。かろうじて通信社に入社したが「会社が女性をどう扱うか分かっていない感じがして先が見えず」、結婚を機に1年半で退社した。

結婚後6年半で夫が亡くなり、4歳の娘を抱えながら公的機関、出版社などで働いた。しかし、当時「女性は『結婚後は夫に扶養されるもの』ということで、若年定年制、結婚退職制などの職場慣行がまかり通っていた」。85年に男女雇用機会均等法が制定されたが、「女は男並みに働きつつ、家事、育児、介護も担わされ、多くが息切れしてしまいました」。

83年に仲間と結成したNPO法人「高齢社会をよくする女性の会」の理事長を務めてきた。「男女の賃金格差は、貯金と老後の年金の差を生み出し、高齢女性の貧困につながる。私はこういう女性を貧乏ばあさん（BB）と呼んでいます」。これからもウイットに富んだ語り口で社会に物申していくつもりだ。

樋口恵子（ひぐち・けいこ）

1932年5月生まれ、東京都出身。時事通信社、学研などを経て評論活動に入る。

「高齢の女性は日本のこれからを支える『老働力』の宝庫です」と話す樋口恵子さん＝東京都新宿区

1989年度日本女性放送者懇談会賞授賞式に臨む樋口恵子さん。右はお祝いに駆け付けてくれた作家の故吉武輝子さん＝東京都内

Part20

戦場体験者インタビュー　～戦後70年の夏、体験者の声を

終戦から70年となった2015年8月。戦争の悲惨さを語り継ぎ、平和の尊さに思いを致す夏。かつて戦場に立った人々は高齢になり、戦争を知らない世代が生の体験を聞ける機会は、ますます少なくなっていく。南方戦線で泥水を飲んで生き延びた元歩兵、極寒のシベリアで抑留された帰還兵――。節目の年に、それぞれの経験を語ってもらった。

配信：2015/07/10
07/31～08/12

白骨街道生き延びる

＝インパール作戦参加の元上等兵＝―望月耕一さん・静岡県―

１９４２年12月に20歳で徴兵された望月耕一《もちづきこういち》さん（92）＝静岡市清水区＝はビルマ（現ミャンマー）とインドの国境付近で展開されたインパール作戦に上等兵として参加。補給の無い戦いと撤退で死者があふれる中、「白骨街道」と呼ばれる悲惨な退却路を生き延びた。

作戦失敗、撤退へ

徴兵後、ビルマ方面へ向かう第31師団（烈兵団）の衛生隊車両中隊の指揮班に所属することが決まり、中隊長の伝令を務めることになった。43年夏にビルマのラングーン（現ヤンゴン）に到着。同年秋ごろ、北ビルマに向かい、チャンギという山村でインパール作戦の命令を待った。

翌44年３月初旬、作戦開始。乾期の山村をインド北東部・インパールの北にあるコヒマに向けて出発するときは、「勝って、カルカッタ（現コルカタ）から凱旋《がいせん》する」と口々に言い合った。ところが、道中のチンドウイン川を渡河する際、物資運搬と食用を兼ねて積んでいた牛が船から何百頭

インパール作戦について振り返る望月耕一さん＝静岡市清水区の自宅

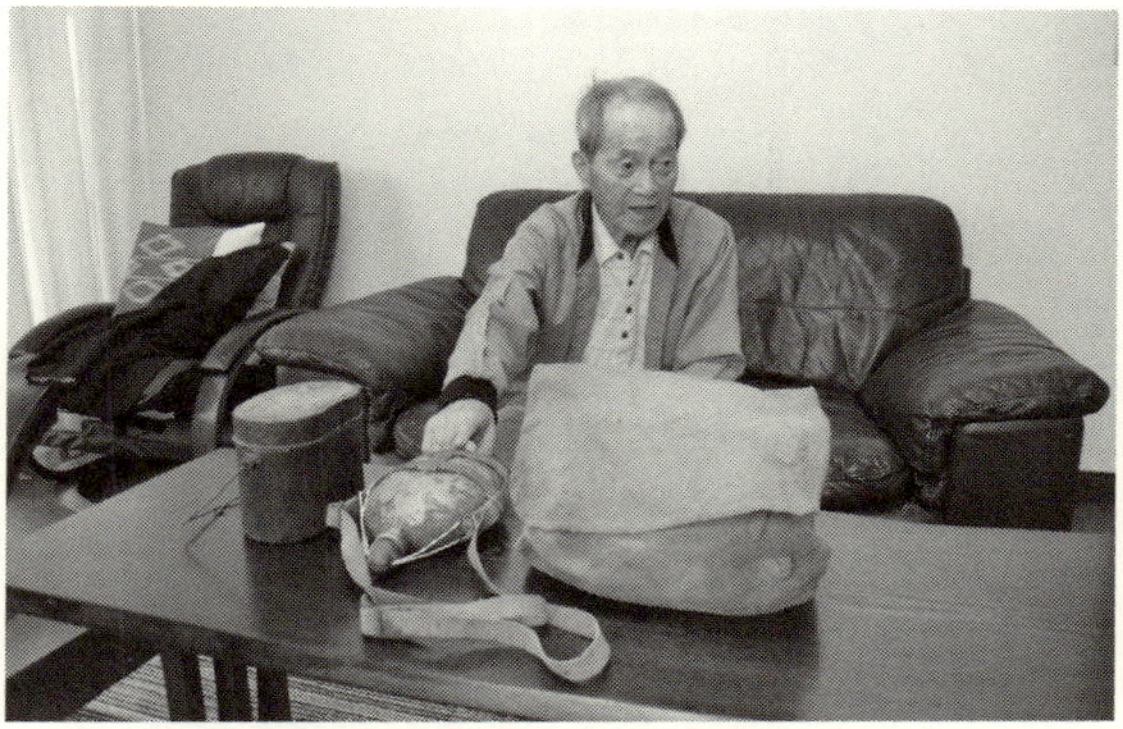

インパール作戦で撤退するときに使用した飯ごう、水筒、背のうを示す望月耕一さん＝静岡市清水区の自宅

も川に落ちて沈んでしまった。一時制圧したコヒマも長くは持たず、補給もないまま周辺で陣を張った。当たると痛いほどの大きい雨粒が目立つ雨期になるにつれ、はやりだした伝染病に感染し、血便が出た。薬もない野戦病院に入ったら殺されてしまうと思い、自然に治るのを待った。5月末に南方への撤退命令が出たとき、服も靴も泥まみれでぼろぼろだった。

ジャングルをひたすら歩く

撤退中、屋根の下で寝た記憶は1度だけ。ジャングルの中で下に落ちた枝を払い、湿った地面に天幕を敷いて休む。弾薬もなく、重いだけの小銃は谷へ投げた。飯ごうと水筒とヘルメット、ぼろぼろの服を入れた背のうを持ち、とにかく歩いた。はだしでじか履きする軍靴の底は抜け、毛布でぐるぐる巻いて留めた。食料は尽き、生えている菜っ葉にわずかなコメを混ぜたものを食べた。コメが草の間に見え隠れする様子から「ホタル飯」と称した。次々に目標地点が示され、そこまで下がれば食べるものがあると言われたが、かなえられたことはなく、信用しなくなった。ずうっと腹が減っていた。

気が付くと行方不明になっている人もいた。ジャングルを探し回るが、見つけたことはなく、諦めて進んだ。死んだばかりの人にはウジ虫がわく。やがてハエが真っ黒にたかり、そばを通ると飛び回る。樹上ではハゲタカが待つ。暑さで腐敗が進み、行き倒れた人は数日で白骨になった。10メートルの間に4~5体見つけたことがある。夜、ジャングル沿いを歩いていると、何度も白骨死体にぶつかった。どうにもできず、ただ心の中で拝んだ。

終戦、忘れられない記憶

チンドウイン川の渡河地点となるシッタンまでは険しい山岳地帯だった。東側に渡った後は平たんながら暑さがこたえる道のりで、白骨街道と呼ばれた。「もう駄目だ」と思うときもあったが、44年晩夏、拠点イエウにたどり着き、撤退が一段落した。その後、サルイン川防衛戦に参加中、河口の町で終戦を迎えた。約2年、ビルマで抑留捕虜となり、47年6月に復員した。

インパール作戦からの撤退はあまりにひどくて、忘れたくても忘れられない。道中、考える余裕も何も無かった。農業をして山道にも慣れていたせいか、下士官らに「元気だなあ」と言われたことを覚えている。みんな助かるつもりで頑張ったけれど、病気だなんだに勝てなかった。生死の分かれ目は運だったと思う。

NEWS WORD

インパール作戦

第2次世界大戦中の1944年3月、旧日本軍が始めたインド東部の英軍拠点インパール攻略作戦。ほぼ全土を制圧していたビルマ（現ミャンマー）を足掛かりに進攻した。険しい山脈と谷が入り組むジャングルで、補給路を確保できないまま強行した結果、英、インド両軍に敗退。戦傷や疾病、飢餓で死者が続出し、撤退路は日本兵の遺体で埋まり、「白骨街道」と呼ばれた。

シベリアの戦友名簿持ち帰還
=ソ連国境警備の元少年兵=―阪口繁昭さん・和歌山県―

1943年3月に15歳で満蒙開拓青少年義勇軍に入隊した阪口繁昭《さかぐちしげあき》さん（87）=和歌山県橋本市=は旧満州でソ連国境の警備に当たり、終戦後もなお1週間ほど激しい戦闘を続けた。シベリアに2年余り抑留された末、戦友に託された約80人分の抑留者名簿を命懸けで持ち帰った。

ソ連と激戦、捕虜に

学校で上映された宣伝映画で広い大地を耕す青年の姿を見て義勇軍に志願したが、実際は銃の扱い方などの軍事訓練が多かった。翌年2月、満州のハルビンへ渡った。10月には北方に配置され、「満州第6独立国境守備隊」に入った。45年8月9日未明、ドーンと地響きがして火の玉が上がった。「ソ連が攻めて来た」。陣地に引き揚げると、中隊長に「おまえたちの命はもらった。この陣地は死んでも守れ」と命令された。陸軍2等兵にされ、軍人になった。

南方へ向かう敵の戦車や部隊の数などを調べる斥候の途中、ソ連兵と出くわして激しい銃撃戦となった。手りゅう弾の破片が頭に当たり、鉄パイプで殴られたような衝撃を受けて気を失った。消毒だけで、本格的な手当てはされなかった。

終戦の15日を過ぎても戦闘が続いた。22日にソ連の飛行船が上空から、「日本は負けました」と武装解除を呼び掛けた。取り合わないでいると、大きな戦車が3台、多数の兵士を連れて現れた。爆弾を抱えて突撃しようとしたが、前の2隊はたどり着く前に全滅。自分も次に行くぞと思っていたら、引き揚げ命令があり、敗戦を告げられた。

捕虜となり歩かされたが、おなかがすいて困った。道ばたの泥の中にキャラメルの箱を見つけ、残っていた1粒を無我夢中で口に入れた。体に熱と力が湧いてきた。途中、体の弱った兵士に「連れて行ってくれ」と頼まれたが、「俺もつらいんだ」と後ろを見ないようにして歩き続けた。戦友を見捨てなければならなかった。

持ち帰った戦友名簿を手にインタビューに答える阪口繁昭さん＝和歌山県橋本市

極寒の重労働

シベリアに着いたのは45年の暮れに近かった。途中で露営していたとき、軍医に「頭の破片を抜いてやる」と声を掛けられた。麻酔がなく、ロープで体を縛られて手術した。激痛で気を失い、1週間たってやっと気が付いた。破片を取るため耳の器官を摘出し、左耳が聞こえなくなった。

零下30度の寒さの中、鉄道の敷設や石炭掘りなどの作業をさせられた。食事は7センチ四方のパン一切れと塩スープ。夏は地面に生える草も食べた。

夜、体が突然かゆくなることがあった。隣で戦友が死に、シラミが移動して来るからだ。ふるさとの食べ物のことばかり話し始めた戦友は翌朝、満腹になったような顔で亡くなっていた。遺体は外に裸で積み上げ、森に捨てていった。今もまだたくさん放置されていると思う。

戦友名簿持ち復員

47年12月21日、少年兵らに復員命令が下った。戦友から、自分たちの消息を家族に知らせてほしいと頼まれた。セメントを入れる紙袋とひもでノートを作り、約80人の住所と名前を書いた。左足のふくらはぎに巻き付け、港へ向かった。

ノートが見つかれば、謀略を疑われ長期の労働刑か銃殺になる恐れがあった。手荷物検査の列では「少年兵は早く行け！」と言われ、検査されずに済んだ。やっと船に乗れてすごくうれしかった。

帰国後、戦友らの家族にはがきを出した。いつ死ぬかも分からない状態なのに、「シベリアで元気にやっています。安心してください」とうそを書いた。お礼の返事ももらったが、心がとがめ、取っておいていない。

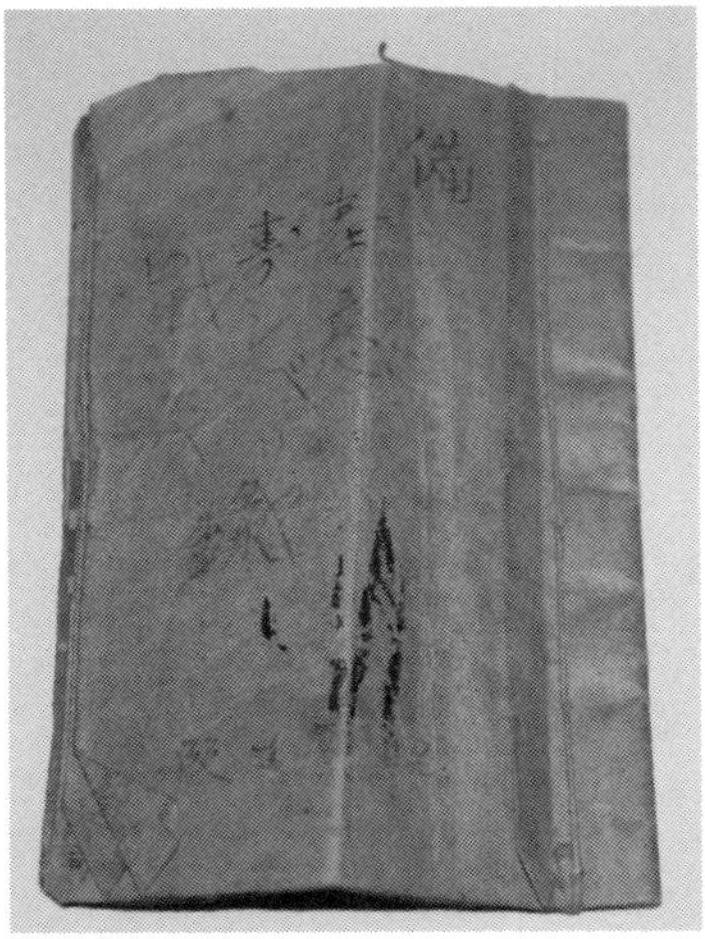

阪口繁昭さんがシベリアの収容所から持ち帰った戦友の名簿＝和歌山県橋本市

NEWS WORD

満蒙開拓青少年義勇軍

満州の防衛強化と集団開拓を目的に、日本政府が1938年に創設した入植組織。45年の第2次世界大戦終結までに、16歳から19歳までの青少年約8万6000人が全国から集められ、農作業や軍事の訓練を受けた後、満州に渡ったとされる。大戦末期には兵力を補うため、多くが関東軍に徴用されてソ連軍と戦った。

ビルマ退却、密林の行軍

=歩兵連隊で南方作戦参加=―中国義さん・徳島市―

中国義《なかくによし》さん（94）=徳島市=の体内には銃弾が残っている。1941年12月8日、真珠湾攻撃とともに始まった南方作戦で陸軍歩兵第143連隊の大砲隊としてタイのマレー半島に敵前上陸し、被弾した。インパール作戦の失敗でビルマ（現ミャンマー）からの退却を余儀なくされると、密林の行軍で力尽きた仲間が次々と自爆するのを目の当たりにした。

ビルマ戦線の体験について語る中国義さん＝徳島市内の自宅

敵前上陸、被弾後も従軍

41年4月、第143連隊に入隊。徳島市内で訓練を受けたが、南方戦線は極秘事項だったため、11月16日夜、窓を閉め切った汽車でひっそりと故郷の四国を後にした。南方に投入されると知らされたのは、洋上だった。

12月8日早朝、タイのプラチュワップキーリーカンに敵前上陸を決行。千人針を腹に巻き、分解した大砲の車輪を持って船から浅瀬に飛び降りた。その直後、野球のバットで殴られたような衝撃が襲った。左胸と左腕、左手首に被弾した。

駆け寄って来た仲間に車輪を渡すと、波打ち際で身を潜めた。一命は取り留めたものの出血がひどく、海水が赤く染まっていた。野戦病院で約2カ月治療し、内地への帰還を命じられたが、自主退院して仲間の後を追った。破竹の勢いで攻勢を掛ける日本軍に魅力を感じていた。

連合国から中国へ物資を輸送する「援蒋ルート」を断つため、ビルマ奥地へ展開する旧日本軍。左手をかばいながら、ビルマ中南部のペグーから北部ミッチーナーまで約1100キロを踏破した。

インパール作戦の失敗

マラリアにかかり一時戦線離脱したが、43年2月に復帰した。翌年1月、英軍拠点制圧を目的としたインパール作戦を有利に進めるため、インド国境付近のビルマ西部アキャブへ敵軍の戦力を引き付ける陽動作戦が始まった。しか

ビルマ戦線の体験について語る中国義さん＝徳島市内の自宅

しインパール作戦は失敗し、戦局は一変。四方を敵軍に包囲され、ペグー山系から雨期の密林を隠れみのにタイ方面へ撤退を始めた。

やまない雨の中、道なきジャングルを一列になって進んだ。腰まで漬かる谷川を渡ることも珍しくなかった。タケノコやバナナの幹の芯を煮たり、蛇を焼いたりして食べた。水の中を長く歩いたため足が腫れ、嘔吐《おうと》や下痢にも悩まされた。拳銃や仲間の遺骨も、生きるために必要な装具以外は全てうち捨てた。大砲だけは持ち帰った。

体力の尽きた兵士が列を外れて茂みに隠れると「バン」と音がした。手りゅう弾による自決だ。消耗が激しく、他人を気遣う余裕は無かった。足を負傷し身動きできなくなった部下がいた。手りゅう弾を渡して先に進んだ。「迎えに来るからここで待っとれよ」と声を掛けたが、戻ることはなかった。

行く手阻む、濁流の大河

川幅２００メートルに及ぶ濁流のシッタン川が行く手を阻んだ。民家を壊し、竹のいかだを作った。装具を載せて、手だけつかまって泳いで渡った。仲間のいかだが流されるのを見た。

英軍監視下のビルマでしばらく捕虜生活を送った後、復員した。母が他界していたことを知った。懇意にしていた女性の元を訪ねると、米国人と結婚して渡米したと聞いた。58年、戦友とともに、徳島市が一望できる眉山に英霊をまつるパゴダ（仏塔）を建立した。以来、追悼行事への参加を続けている。

NEWS WORD

インパール作戦

1944年3月から7月にかけて、日本陸軍が連合国から中国への物資輸送ルート「援蔣ルート」を遮断するため、インド北東部の英軍拠点インパールを制圧しようと決行した作戦。補給ルートの確保を軽視したずさんな作戦は失敗に終わり、日本軍は多数の犠牲者を出した。ビルマ戦線における連合国側の反転攻勢の大きな契機となった。

激戦で胸に銃弾

=歩兵で宜昌作戦参加=―高東正義さん・広島市―

１９３９年12月に20歳で第39師団歩兵第２３１連隊第３中隊に入隊した高東正義《たかとうまさよし》さん（96）=広島市南区=は、40年４月に中国・漢口に上陸し、大規模な侵攻作戦である「宜昌《ぎしょう》作戦」に参加した。数百人の犠牲者を出した激戦の末、胸に銃弾を受け負傷した。

川越え生き抜く

船で漢口に上陸後、コメや銃弾１２０発が入った背のうを担ぎ、ひたすら徒歩で目的地を目指した。日本軍が制圧していた漢口近くで原隊と合流。戦地に慣れる間もなく「宜

戦時中に中国で参加した宜昌作戦の様子を語る高東正義さん＝広島市南区

昌作戦」出動の命令を受けた。宜昌は揚子江に近い交通の要衝で、重慶攻撃の足場として攻略の必要があった。

宜昌に向け進軍していた40年5月19日、目の前に「白河」が現れ、対岸には敵兵が陣を敷いていた。川を渡らずに宜昌へたどり着くことはできない。昼間は敵兵に見つかるため、20日の夜中に闇に紛れて渡ることになった。

第1陣が対岸に到着したと思った直後、一斉攻撃を受けた。身を隠す物が何もない中、仲間が次々と倒れていくのが見えた。偵察が中州を対岸だと誤判断した結果だった。

こちらも負けじと応戦した。自分の弾が敵に当たっているかは考えもしなかった。銃弾をかいくぐりながら無我夢中で船で進んだ。対岸に到着した頃には、中国軍は撤退を始めていた。この戦いで３００人以上が犠牲となったが、運よく無傷で乗り越えた。

仲間の遺骨身に着け

6月に入り宜昌まであと45キロほどに迫った場所で、夜の炊飯の煙が見つかり、迫撃砲の集中砲火を受けた。砲弾のかけらで顔を負傷し、いったん野戦病院で治療を受けた。

行軍がつらくわざと腕や足を撃たれ、病院送りになる者もいた。負傷すると休めるからだ。傷が治るとすぐに前線に復帰させられた。まともに帰ることができるのか、死ぬのか、考えてもしょうがないと自分を奮い立たせた。

南京の士官養成部隊入隊時の高東正義さん（本人提供）

その後も戦闘のたびに戦友が散っていった。亡きがらを連れて進むことはできなかった。遺体から腕を切り取って焼き、その骨を身に着けて一緒に進んだ。「わしもこの戦争のいけにえになるんじゃろうか」との思いがよぎった。それぞれの遺骨には名前を書き、日本の家族の元に帰した。

約2カ月に及ぶ作戦の末、第39師団が所属していた第11軍は6月12日に宜昌占領を果たした。

胸に銃弾残し日本へ

その後しばらく駐留し、周辺の警備に当たった。ある日の朝方、山中で警戒していると、「敵襲じゃ」と声が響き、中国軍が攻め込んで来た。すぐさま地面に伏せ、銃で応戦した。激しい戦闘の中、胸に痛みを感じてふと見ると血があふれており、撃たれていることに気付いた。

他の負傷者と南京まで退却し、陸軍病院で治療を受けた。幸い急所は外れており、傷が癒えればすぐに第一線に戻るつもりだった。しかし上海の病院で「ここで弾は出せない」と医者に言われ、日本帰還を命じられた。

米軍の潜水艦に撃沈される恐れがあったため、上海から船は出港できなかった。傷口はふさがったが銃弾を残したまま、満州まで徒歩で向かった。45年3月、山口・下関港に帰還し、広島県の広島赤十字病院で弾を取り出す手術を受けた。

退院後、福岡県で終戦を迎えた。上官から「戦争は終わったけえ、ご苦労さん」と告げられた。「もう相手と戦わないんじゃ。命を大事にすれば長く生きられる」との思いがこみ上げた。「生きて帰って来られたのは宝物」と感じている。

NEWS WORD

宜昌作戦

日中戦争中の1940年5～6月、中国湖北省で行われた旧日本軍の侵攻作戦。揚子江に近く外航船の行き来もある「宜昌」の攻略が目的で、第3師団、第13師団、第39師団から成る第11軍が指揮を執った。各師団が3方向から宜昌を目指す中、作戦の前半で第39師団が「白河の渡河戦」を敢行し、300人以上の死者を出した。その後第13師団が「漢水の渡河戦」を経て6月12日に宜昌を攻略した。宜昌では中国軍の弾薬などを押収して投棄。この作戦の死傷者は6000人以上に上った。

沈没で上官がくれた命

＝「大和」生還の上等水兵＝―八杉康夫さん・広島県―

第２次世界大戦末期の１９４５年４月７日、旧日本海軍が建造した世界最大の戦艦「大和」は米艦載機から攻撃を受け、鹿児島県沖に沈没した。乗組員３３３２人のうち、生還者は２７６人。沈没寸前に海に飛び込んだ八杉康夫《やすぎやすお》さん（87）＝広島県福山市＝は溺れかけたとき、上官に「頑張って生きろ」と丸太を渡され、生き残った。

17歳で抜てき

大和は全長２６３メートル、46センチの３連装砲塔３基を搭載した史上最大の戦艦だ。憧れの大和乗艦を命じられたのは45年１月。上官は「絶対に沈まない。大和が沈むときは日本が沈むときだ」と言った。

主砲を撃つため、艦橋の最上部にある「測距儀《そっきょぎ》」で敵艦隊との距離を測り、砲手に指示を送るのが任務だ。当時17歳の上等水兵で、大抜てきだった。

同年３月29日、大和は広島県の呉を出港。４月６日、沖縄戦に向け、全員で「海行かば」を歌い、故郷の方角に向き別れを告げた。特攻の命令が下っていたからだ。世界一の戦艦で特攻したら日本は終わりだ。特攻は思ってもないことだった。

７日は朝から曇っていた。「来るなら来い。１機残らず撃ち落としてやる」と気を引き締めた。昼食中、見張りが敵機を発見。レンズをのぞくと無数の飛行機が迫っていた。あまりに多く、真っ黒な塊に見えた。距離を測ろうとしたとき、敵機は厚い雲に隠れた。打つ手が無かった。午後０時半ごろ、米軍機は真上から突っ込むように攻撃を開始した。主砲を撃つことはなかった。

戦艦大和の模型を使い沈没の状況を説明する八杉康夫さん＝広島県福山市

米軍は左舷を狙って魚雷を撃ち込んできた。大和はどんどん傾いていく。後部で白煙が上がっていた。甲板は死傷者であふれ、衛生兵が吹き飛んだ腕や足を海に放り投げていた。

50度ほど傾いたときだった。目の前にいた少尉が、

旧日本海軍時代の八杉康夫さん（中段左から２人目、本人提供）

日本刀を腹に刺した。一気にかっさばき、大量の血が噴き出した。「やめてください」と言いたいが、凍りついて声が出ない。震えながら敬礼した。気付くと、目の前に波が来ていた。

艦橋から海に飛び込んだが、沈む大和がつくる大きな渦に巻き込まれた。水圧で胸が締め付けられた。午後2時23分、大和は沈没し、爆発。その衝撃で海面に浮き上がったが、鉄片で右足を負傷した。

重油があふれる海で溺れだし、「助けてくれ」と思わず叫んだ。すると、高射長が近づいて来て、「落ち着け。もう大丈夫だ」と声を掛けてくれた。「お前は若い。頑張って生きろ」と、つかまっていた丸太を渡してくれた。

4時間ほど漂流した。夕方に駆逐艦が来て、救助を始めた。生存者が殺到している場所を避けて艦の後部に回ると、高射長がいた。こちらに向かって顎で「行け」と合図をすると、自分は背を向け、大和が沈んだ方へ泳いでいった。「高射長」と何度も叫んだ。敵機から大和を守る最高責任者だった高射長は、大和と運命を共にすることを選び、自分に命をくれたのだ。

大和と死ぬのは名誉と信じていたが、生き残った。生きたくても生きられなかった仲間のため、生涯をかけて大和のことを世に残そうと語り部になった。死んでから仲間に会ったときに胸を張れるよう、「頑張って生きました」と高射長に伝えられるように。

NEWS WORD

戦艦大和

旧日本海軍が建造した世界最大の戦艦。1941年に呉海軍工廠（こうしょう）で竣工（しゅんこう）。全長263メートル、最大幅38.9メートル、最大速力は27.46ノット。世界最大の46センチの3連装砲塔を3基搭載。45年4月7日、沖縄戦へ向かう途中、鹿児島県沖で米艦載機の攻撃を受け沈没した。3332人の乗組員のうち、3056人が亡くなった。

ミャンマー慰霊の旅、今も

＝泰緬鉄道建設に従事＝―木下幹夫さん・大阪府―

軍隊での訓練の様子を身ぶり手ぶりで説明する木下幹夫さん＝大阪府吹田市

旧日本軍の鉄道兵だった大阪府吹田市の木下《きのした》幹《みき》夫《お》さん（94）は第2次世界大戦中、ビルマ（現ミャンマー）で多くの死者を出した泰緬《たいめん》鉄道の建設に従事した。日本が大敗したインパール作戦の出発地となった鉄道駅の駅長も務め、多くの戦死者を弔った。戦争の犠牲者に祈りをささげるため、今もミャンマーへ慰霊の旅を続けている。

ジャングルに線路設置

大阪府豊中市で生まれ、高等小学校を卒業後、地元の鉄道会社に入社。1941年、旧陸軍の鉄道第5連隊に入隊した。大阪市内で鉄砲を撃つ簡単な訓練を約1カ月受け、大阪港を出発した。ビルマでは、タイとの間を結ぶ泰緬鉄道の建設に携わった。

建設現場はトラや蛇がいるジャングル。別部隊が密林を切り開いた場所に、盛り土をして枕木を置き、レールを設置する作業を続けた。オーストラリア人の捕虜、現地人ら合わせて300人以上を使ったが、1日10メートルしか進まないほどの難作業だった。雨期になると衛生状態が悪化し、コレラが流行して多くの死者が出た。

ヤシの葉で作った場所で、捕虜らとともに寝泊まりした。毎日の食事も十分ではなく、乾燥野菜が支給される程度。蛇を捕まえ天ぷらにして食べることもあった。期限を守るため、死にものぐるいで建設に当たった。

白骨で埋まる戦地

鉄道完成後、部隊はビルマ国内を北上した。44年には北部のモーニン駅の駅長になった。モーニン駅は日本軍がインド侵攻を目指したインパール作戦の出発地点だった。連日300人ほどの兵士が鉄道で運ばれて来た。敵の攻撃を避けるため、鉄道輸送は夜が原則。馬や大砲、食料などが続々と駅に届いた。道なき道を通り、兵士は前線に向かった。

インパール作戦で日本は大敗。傷病兵が次々に退却して来た。「水を飲ませてほしい」と懇願する兵士に沸かした水を与えたが、多くは数日で死亡した。遺骨の代わりに小指を切り取り、穴を掘って埋葬した。

遺体の数は一日数十体に上ることもあり、埋葬が追い付かない。駅までたどり着けず、力尽きる兵士もいた。生き

1942（昭和17）年9月、ビルマの首都ラングーン（現ミャンマー・ヤンゴン）で撮影された旧日本兵の写真（木下幹夫さん提供）

ビルマ（現ミャンマー）南部のシッタン川木造橋架設（全長2キロ）（木下幹夫さん提供）

残り兵は「途中で（仲間を）放ってきた」と言った。駅へ続く退路には数多くの白骨が横たわっていたと聞いた。

敵の空爆は激しさを増していた。爆弾の威力はすさまじく、地上に幅約10メートルの穴が開いた。出刃包丁の刃のようなものが爆発とともに飛び散り、人馬殺傷弾とも呼ばれた。逃げ遅れた現地の子どもの首や腕、内臓が刃で切られる光景が今も目に焼き付いている。

単身で慰霊の旅に

1941（昭和16）年3月25日、大阪港から出発する南方派遣軍鉄道第5連隊の初年兵46人（木下幹夫さんは後列右から2人目、本人提供）

終戦後は捕虜になり、46年に帰国した。戦争は殺すか殺されるか。生きて日本に帰って来られるとは思っていなかった。

戦友が慰霊団を結成したと聞き、76年に加わった。戦死者のため、亡くなった現地人、捕虜の人のためにも、慰霊したい。同志が高齢で参加できなくなり、慰霊団は解散したが、98年からは単身でミャンマーを訪問している。慰霊の旅は今年で25回になる。

帰国前、同じ部隊の隊員に「復員したら世のため人のために働こう」と話した。支給される軍人恩給はミャンマーへの渡航費や現地での寄付に充てている。元気なうちは毎年訪ねたい。訪問先では、現地の子どもたちに戦時中の話を聞かせ、小学校に文房具などを寄贈している。

NEWS WORD

泰緬鉄道

第2次世界大戦中、旧日本軍が軍事物資の輸送などを目的に、タイ・ノンプラドックとビルマ（現ミャンマー）・タンビザヤの間に建設した全長415キロの鉄道。1942年に建設を始め、43年10月に全線開通した。作業には日本軍のほか、連合国軍捕虜や現地のアジア人労働者ら延べ10万人以上が従事した。過酷な労働環境や熱帯病などが原因で、数万人もの犠牲者が出たとされ、「死の鉄道」とも呼ばれた。

生死の境目、3度経験

＝真珠湾攻撃参加の元整備兵＝―滝本邦慶さん・大阪市―

志願して旧日本海軍に入隊した大阪市東淀川区の滝本邦《たきもとくに》慶《よし》さん（93）は、飛行機整備兵として空母「飛龍」に乗船し、真珠湾攻撃に加わった。ミッドウェー海戦にも参加し、戦場で3度、生死の境目を経験した。南洋のトラック島では餓死の危機にも直面した。

厳しい海軍生活

香川県で生まれ、地元の商業学校を卒業、「軍艦に乗れる」と志願し、海軍に入った。初めて乗船したのは軍艦「八重山」。待っていたのは海軍伝統のしごきだった。夜になると、カシの木で作った「軍人精神注入棒」で先輩に尻を強くたたかれた。尻は腫れ、あおむけで寝られなかった。生命の危険すら感じた。

食事中、お茶や水を飲む時間もない。乾いた喉を潤すため、掃除に使った雑巾を絞り、汚れ水を夜にこっそり飲んだ。一日も早くこの船を下りたいと思い、専門技術を持つ特技兵を養成する海軍の学校を受験。飛行機整備術練習生として入校した。

戦争体験を語る滝本邦慶さん＝大阪市東淀川区

甲板上で銃撃受け負傷

飛行機整備兵になり、１９４０年に空母「飛龍」に乗り込んだ。翌41年には一等整備兵に昇進した。同年11月に日本を出港したが、船内の通路の空きスペースには重油が入った数万個の一斗缶が並んでいた。異様な光景で、よほど長い航海なのだと思った。

11月下旬に上官から「ハワイを攻撃する」と伝えられた。あの米国と戦争するのか。資源のない日本が勝てるのかと、疑問が湧いた。だが、真珠湾攻撃では日本が勝利した。日本に帰って来たら町はちょうちん行列のお祭り騒ぎになっており、びっくりした。

ミッドウェー海戦も経験した。作戦が見破られ、日本は大敗。参戦した空母4隻のうち「飛龍」以外の3隻は大破した。飛龍も攻撃を受け炎上。鋼鉄でできた船は高熱にさらされ、船底近くの機関室に残る仲間は、全員蒸し焼き状態で戦死した。

飛龍が航行中、米軍戦闘機の機銃掃射を受けた。甲板上でとっさに身を伏せた。銃弾はわずか30センチ横をかすめた。もう少し横にずれていたら、即死していた。このときは気付かなかったが、日本に戻る途中、右腕が上がらなくなった。弾が1発、体内にめり込んでいた。

飛龍は航行できなくなり、最終的に日本軍の駆逐艦が2発の魚雷で司令官と艦長とともに海に沈めた。

食料なく餓死寸前

南洋のトラック島に派遣された。ただ、航空基地は敵の攻撃を受け、すぐに使えなくなった。島に取り残され、食料の補給も途絶えた。草をむしっては海水で煮て食べ、栽培した芋を少量ずつ分け合った。班員13人のうち半数近くが餓死した。みんな骨と皮だけだった。目の前で死んでいく戦友を見て、こんな死に方はしたくないと思った。

敵の空襲は連日のようにあり、その都度、防空壕《ごう》に避難した。いつもは頑丈な方に逃げ込んでいたが、ある日、別の壕に入ったところ、いつもの壕に爆弾が直撃。生き埋めを逃れた。2度目の命拾いだった。

絶望だけの日々だった。何が国のためか。だまされたと思うようになった。そんなころ、フィリピンのレイテ島に移るよう命令を受けた。しかし、迎えの潜水艦は到着直前、敵に襲われ沈没。トラック島にとどまることになった。その後、レイテ島にいた日本兵はほぼ全滅した。命をつないだ3度目の奇跡だった。

子どもが親よりも早く死ぬこと。それが戦争だ。悲惨な

1942（昭和17）年、一等整備兵だった滝本邦慶さん（当時20歳、本人提供）

1943（昭和18）年、二等兵曹だった滝本邦慶さん（当時21歳、本人提供）

戦争の現実を伝えなければいけない。「生かされた自分の責任」だと思っている。

NEWS WORD

ミッドウェー海戦

第2次世界大戦中の1942年6月、北太平洋のミッドウェー島をめぐり繰り広げられた日本海軍と米国軍との海戦。日本海軍は大敗し、参加した主力空母4隻を全て失う大打撃を受けた。開戦以来、破竹の勢いで勝利を収めていた日本軍にとって初めての作戦失敗だった。この海戦を契機に主導権を米国に奪われ、大戦の転換点になったとされている。

4カ月で終戦、捕虜に
＝シベリア抑留の元通信兵＝―西野忠士さん・札幌市―

徴兵されて満州に赴任した直後に終戦を迎えた西野忠士《にしのただし》さん（89）＝札幌市＝は、シベリアで3年間、抑留生活を送った。極寒の地で次々と倒れる仲間を埋葬し、「死を悼む感情がまひした」と振り返る。日本に帰り着き、国旗を見たときの感激は「終生忘れることができない」と目を潤ませた。戦争を風化させてはいけないとの思いから、抑留体験を町内会などで語っている。

敗戦、極寒のシベリアへ

1945年4月、20歳で情報通信部隊に入った。満州国とソ連の国境付近で、無線通信と暗号の教育を受けていたが、8月にはソ連が侵攻して来て終戦を迎えた。軍隊生活はわずか4カ月半で終わり、捕虜となって現地で抑留された。

10月末、ソ連兵から「帰国させる」と言われ、貨車に乗ってウラジオストクに向かった。貨車の中は帰国の喜びにあふれていたが、翌朝になり逆方向の西に向かっていることに気付いた。大騒ぎになったが、貨車は外から鍵が掛けられていた。11月下旬、シベリア東部のネーブルスカヤで下車し、収容所まで約40キロ歩いた。零下30度以下の凍った地面で、左足の親指が凍傷になった。今も指先に違和感が残っている。

収容所にはストーブがあったが、まきはシラカバや松の生木ばかりで、くすぶって火がよく燃えず寒かった。防寒服を着たまま毛布をかぶって寝た。朝には枕元につるしておいた水筒の中身が凍っていた。

収容所での労働は、シベリア鉄道と並行して走るバイカル－アムール鉄道の建設が主だった。線路の盛り土や側溝掘り、森林の伐採などさまざまな仕事をした。帰国までに4カ所の収容所にいたが、どこでも寒さと空腹に悩まされた。

飢えとの戦い

最初の収容所では、1日の食事は黒パンとおかゆに、20粒ほどの豆が浮いたスープだった。パンは部屋にいる仲間で均等に分けたが、こっそり口に入れる者がいないかお互い監視し合った。当時は「浅ましい」なんて言える状況じゃなかった。

栄養失調で体が弱り、切り倒したシラカバなどの丸太をまたぐこともできなくなり、両手をついて乗り越えた。うつろな目をしていた人が、朝起きると冷たくなっているのを何度も見た。仲間を次々と埋葬し、人の死を悼む感情がまひして涙が出なくなった。やがて自分も墓を掘ってもらうのかなという気持ちでつるはしを振るった。

悲惨な状況は、夏を迎え野草を食べられるようになるまで続いた。夏は抑留者にとって「命が延びる季節」だった。2年目からは食糧事情が改善し、風土にも慣れ、栄養失調で死ぬ人は少なくなった。

悲願の帰国

48年5月、優秀な労働者を意味する「ハラショーラボータ」に選ばれ、帰国が許された。ソ連東部のナホトカから船に乗った。日本海は穏やかで、6月20日に舞鶴港に到着した。港の桟橋に翻る国旗を見たとき胸に込み上げた感激は、終生忘れることができない。

シベリアで、明けても暮れても家族や食べ物のことを考

インタビューに答える西野忠士さん＝北海道札幌市

えて死んでいった人たちは、本当にかわいそう。その人たちのためにも戦争を風化させてはいけない。1人でも多くの人に抑留体験を伝えることが責務だ。これからも機会があれば、話をしていきたい。

NEWS WORD

シベリア抑留

終戦直前の1945年8月、日ソ中立条約を一方的に破棄して対日参戦した旧ソ連軍に武装解除された旧日本兵らが、シベリアなどの収容所に送られ、強制労働させられた。抑留者は鉄道敷設や採炭に従事し、冬には零下40度になる気候と厳しい食糧事情のため、多数の死者が出た。日本政府はモンゴルを含む旧ソ連地域での抑留者が57万5000人、死者が5万5000人としている。

ルソン島で極限の飢餓
＝歩兵第17連隊元兵士＝―蔦屋勝四郎さん・秋田県―

1942年1月に20歳で秋田歩兵第17連隊に入隊した蔦《つた》屋《や》勝《かつ》四《し》郎《ろう》さん（94）＝秋田県横手市＝は旧満州でソ連国境を警備していたが、44年夏、南方作戦に動員されフィリピン・ルソン島に移った。同島南部で米軍と現地ゲリラを相手に敗戦を重ね、極限の飢餓状態を経験した。

戦力の差、歴然

マニラに到着して、アスファルトの道路が整備されていることに驚いた。内地はまだ砂利道の時代。われわれは背のうを担いで歩くが、米軍は車で移動する。日本は連絡手段といえば手旗信号かモールス信号だったが、米軍は無線。それだけ時代遅れだった。

米軍は武器や兵力が豊富にあって、数で押してくる。自分たちは持っているだけしかない。所属していた機関銃中隊には、本来ならあるはずの弾薬小隊がなかった。そもそも弾薬がなかったからだ。

飛行機が飛んでくれば、とにかく隠れた。45年4月からは、たこつぼばかり掘っていた。機銃掃射や爆撃で、まるっきり一方的にやられ、勝ち目のあるものではなかった。

飢えとの戦い

食料の補給が何もないのには困った。現地調達せよと命令が出ているけれども、日本の軍票は相場が一定でないから物も買えない。フィリピン人から食べ物を盗んで「ジャパン・スンダロ（泥棒）」と叫ばれて追いかけられた。

退却を続け、食糧事情が最悪だった時期は、草や木の葉、ミミズやアリまで食べた。とにかく口を動かしていれば、生きている気分になる。

歩兵第17連隊の行軍ルートが記された地図を手に、当時を振り返る蔦屋勝四郎さん＝秋田県横手市

あるときジャングルの中の小屋で、年上の日本兵に出会った。何か食べて行けというから、親切だなと思ったら、軒先に人の脚がぶら下がっていて驚いた。

米軍から食料を奪うため、夜に陣地を急襲する斬り込み隊を3人で編成していたが、2人一組に変えた。3人で行って何も食べ物がない場合に、2人が相談して1人を殺してしまうようなことがあったら困るからだと聞いた。食べ物がないというのは、一番嫌だ。

皆骨と皮ばかりになってふらつきながら歩いていた。最後に生死を分けるのは気の持ちようだ。兵隊は死ぬとき「あば」（秋田弁でお母さん）と言う。母親ほどありがたいものはないから。戦争末期になると、戦闘も何もやらず、ただなんとか生きていた。45年の9月か10月になってやっと終戦を知った。

1944年、満州にいたころの蔦屋勝四郎さんの写真（本人提供）

伝えられなかった戦死の状況

機銃掃射や爆撃、ゲリラにやられて死んだ人というのは、そうはいない。行軍途中で飢えのために部隊から落後して行方不明になった兵士が多い。いなくなると、最後に一緒にいた場所で戦死したことにして、戦死の公報を出す。

だから終戦後、親からうちの子はどこで戦死しましたかと聞かれるのが一番困った。知らないとしか言えなかった。70年たった今になれば、本当は何も食べないで死んだのだと言えるけれども、それを聞く親兄弟もいなくなってしまった。

戦後30年ほどたって、同じ部隊だった人たちと現地で遺骨収集を行った。飯ごうのふただとか、靴の端切れなどが落ちていた。洞窟の中に梅干しを漬け込んだたるが残っているのも見た。よくあんな何もないところに行ったものだ。亡くなった人はかわいそうだった。

NEWS WORD

歩兵第17連隊

秋田市に兵営のあった陸軍歩兵連隊。旧満州でソ連国境の警備に当たっていたが、1944年7月に南方作戦への参加を命じられ、9月にフィリピン・ルソン島に上陸。同島南部で、米軍と現地ゲリラを相手に持久戦を行った。兵士は飢餓とマラリアなどの病気に苦しめられ、同連隊の属した振武集団では10万5000人のうち戦死が6万人、戦病死と餓死、不明は計2万8000人に上ったとされる。

伝染病で苦しむ兵士みとる

＝インドネシア従軍の元看護婦＝—山田富久さん・滋賀県—

太平洋戦争中のインドネシアで、山田富久《やまだふく》さん（87）＝滋賀県東近江市＝は陸軍病院の従軍看護婦として兵士らの看護に当たった。インドネシアに向かう道中は、同じ船団の船が米軍潜水艦の魚雷に沈められる様子を目の当たりにし、死を覚悟。命からがらたどり着いた現地の病院では、伝染病で苦しむ多くの若い兵士らの死に立ち会った。

魚雷で次々沈没

日本赤十字社の救護看護婦養成所を卒業した直後の１９４４年６月１日、召集令状が届いた。７月１日に大津駅を出発した後、広島でしばらく滞在。「播磨丸」という船で宇品港を出航した。

台湾とフィリピンの間にあるバシー海峡を進んでいた夜、甲板で横になっていると、「ダーン」と水煙が上がった。米軍の潜水艦から発射された魚雷が飛んで来るのが分かった。甲板にいた船員から「（魚雷が）右に当たれば左に、左に当たったら右に飛び込め」と言われた。

「自分一人だけじゃないから怖くない。もう死ぬんだ」と思い、日本の方を向いて拝んでいたら、ちょうど波が高くなった時に魚雷が船の下を通ったので助かった。20隻ほどで船団を組んでいたが、一晩のうちにほとんどが魚雷に当たって沈没。残ったのは播磨丸など３隻だけだった。

戦場体験を語る山田富久さん＝滋賀県東近江市

最期は「お母ちゃん」

マニラ（フィリピン）やボルネオ島、シンガポールを経て、９月９日にインドネシアのジャカルタに入港した。ジャカルタの南方第５陸軍病院を少し見学してから、汽車に乗ってマランへ。南方第７陸軍病院第１分院の内科病棟で、検尿や検便、体温測定に当たった。薬をもらって部隊へ帰っていく人が多く、死ぬ人はいなかった。

45年2月に伝染病棟に移った。点滴や特効薬は何もない時代で、20代ぐらいの若い兵士が次々と結核などにかかり、40度前後の熱を出した。意識不明になり、返事もできないのに、最期はほとんどが「お母ちゃん、お母ちゃん」と言いながら死んでいった。

自決用に短刀と青酸カリ

8月17日、マランで終戦を知った。インドネシアの兵士や看護婦に「日本負けた」と言われた後、病院長が全員を集めて「終戦」を告げた。決して「負けた」とは言わなかった。

1944年7月1日、インドネシアに出発する直前の山田富久さん（本人提供）

みんなに短刀が配られ、「いつ敵が出てくるか分からない。やられるまでに割腹自殺しろ」と言われた。自殺の仕方も教えてもらい、服毒自殺用の青酸カリも配られた。

宿舎と病院から出なければならなくなったので、兵士らと一緒にトラックで各地を転々とした。11月にはバロンに入り、オランダ人が使っていた小屋を看護婦宿舎にして生活を始めた。患者の寝泊まりする小屋に出掛け、検温したり脈拍を測ったりしていた。

バロンにいた46年3月、アメーバ赤痢にかかった。伝染病棟にした部屋に出入りするときは全身を消毒していたが、患者の大便の世話をしていてうつったようだ。下痢になり熱が出て10日ほど寝込んだ。

バロンを5月に出たが、帰りの船では、多くの兵士が夜の海に飛び込んで死んだ。戦争に負け、帰りたくないと思ったのだろうか。6月に広島の大竹港に着き、（実家近くの）水口駅（現滋賀県甲賀市）には、父と母が迎えに来てくれた。父が「よかった」と言い、母は「よう帰れたなあ」と泣いていたので、自分も泣いて喜んだ。

NEWS WORD

従軍看護婦

日本軍の指揮に従い、戦争による傷病者を救護する看護婦。日本赤十字社が設置した養成所で教育を受け、卒業後には都道府県ごとに置かれた支部に召集された。各支部で救護班が編成され、内地の軍病院だけでなく、戦地となっていた満州や中国、東南アジアなど広範囲に派遣された。日赤によると、1937年の日中戦争から45年の第2次世界大戦終結までの間に、960救護班、医師や薬剤師らも含め延べ3万3156人（うち看護婦は3万1450人）が派遣され、1187人（同1120人）が殉職した。

魚雷攻撃かいくぐる

＝歩兵隊の元輸送船員＝――安田利夫さん・千葉県――

１９４３年12月に佐倉歩兵第57連隊に入隊した安田利夫《やすだとしお》さん（92）＝千葉県木更津市＝は輸送船員として中国山東省からニューギニアへ航海中、米軍潜水艦の魚雷攻撃をかいくぐり、インドネシアのハルマヘラ島にたどり着いた。空爆や食糧難に耐えながら終戦を迎え、一度も銃の引き金を引くことなく復員した。

味方船に魚雷

博多港から朝鮮半島を経由し、佐倉歩兵隊が警備に当たっていた山東省に向かった。現地には、本来は満期除隊しているはずの4年兵もとどまっていた。自分たちが到着したころには、既に南方への出撃命令が出ていた。3カ月間教育を受け、上海から輸送船に乗り込んでニューギニアへ向け出航した。

上海を出発して間もなく、明け方の台湾沖で味方の船が米軍に魚雷攻撃を受け沈められたことを、急きょ寄港したマニラで知った。輸送体制を整えるため、歩兵隊用に積んでいた馬を降ろし、水や物資を補充した。出港の際、上官から「潜水艦を監視しろ」と指示され、甲板で見張り役に

元歩兵隊として、輸送船でインドネシアへ向かった戦争体験を語る安田利夫さん＝千葉県木更津市

就いた。

フィリピン南方のセルベス海に差し掛かったころ、再び攻撃に遭った。「ドカンドカン」と爆発音が鳴り響き、数キロ先で米軍潜水艦が味方船を攻撃する様子が目に飛び込んできた。魚雷が船体を突き破り、師団長らの乗った連隊本部の主力船は瞬く間に沈没した。別の1隻も攻撃を受け転覆し、船員が海へ滑り落ちるのが見えた。標的になるのを避けるため、全速力で輸送基地のハルマヘラ島へ退避した。師団長ら海に投げ出された仲間の多くは味方の駆逐艦に助けられたと聞き、胸をなで下ろした。

マッカーサー軍が隣島に

ハルマヘラ島に上陸直後、デング熱を発症した。大隊本

徴兵検査に合格時の安田利夫さんら（中段左から２人目）元歩兵隊員＝1943年3月撮影（安田利夫さん提供）

部で1カ月療養し、東海岸の警備に就いた。B29の大編隊が上空を舞い、飛行場の滑走路めがけて連日爆撃を浴びせた。壕《ごう》に入ってしのいだが、他の地区では多くの犠牲が出た。

44年9月、マッカーサー将軍率いる連合軍がすぐ隣のモロタイ島に侵攻。同じ連隊の仲間が応援に入ったが、制圧された。いよいよ敵兵が上陸して陸上戦になると覚悟を決めたが、マッカーサー軍は人員配置の厚いハルマヘラ島を避け、フィリピン攻撃に転じた。「飛び石作戦」に、肩すかしを食らった気分だった。

連日の空爆で、運び込んだ物資は飛散し、残った食糧はうだるような暑さと湿気ですぐに傷んだ。わずかに採れた野草やパパイアも、数万人の兵員には行き渡らず、ヘビやトカゲなどを食べる者もいた。銃を農機具代わりに開墾し、

育てたサツマイモで飢えをしのぎ、命をつないだ。「ここで土になるんだろう」と仲間内で話していたので、復員は考えていなかった。しかし、ある時期を境に空襲がやみ、「米軍機が飛ばなくなった」とのうわさが広がった。上空からビラのようなものをまき始めたので不審がっていると、1カ月ほど遅れて、上官から終戦を知らされた。すぐには信じられなかった。

必要なくなった武器や弾薬は、海などに捨てた。終戦から10カ月後の46年6月11日、米国の船で日本に戻った。

安田利夫さんが入隊した中国・山東省に駐屯する佐倉歩兵第57連隊＝1943年12月撮影（安田利夫さん提供）

NEWS WORD

飛び石作戦

太平洋戦争で連合軍が展開した侵攻作戦。兵力の消耗を防ぐため、ラバウルやハルマヘラ島など要塞（ようさい）化された日本軍の拠点を避けながら、戦略的に重要で比較的戦力の薄い周辺の島に兵力を集中して陥落させ、島伝いに日本本土へと迫った。攻撃を免れた島も補給手段を絶たれて孤立し、多数の餓死者が出た。英語名は、旅行で複数の島をめぐったり、動植物の種が島伝いに広がったりすることを意味する「アイランドホッピング」。かえる跳び作戦と呼ばれることもある。

飢えとマラリアとの戦い
＝ラバウル駐屯の元歩兵＝―春名源次さん・岡山県―

陸軍歩兵第54連隊の歩兵として中国北部で教育を受けた春名源次《はるなげんじ》さん（92）＝岡山県美作市＝は１９４３年、南太平洋のニューブリテン島に渡った。制空海権が連合軍の手に落ちる中、地上戦を経験しないまま訓練と自給自足を続けた。

ラバウルへ

42年12月に入営し、翌月、月第７３８５部隊（第54連隊）として渡った中国北部で歩兵としての教育を受けた。大した戦闘もなく、戦えば日本軍が勝つという感じだった。

43年春ごろには「内地に引き揚げる」といううわさもあったが、夏服が支給され、どうやら南方に行くらしいと分かった。船団を組んで呉松港から出港し、トラック諸島を経由してラバウルへ向かった。食糧や衣服をたくさん積み込んだから、長い旅になるなと思った。

途中、空襲でものすごい数の飛行機がやって来るし、海上からも攻撃された。ラバウルの港に入ると、沈んだり大きな穴が開いたりしている船がたくさんあった。駆逐艦と上陸用舟艇を乗り継いで目的地のガスマタに行った。

南太平洋のニューブリテン島での戦闘の様子を語る春名源次さん＝岡山県美作市

戦闘ができない

上陸してから1カ月ぐらいはすさまじい空襲があった。特に飛行場が狙われた。敵の飛行機ははるか上空から雨あられのように弾を落としてくる。沖合からは艦砲射撃。こちらは高射砲で敵機を目指して撃つが届かない。

ある日、ジャングルの中にある畑でイモを取っていると、敵機が来た。森の中から「早くこっちに来い」と呼び掛けたが、１人が逃げ遅れ、機銃にやられた。その兵隊は飛び出した腸を抱えながら、「天皇陛下万歳」と言って死んだ。戦闘もできずに死ぬのはみじめなことだと思った。

44年になり、「島にいる陸海合わせて10万の兵で一大決戦をやるべし」という指示があり、春ごろラバウルに向かった。ナカナイ山脈を越えようとするが火山灰が雨でぬかるみ、足がふやけて皮がむけ真っ赤になった。痛くて仕方ないが、海に出れば艦砲射撃を受けるし、ジャングルから出たら空襲でやられるので、40日間かけて歩いた。

マラリア発症

終戦まで、補給らしい補給は来なかった。輸送しようにも、みな攻撃されて海の藻くずになる。兵の補充もほとんどなく、いつまでたっても下っ端だった。普段は稲を植えたり、ヤシの実や現地人のバナナを取ったりしてしのいだ。肥沃《ひよく》な土地だからよく作物ができた。

それでも食べ物が足りないから、栄養失調になる。体力がなくなれば、マラリアで発熱する。いい薬もない。熱が出たら1週間は40度から下がらない。そんなことで死んだ者は、弾に当たって死んだ数より多かった。

自分もマラリアにかかり、2週間以上寝込んだ。食事も喉を通らない。体力が落ち、兵舎の前にあるバナナの木の葉が垂れてるのが、奈良の若草山に見えた。その向こうから手招きしてくれる者がいた。みな死んだはずの兵隊。その前に川があって、「あれがさんずの川かなぁ」と思って渡りかけたが、どうしても川が渡れない。それで戻ってきた。

空襲はずっとあったが、敵は上陸して来なかった。それで終戦。すぐに武装解除となり、防空壕《ごう》にある兵器や弾薬を山の麓に並べて爆破した。すごい量があったから、辺りに生の木は一本もなくなった。終戦後はしばらく捕虜になって兵舎づくりなどに使われ、46年5月に日本に帰った。よく生きていられた。今でもそう思う。

NEWS WORD

ニューブリテン島の戦い

旧日本軍が太平洋戦争開戦直後から占領した南太平洋のニューブリテン島（現パプアニューギニア領）で繰り広げられた戦闘。日本軍は主要な前線基地として陸海軍合わせて約10万人の兵を投入した。1944年には部隊を東部ラバウルに集結させ決戦に備えたが、連合国軍は総攻撃を回避。海上の補給路を遮断された日本軍は終戦まで自給自足を強いられ、栄養失調やマラリアなどの風土病に苦しめられた。

ブーゲンビル島で激戦

＝前線立ち続けた元小隊長＝—遠藤毅さん・兵庫県—

1941年に徴兵検査に合格した遠藤毅さん（94）＝兵庫県西宮市＝は予備士官学校を卒業後、ブーゲンビル島に渡った。兵士が次々に死んでいく中で自身も被弾し、2度病院に運ばれたが、終戦まで前線で陸軍歩兵第81連隊の小隊を率い続けた。

待ち伏せの敵と遭遇

大阪で働いていたが、20歳で歩兵第54連隊に入った。満州の海洲付近で教育を受けた後、豊橋陸軍予備士官学校（愛知県）に入校。43年春、見習士官になった。

11月、ブーゲンビル島に上陸。小隊長として2個分隊を引き連れて海岸沿いを前進したが、敵がジャングルの中で待ち構えていて1個分隊の10人ぐらいがほとんど死んだ。生き残った分隊長と突撃した。地面に伏せた途端、背中に棒で殴られたような敵弾の衝撃を感じた。11日間さまよい、ようやく連隊と連絡がついて入院。他の病み上がりの兵隊を連れ、連隊の拠点に帰ったのは44年5月ごろだった。

一日70グラムの米の配給があったが、だんだんそれもなくなっていく。「同じ死ぬんだったら戦闘がしたい」と思っていたところ、第81連隊への転属命令が来たので喜んで受けた。しばらくして、敵陣地への攻撃命令があり、10人を率いて行った。攻撃開始間もなく鉄帽が吹き飛び、弾が顔の右側をかすめて血が派手に出た。その戦闘では5人ほどが死んだため後退した。

陣地は標高約1200メートルの高地に構築し、攻撃を受けるとまた新たな陣地をつくった。ある時、経験したことのないほどの迫撃砲による攻撃があり、撤退を決めた。しかし、医務室には4人ほどのけが人がいた。どうしたものかと案じていると、自ら「手りゅう弾を貸してください」と言ってきた。よく言ってくれたと思ったが、かわいそうだった。彼らは退却の合図と同時に自爆した。

命の危機越え

敵は早朝のまだ暗いうちから攻めてきて何人か負傷すると撤退するという繰り返しだった。ただ、真夜中に空砲の音が聞こえると、翌日に攻めて来ることが多いと気付いた。「向こうが5メートルまで近づいて来たら撃て」と言っていたが、食べ物がないからまともに銃を構えられる兵隊が少ない。食べ物が敵の3分の1、兵器が4分の1あったら負けないと思っていた。

将校の命の目安が2週間～20日と言われていた中で、5カ月間小隊長をやった。朝から晩まで戦闘のことだけを考

パプアニューギニアのブーゲンビル島での激戦を振り返る遠藤毅さん＝兵庫県西宮市

えていた。みんな、戦闘に慣れる前に死んで行った。12月末、偵察任務中に迫撃砲の破片や敵の弾が背中や右膝、右足の爪先に計3発当たった。それでも中隊長から玉砕するかどうかの確認のため後方に行くよう命じられ、竹を突いて15時間歩いた。もう1センチも動けないと思ったところで、友軍の兵隊に見つけてもらった。

病院に入ったが、マラリアにやられた。脳症になり、軍刀を抜いて大暴れしていたと後で聞いた。体重は30キロもなかった。そのとき、不思議な夢を見た。何とも言えない気持ちのいい状態で、「極楽はこういうところか」というくらい。でもどんどん苦しくなって、火花が散って目が覚めた。

7月上旬、何とか歩けるようになって、前線までみんなに引っ張られて戻った。それからは敵とあまり対峙《たいじ》しなかったが、すぐ近くまで来ていることは分かっていた。終戦になり、「これで助かった」と思った。家に帰ったら、マラリアにかかっていた時期に、自分が苦しんでる夢を見たと母親が言った。毎日近所の神社に参り、祝詞をあげてくれていたという。母親のおかげで生きていられたんじゃないだろうか。

NEWS WORD

ブーゲンビル島の戦い

1943年11月、旧日本軍が占領していたブーゲンビル島（現パプアニューギニア領）に、米軍が上陸して繰り広げられた戦闘。44年3月の第2次タロキナ作戦以降は小規模な戦闘が続いた。補給路が断たれたことから食糧不足に悩まされ、栄養失調やマラリアなどで日本軍側の死者が相次いだ。当時は「ボーゲンビル島」とも表記されたことから「墓島」と呼ばれた。

シベリア抑留、仮病で脱出

＝終戦間際に徴兵の元満鉄職員＝―小野寺哲さん・宮城県―

旧制中学を卒業後南満州鉄道（満鉄）に入社し、中国に渡った小野寺哲《おのでらてつ》さん（89）＝仙台市＝は旧満州の撫順で自動車整備に当たった。終戦間際の１９４５年7月に徴兵され、ソ連軍の侵攻を受けて敗走。捕虜となり、約2年をシベリアのコムソモリスクの収容所で過ごした。極寒の中、労働に従事し、仮病を使って送還者リストに入り、帰国を果たした。

徴兵嫌で満鉄に

41年に太平洋戦争が始まると、物資力で勝る米国と戦争して勝てるわけがないと考えた。「満州に行けば兵隊になって死ぬこともないのではないか」と思い、満鉄に就職した。

43年3月、17歳で奉天に渡り、1年間満鉄の研修所で自動車整備や運転を学んだ。44年から撫順の自動車営業所で勤務し、部品交換などをしていた。同じ仕事をしても日本人の自分は月給を１００円もらえたが、満州人は30円だった。自分の中に差別意識はなかったが、日本人が横柄な態度だったのは間違いない。

インタビューに答える小野寺哲さん＝宮城県仙台市

45年7月初旬、会社に召集令状が来て、東寧の第２０３８部隊に入った。後方支援のための車両部隊で、8月初旬に牡丹江近くの東京城に移った。8月9日ソ連侵攻が始まり、部隊の仲間とトラックを運転して逃げた。初めは日中も走れたが、爆撃が激しくなると夜間しか運転できなくなった。車のライトを黒い布で覆い、小さな穴を開けて、そこから漏れる光を頼りに走行した。

敗走のさなか、満蒙開拓団とみられる日本人の母子に出会った。女性が3歳ぐらいの女の子の手を引き、背中に1歳にも満たないような子どもをおぶって逃げ惑っていた。母親は「助けて」と口にせず、「兵隊さん、頑張って」と言った。自分たちはただ通り過ぎるしかなく、「少しだけでも生きながらえて」と願いつつ、トラックに積んでいた乾パンやようかんを落とした。軍紀に反してでも助ければよかった。見捨ててしまったという思いを引きずり、終戦後も60歳になるまで自動車のハンドルを握ることはなかった。

厳寒と空腹の中で労働

敗戦を迎え、牡丹江の辺りまでソ連兵の監視の下3日間歩いた。負けて悔しいという気持ちよりも、虚脱感の方が勝った。汽車に乗せられ、「日本に帰れる」と思ったが、シベリアのコムソモリスクの収容所に連行された。「どうにでもなれ」と投げやりな気持ちだった。2年ほど抑留生活を送った。

収容所は1部屋に20人ぐらいで生活した。ござのようなものを敷いて寝た。少しのパンとスープなど粗末な食事だけで畑仕事や労働に駆り出された。最初の冬を越したころ、栄養失調で仲間がばたばた死んだ。朝起きたら隣の人が冷たくなっていて、そのまま荷車に乗せて運び出し、川のほとりで雪を掛けて帰ってきた。かわいそうという気持ちも何も感じなかった。空腹でただ食べることだけを考えていた。

47年9月ごろ、仮病を使って病人になれば送還されると考えた。腹痛を起こして収容所内の病室で過ごすことになったとき、体温計を毛布でこすって暖め、熱があるように装った。発熱が続くということで送還リストに載せられ、ウラジオストク近くの港から引き揚げ船に乗り、同年11月初旬に帰国した。

60歳ごろから、語り部として活動している。戦争体験を語るのは生きている者の務めだ。体験を伝えることで、1人でもいいから戦争の愚かさ、怖さを知ってほしい。

NEWS WORD

シベリア抑留

1945年8月に日ソ中立条約を破棄し、旧満州などへ侵攻してきたソ連が日本兵らをシベリアなどに抑留した。日本政府によると、旧満州地域や樺太から軍人ら約57万5000人が連行され、鉄道敷設や道路工事をはじめとした労働に従事させられた。厳しい寒さと食糧不足の中、栄養失調などにより体調を崩す人も多く、約5万5000人が死亡した。

ノモンハン事件生き抜く
＝後方支援の元自動車連隊員＝—東義照さん・徳島県—

陸軍第23師団で後方支援を担う自動車第2連隊に所属していた住職の東《あずま》義《ぎ》照《しょう》さん（97）＝徳島県美波町＝はノモンハンの戦地に立ち、飛び交う砲弾や上空からの機銃掃射をかいくぐった。終戦間際は皇居の防空壕《ごう》補強工事の資材輸送隊長を務めた。

深刻な水不足、迫る敵機

1939年3月、トラックによる物資輸送を担う自動車隊として満州・牡丹江に配置された。初めて自動車を運転した。

5月にノモンハン事件が始まると、翌月に動員がかかった。主な任務は、前線本部から約25キロの前線基地「フイ高地」まで飲み水を運ぶこと。昼間の移動は砂煙が立ち、敵の砲撃対象になるため夜間行動が原則だった。緯度が高く、夏場は午前3時には日が照った。寝る間はほとんどなかった。

資源不足は深刻だった。最前線では水が足りなかった。危険を冒して敵陣内に入り、倒れたソ連兵の水冷式機関銃を奪う者もいた。残留するわずかな水でのどの渇きを癒やすためだ。

日中は穴に入って砲火をやりすごした。着弾すると、破片は地面と水平に飛ぶ。不用意に顔を出して、頭を貫かれる仲間もいた。離れた所から見ると、戦場一帯で砂柱が「パーッ、パーッ」と舞った。

ノモンハン事件などの体験について語る東義照さん＝徳島県美波町

手旗で砲撃対象を指示していた小隊長をめがけ、戦闘機が近づいて来るのが見えた。「あの角度はやられる」と直感し、小隊長に体当たりした。「バババババー」と機銃掃射が襲ったが、間一髪助かった。

敗戦が決定的になり、野戦病院のテントをソ連の戦車が踏みにじった。つぶされ負傷した兵隊6人を車に積み、ハイラルまで逃げ帰った。

皇居の馬場撤去

45年3月、内地に帰還した。天皇陛下が使われる防空壕の補強改修工事の資材輸送隊長に任命された。空襲で焦土と化した東京で、曳舟駅と飯田橋駅に運ばれる砂利などを皇居内の現場まで運ぶ任務だ。8月15日に東京が攻められるとの想定があり、2カ月間で完成させなければならなかった。

ところが、設計段階で資材の輸送経路は考えられていなかった。現場を仕切っていた近衛師団の連隊長に馬場の垣根を取り除いて道を通すよう提案した。なかなか取り合ってもらえず、「2カ月でできなかったら、あんた切腹するのか」と迫った。相手は大佐だったが、引かなかった。一方で、部下の小隊長には「自分が責任を取る」と言って垣根を取らせ、循環輸送路を確立した。とがめられれば切腹する覚悟だった。

輸送路の確保をめぐっては、東武鉄道とも意見が衝突した。当時は単線で、空になった貨車をどう返すか問題になった。東武鉄道の重役に対し、対応を駅長に一任するよう求めたが認めようとしなかった。「斬り殺される」と思わせるぐらいの気合で交渉した。

玉音放送で終戦を知ったときは、やれやれと思った。後に部下から「隊長が切腹するんじゃないかと心配した」と聞いた。27歳の夏だった。

NEWS WORD

ノモンハン事件

1939年5～9月、満州とモンゴルの国境付近ハルハ川一帯の領土をめぐって勃発した日本軍とソ連軍の大規模な武力衝突。空軍や戦車部隊など近代的な装備を持つソ連軍に対して、日本軍は劣勢を強いられた。停戦後の協議で、ソ連・モンゴル側の主張に沿った国境線が画定された。

手りゅう弾受け重体に
＝ノモンハン事件経験の元歩兵＝―柳楽林市さん・島根県―

20歳で陸軍に入隊した柳楽林市《なぎらりんいち》さん（98）＝島根県出雲市＝は、第23師団歩兵第71連隊に入り満州国のハイラルに送られ、ノモンハン事件を経験した。銃剣突撃の最中、敵の手りゅう弾で負傷、意識不明の重体になった。

満州へ

家業の農家を継いでいたが、徴兵検査に甲種合格。1938年1月、千人針を腹にまいて浜田（島根県）の歩兵第21連隊本部へ行った。

4月に歩兵第71連隊に転属となり、7月には広島の宇品港を出発。大連、ハルビン、ハイラルと移動した。冬のハイラルはマイナス45度まで気温が下がり、飯ごうのふたを開けた途端にご飯が凍ってしまったり、上下のまつげがくっついたりした。そんな中での演習は大変つらかった。

圧倒的な物量差

ノモンハン事件が起き、39年6月に応急派兵令が出て、ハイラルを出発した。7月2日から3日にかけ、鉄舟でハルハ川を渡り、左岸の白銀査干の陣地に到着した。敵陣には見たこともない数の戦車がいた。こちらはシャベルでようやく1人用のたこつぼを掘ったが、向こうは機械を使って横にも動ける塹壕《ざんごう》を作っていた。「日本はこんなに装備が悪いんか。こりゃここで戦死だな」と思った。

本物の戦車相手の訓練なんてしたことがない。戦車の狙撃を命じられたが、弾がはじかれると分かって撃つのをやめた。戦車の後ろにいる歩兵を狙うが、なかなか当たらない。あんぱん（九九式破甲爆雷）を持って敵の戦車に突撃して死ぬ兵隊もたくさんいた。

とにかく水が欲しかった。日差しが強く砂が焼けるから猛烈に暑い。ガソリンタンクに入れた水や汚いハンカチに集めた草の露を飲むような、非常に不潔な生活だった。下痢になる者が多かった。敵も味方もハルハ河で水をくんでいて、顔を合わせて互いに逃げ出したこともあった。

重傷を負ったノモンハン事件の経験を語る柳楽林市さん＝島根県出雲市

26日、敵の陣地へ総攻撃をかけた。当初168人いた中隊は、そのころまでにはおそらく半数になっていた。翌日には銃剣突撃をした。マキシム機関銃の音が絶えず聞こえ、目の前で戦友がどんどん倒れていった。投げ込まれた手りゅう弾の破片が右腕に当たった。敵が掘った壕に何とか入ったところで意識がなくなった。遺族に送ってやりたいと背のうに入れていた戦友の指も、そこでなくしてしまった。

帰還、続く慰霊

夜中、様子を見に来た兵の声で目が覚めた。何とか本部に戻り、重傷者と判断されたため、日本に帰れた。左右両肩や顎がやられていて、右手は今もうまく動かない。41年1月、けがのため兵役免除を言い渡された。

その当時はどれだけが死んだか、どっちが勝ったかも知らなかった。終戦後しばらくは、あの戦地を思い出すのも嫌だった。その後、戦友らと島根県で慰霊祭を始めた。ノモンハン事件経験者で今も参加するのは自分だけになってしまった。

当時、「国のためでなく、天皇陛下のために死ぬんだ」という意識だった。上官が言うことは天皇陛下の命令だと思って行動していた。しかし、平成になり、天皇陛下がノモンハン事件の最中、大本営参謀に「関東軍が越境して敵を攻めた。これは統帥権干犯である」と叱っておられたことを知ってびっくりした。戦友たちは犬死にしたんじゃないかと、怒りが収まらない。軍隊のやりたい放題にさせると、大変なことになると感じている。

ノモンハン事件に参加する陸軍歩兵第71連隊第8中隊の集合写真（柳楽林市さん提供、本人は上から5列目、左から4人目）

1919年、ノモンハンに向け行進する旧日本軍（柳楽林市さん提供）

NEWS WORD

ノモンハン事件

1939年5～9月、当時の満州国とモンゴル人民共和国との間のノモンハン地区で日本軍とソ連軍が激突した国境紛争。関東軍が陸軍大本営参謀本部の意向を無視する形で事件を拡大した。停戦後には、ソ連側の主張にほぼ沿った国境線が画定。日本側の大敗が長く伝えられていたが、ソ連崩壊後の資料でソ連側にも大量の死傷者がいることが判明した。双方の死傷者は約2万人に上る。

ゼロ戦、紫電改で空戦

=精鋭部隊の元パイロット=—笠井智一さん・兵庫県—

１９４２年に海軍飛行予科練習生に志願した笠井《かさい》智一《ともかず》さん（89）=兵庫県伊丹市=は、第２６３航空隊のゼロ戦乗りとして南方に渡った。熟練の戦闘機乗りが撃墜される中、特攻作戦への参加を申し出たが日本に帰還。第３４３航空隊に転属して紫電改に乗り、空中戦を繰り返した。

初めての空戦

中学のとき、海軍に行った先輩の講話を聞いて「これからの戦争は飛行機だ」と思った。甲種予科練を受け、42年4月に土浦（茨城県）に行った。教育は船のことばかり。入校２、３カ月目にようやく赤とんぼ（九三式中間練習水上機）に20分ぐらい乗せてくれた。

予科練修了後、実戦で使う機体で訓練する期間が少なくとも半年はあるはずなのに、たった20日間しかなかった。それでは離着陸がようやくできるぐらい。搭乗員が多数戦死して、短くなっていたのだろう。

43年11月に第２６３航空隊に配属となり、4月末ごろに、ゼロ戦で初めての空戦を経験した。遠くから撃ったら弾がかすりもしない。帰ったら「ぶつかるところまで行って撃

ゼロ戦と紫電改に乗り、空戦を繰り返した元パイロットの笠井智一さん＝兵庫県伊丹市

て」と怒られた。

古参の兵が次々に落とされた。自分も被弾して海に不時着したことがある。近くの島まで泳ぎ、現地の住民に助けられた。44年7月には第２０１航空隊に移ってまたゼロ戦で戦ったが、どれだけ落としても翌日にはまた同じ数の敵機が来る。こちらにはもう全然機体がない。米国はどうなっているんだと思った。

10月には、特攻隊の援護を命じられた。特攻ぐらいのことをしないともう勝てないのだろうなと思った。中には、「おう笠井よ、俺は敵と空中戦するために戦闘機に乗ったんや。それが爆弾積んで体当たりするなんて残念や」と言って出撃した者もいた。命令なら仕方ないが、どうせなら空中戦で死にたいと思っていた。

フィリピンのマバラカットにいるときに、特攻隊に志願した。しかし、同じく２６３空から移った副長に「お前たちは２６３空の生き残りや。墓参りを俺の代わりにしてこい」と言われた。それで内地に戻った。

1942年5月ごろに撮られた海軍飛行予科練習生時代の笠井智一さん（本人提供）

紫電改で戦闘

44年12月、紫電改を集めた第３４３航空隊に入った。紫電改はすべてにおいていい飛行機だった。もっと早く完成していたらと思う。

３４３空は精鋭部隊だった。ただそれは優秀な者を集めたからではなく、一生懸命訓練をやった結果。米軍内で「３４３空と空戦をすると落とされるから逃げろ」と言われているとのうわさを聞いていた。

こちらは直上方攻撃といって、敵機のはるか上空で背面になって真っすぐ降下、銃撃した後、敵機の脇をすり抜けるようにして離脱する。敵の乗員の姿も見えた。お互い必死だった。

終戦は、試験飛行から帰ってきて知った。部隊の司令から「搭乗員は若いんだからすぐに田舎に帰って、問題を起こさんようにしろ。再度のお召しが必ずあるから」と言われた。そのつもりでいた。

死んでお国のためになるというよりは、一度でも空中戦を多くやって、一機でも多く落とす。それが戦闘機乗りの責任だと思っていた。予科練の名簿を見ても、多くの戦友が死んだ。彼らに感謝し、遺訓を伝えることが使命だと思っている。

編成初期の海軍第343航空隊第301飛行隊＝1945年1月、松山基地（笠井智一さん提供、本人は最後列中央）

NEWS WORD

第343海軍航空隊

1度解隊した後、日本の本土周辺空域の制空権回復のために1944年12月に再び編成された部隊（通称剣部隊）。源田実司令の着想で、当時最新鋭の戦闘機「紫電改」が集中的に配備され、編隊空戦を重視し無線技術を飛躍的に向上させた。45年3月が初陣で、沖縄で繰り広げられた菊水作戦にも参加した。

軍旗守り抜き終戦

＝モロタイ島上陸の元大尉＝──後藤由郎さん・兵庫県──

１９４１年、陸軍士官学校を卒業した後藤由郎《ごとうよしろう》さん(93)＝兵庫県尼崎市＝は、現インドネシアのモロタイ島に進駐した連合国軍を攻撃する上陸作戦に参加。弾薬も食糧も少なくなる中、戦死した支隊長の「軍旗を守れ」の言葉を守り抜き、終戦を迎えた。

大船団で南方へ

陸軍士官学校を41年に卒業して少尉に任官。山東省に赴任し、第32師団歩兵２１１連隊の連隊旗手になった。太平洋戦争の開始は塹壕《ざんごう》の中で知った。

44年4月、上海を出発して2個師団の大船団で南方へ向かった。輸送船4隻が途中でやられた。5月、モロタイ島の守備を命じられ、海岸陣地などを一生懸命構築したが、隣にあるハルマヘラ島への配備変更命令が出た。7月に去るときには、現地の住民が別れを惜しみ、踊って送り出してくれた。

連合国軍は9月15日、モロタイ島に進駐した。3日ぐらいで滑走路を造り、すぐに地固めが終わった。10月下旬、連隊にモロタイ島上陸作戦の命令が来た。上陸用船艇が足りず、２０００人ほどいる連隊で参加したのは約５５０人。選抜されず、血書の嘆願書を出す者もいた。

11月16日、上陸に成功したが、約1カ月後、第一線を見て回っていた支隊長が敵弾に倒れた。大きな衝撃だった。死の間際、「軍旗を守れ」との言葉を残した。軍旗は連隊の象徴で、絶対的なもの。支隊長の遺骨を胸ポケットに入れ、「遺言」を守り抜くと誓った。

軍旗が危険にさらされる場面が何度かあった。埋めるなどして隠したほか、連隊本部を急襲されたときには、旗手が軍旗を身体に巻き付け、川に入って守った。

インドネシアのモロタイ島で終戦まで戦った後藤由郎さん＝兵庫県尼崎市

窮乏耐え終戦

年が明け45年になると、武器も弾薬もなくなり、逃げるか隠れるしかなくなった。幕舎の床の下に潜り込んで敵の攻撃をやり過ごしたこともあった。

ハルマヘラ島側からの補給はあったが、海岸に置かれたため、敵兵がいて取りに行けない。2月、衛生兵2人を連れて海岸に出掛けたところ、敵に囲まれた。すぐに「伏せろ」と言ったが、2人は撃たれて即死。銃声が少なくなったころ、草むらに駆け込んだ。

自分も撃たれ、右手と右大腿部《だいたい》は弾が貫通、左大腿部には弾が残った。止血だけしてじっとしていると、夜になって連隊本部の兵が来て助かった。左脚に残っていた弾は、切るものもないので自分で押し出した。

当時、一番苦しかったのは塩がないこと。同年5月、海水で塩分を補給しようと海岸に出たところ、機関銃の連射を浴びた。一緒にいた上等兵に狙撃を命じたら、間髪入れず一発撃ち返したため、相手は撤退した。これがなければ、連隊本部は全滅したかもしれない。戦闘の中で一番印象に残っている場面だ。

支隊の無線機が砲火で破壊されていたため、終戦の連絡は届かなかった。連合国軍が空からビラをまき、さかんに「戦争は終わったから出てきなさい」と言っていたが、「だまされたらいかん」と出て行かなかった。9月上旬になり、軍使が島根県の民謡「安来節」を歌いだした。同郷人だと思い、出て行ったところ、終戦を知らされた。大尉になっていた。その後、生き残った他の数少ない幹部で、軍旗を焼いた。心の中で支隊長に「遺命は果たしました」と報告した。

NEWS WORD

モロタイ島の戦い

1942年、旧日本軍はオランダ領のモロタイ島を占領。連合国軍は同島をフィリピン侵攻の足掛かりにしようと、44年9月に上陸し、飛行場などを建設した。日本軍もハルマヘラ島などから上陸して反撃を試みるが大きな成果は得られず、弾薬や食糧が少なくなる中で終戦を迎えた。

激戦くぐり抜け生還

＝駆逐艦「雪風」の元乗組員＝──水田政雄さん・神戸市──

20歳で入隊した水田政雄《みずたまさお》さん（93）＝神戸市＝は、駆逐艦「雪風」に乗り、南方などで繰り広げられた数々の激戦に参加、多くの味方艦が被弾する中、奇跡的な生還を果たした。終戦間際に艦上で爆撃を受け、負傷した。

南方での激戦

1942年4月14日、雪風に乗艦すると決まった。「駆逐艦は狭いが少人数で家族的だ」という話を聞き、希望していた。当初は艦の最前部で主砲員として勤務。6月のミッドウェー海戦が初戦だったが、護衛任務の途中で中止命令が出た。

駆逐艦「雪風」の乗組員だった水田政雄さん＝兵庫県神戸市

航空母艦の護衛をしながら1カ月ぐらい索敵を続け、10月26日にようやく米軍の機動部隊を見つけた。しかし戦闘機の波状攻撃を受けて空母「瑞鳳」、「翔鶴」の飛行甲板がやられた。無事戻って来た飛行機の着艦する場所がない。海面に降りて沈んでいく機体も多く、唇をかみしめた。

43年、ガダルカナル島の兵の救助には3回行った。兵隊は目がくぼみ頬はやせこけてふらふらの状態。船で亡くなった者も多い。1人、2人なら海軍式にきちんと弔うが、毎日なのでそれもできない。布の上へ遺体を乗せ、「1、2、3」で甲板の外へ放り投げて敬礼するだけだった。

3月のビスマルク海海戦は、夜間だから大丈夫だと思っていたが、相手は照明弾を落下傘に付けて幾つも落としてきた。昼間のように明るくなり、護衛していた輸送船団7

二等兵曹に任官した際の水田政雄さん＝1944年12月（本人提供）

隻が全滅してしまった。駆逐艦も半分になった。

44年10月のレイテ沖海戦では、米国の護衛空母部隊と真昼の砲撃戦となった。被弾した相手の駆逐艦ジョンストンを双眼鏡で見ると、脱出するためカッターを下ろしていた。命令を受けて撃ったが、艦橋から「撃ち方やめ。むごいことをするな」と伝令が来た。そのときは不服に思ったが、後から「沈没しかかっている船を撃っても何にもならない。あれは武士道だな」と思った。

大和沈没

45年4月、戦艦「大和」などと共に沖縄に向かった。特攻とは聞いていなかったが、交戦して最後は海上砲台になるというようなうわさはあった。豊後水道を出るときはいつも、「これでこの景色も見納めか」という気持ちだった。

戦闘が始まった。単装機銃員で上甲板にいたので、状況がよく見えた。大和は片方ばかり撃たれて傾き、そのうちに赤い腹が見えてきた。兵は必死で滑り降りて海へ入って行った。大爆発が起きて、高いきのこ雲と爆風が起きた。

7月30日、宮津湾（京都）に停泊していたところ、朝から爆撃を受けた。3連装機銃の機銃長として反撃したが、攻撃は激しかった。午後3時すぎ、機銃弾がかかとから入って甲を抜けた。戦闘が終わり、負傷者として大発動艇に乗せられた。上官や戦友の顔が見え、寝たまま敬礼した。

「やれやれ、治るまでは緊張せずにおれるわ」と思った。終戦の知らせを聞いたのは、鳥取の日赤病院。まだ熱があり、意識がないような状態だった。

今思い返しても、雪風は全体が一つの家のようだった。所属した第16、17駆逐隊いずれも、雪風だけが生き残った。飛行機や沈没した艦から、人もたくさん助けた。そのおかげで、こうして生き永らえたんだなと思うときもある。

海軍時代の集合写真（水田政雄さん提供。本人は前から3列目、左から2人目）

NEWS WORD

駆逐艦「雪風」

1940年に就役した陽炎（かげろう）型の8番艦。第16、17駆逐隊に所属し、ミッドウェー、南太平洋、第3次ソロモン、マリアナ、レイテ沖など数々の海戦に参加し、戦艦大和の沈没も見届けた。終戦後は復員輸送艦となった後、中国に戦時賠償艦として引き渡され、「丹陽」と改名。69年に台湾で座礁し、解体された。

南洋で撃沈、兵学校教員に

＝軽巡洋艦「鬼怒」の元操舵員＝―春名祐市さん・岡山県―

呉海兵団（広島）に入団した春《はる》名《な》祐市《すけいち》さん（92）＝岡山県美作市＝は、操舵《そうだ》員として軽巡洋艦「鬼怒《きぬ》」に乗り、輸送任務の帰り際に撃沈された。その後は海軍兵学校の教員となり、終戦を迎えた。

「鬼怒」沈没

呉海兵団にいた1940年、まだ戦争の気配はあまりなかった。重巡洋艦「三隈」に乗って1年ほど輸送船の護衛や哨戒勤務に就いた後、横須賀（神奈川）の航海学校で操舵員の勉強をした。

42年、鬼怒に乗った。古い船だった。翌年には南西方面艦隊に編入され、船の護衛や陸軍兵の輸送をした。シンガポール、フィリピン、ニューギニア島など、いろいろな所を回り、小さい港にも入った。陸軍を乗せると、召集兵が自分の子どもや妻の写真を見せてくれた。

船内では交代で操舵をしたり計器の番をしたりした。朝も夜もなかった。攻撃にも何度か遭い、そのたびに何十人か戦死した。彼らを浴槽に入れて、飛行機が来なくなったら水葬する。召集兵の中には僧侶もいて、厳かな式をやった。恐ろしいと思ったことはなかった。命を大事にするなどとは考えなかった。

44年10月、フィリピンのミンダナオ島からレイテ島へ陸軍の兵隊を輸送することになり、ブルネイを出港した。途中、被弾した重巡洋艦「青葉」をえい航したが、大きな船を引っ張るのは難しく、進路をしっかり保てと叱られた。米軍機の攻撃にも遭ったが、無事に任務を終えた。

その帰り、敵の航空機が50機ほど来た。真っ黒な雲に見えた。幾つかに別れて機銃を撃ち、爆弾を落としてきた。船がどんどん傾いていく。水が入ってくるのを防ぐためにいろいろやったが、駄目だった。爆撃で操舵室のハッチが曲がってしまい、扉が開かなくなったが、同じ分隊の兵隊が外から開けてくれた。総員退去の命令で、靴だけ脱いで海に飛び込んだ。

第２次世界大戦中、軽巡洋艦「鬼怒」に乗艦していた春名祐市さん＝岡山県美作市

沈没に巻き込まれるから、一心不乱に艦を離れた。泳げない者、弾に当たって手や足がない者はすぐに沈んだ。海上で撃たれてやられた人間もいた。3時間ぐらい漂ったところで、仲間の輸送艦に助けてもらった。

江田島の兵学校に

コレヒドール（フィリピン）の陸戦隊として残る者もいたが、日本に帰り、呉海兵団へ戻った。そこで江田島の兵学校に教員として行けと言われ、カッターのこぎ方などを教えた。訓練中に戦地の話をしたこともあった。

広島に落ちた原子爆弾も見た。リヤカーで本を運んでいたとき、目が覚めるような光が上がった。街を見に行くと、木が裂かれて何も残っていなかった。兵学校の生徒たちの衣服を集めて送った。終戦になって帰るときは、皆着替えも持たず、着の身着のままだった。

兵学校では厳しく指導したが、別れるときには生徒が大きな黒板いっぱいに「ありがとう」と書いてくれた。「再起を誓う」と書いた血書をくれた生徒もいた。みな、元の日本に戻そうという気力が充満してた。その精神が、今日の平和な日本をつくったのだと思っている。

NEWS WORD

軽巡洋艦「鬼怒」

1922年に就役した長良型の5番艦。開戦時には第四潜水戦隊に所属していたが、43年に南西方面艦隊に編入された。重巡洋艦「青葉」などと第16戦隊を組み、輸送や哨戒、警備任務などに従事。レイテ島オルモックに陸軍兵を輸送した帰りの44年10月26日午前10時すぎ、パナイ島付近で米艦載機約50機による攻撃を受け、同日午後5時半ごろ沈没した。

特攻拒否した「芙蓉部隊」

＝沖縄戦参加の元パイロット＝―坪井晴隆さん・福岡県―

坪井《つぼい》晴隆《はるたか》さん（89）＝福岡県小郡市＝は夜間攻撃を専門とする「芙蓉《ふよう》部隊」のパイロットとして、沖縄戦に参加した。太平洋戦争末期、海軍が推し進める無謀な体当たり攻撃（特攻）を拒み、通常戦法を貫いた航空部隊だ。

死の願書、涙の制止

父を早くに亡くし、母と2人で暮らしていたが、16歳で海軍航空兵に志願した。空への憧れもあった。予科練を経て、18歳になったばかりの1944年6月に厚木（神奈川県）の航空隊に配属。B29を迎撃する夜戦隊にいた。ここ

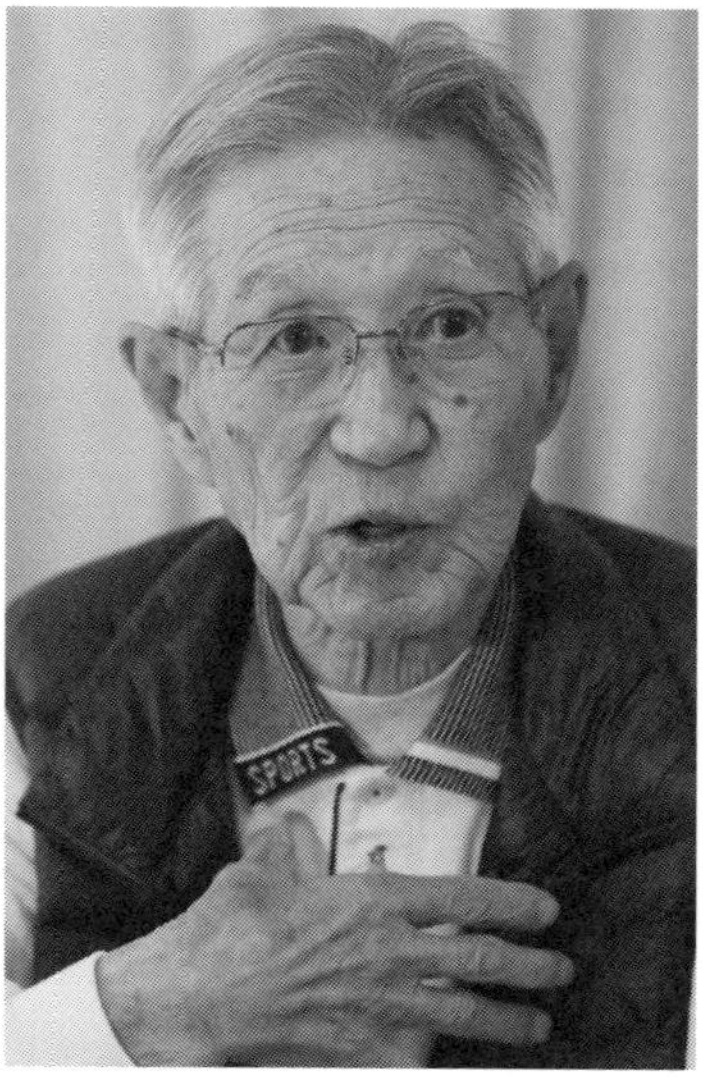

インタビューに答える元海軍芙蓉部隊パイロットの坪井晴隆さん＝福岡県小郡市

で出会った戦闘機が「彗星《すいせい》」だ。

戦況は押され気味だった。11月下旬、朝礼で基地の司令から「後顧の憂いがない者は特攻を志願してほしい。願書は今晩12時までに持参。誰にも相談せず、自分で考えよ」との話があった。

迷った末に深夜、上官の部屋を訪ねた。私たちを非常にかわいがってくれた学徒出身の荒木《あらき》孝《たかし》中尉だ。「何だ今頃」。「これ持ってきました」

いきなり怒鳴られた。「貴様、後顧の憂いのない人間じゃないだろ。お母さんはどうなる」。願書をポケットにねじ込んだ中尉の目から涙がこぼれたのを見て、私も泣きだしてしまった。

荒木中尉の特攻死を知ったのは、終戦から何年もたってからだ。中尉自身は志願していたのだと分かり、がく然とした。

搭乗していた艦上爆撃機「彗星（すいせい）」の絵を手にインタビューに答える元海軍芙蓉部隊パイロットの坪井晴隆さん＝福岡県小郡市

昼夜逆転の猛訓練

45年2月に藤枝（静岡県）に転勤した。彗星を主力機とする芙蓉部隊だ。指揮官の美濃部《みのべ》正《ただし》少佐は30歳前だったが、異彩を放っていた。「昼は損害の方が大きい。昼は寝て、夜間攻撃でいく」。特攻を「つまらん作戦」と言っていた。その代わり、昼夜逆転の生活で、訓練は厳しかった。

海軍の沖縄全機特攻方針にも美濃部隊長は強硬に反対し、芙蓉部隊だけは正攻法を続けることになった。「俺は貴様らを特攻では殺さん」という訓示に、すごいことを言う人だと思った。

3月末、部隊の主力は鹿屋（鹿児島県）への進出が決定。彗星を乗りこなせる者として最年少の私も選ばれた。飛び

海軍の航空隊で、B 29 邀撃戦参戦当時の坪井晴隆さん。高高度飛行のため保温用電熱服を着用＝1944 年 12 月撮影、302 空厚木基地（本人提供）

海軍の航空隊で、B 29 邀撃戦参戦当時の坪井晴隆さん。彗星夜間戦闘機と一緒に＝1944 年 12 月撮影、302 空厚木基地（本人提供）

上がるほどうれしかった。

攻撃目標は沖縄本島や伊江島の米軍飛行場。それと、周辺の米機動部隊の索敵だ。後席の偵察・通信役とペアを組んで飛ぶ。行きは気持ちが高ぶっているが、帰りは怖かった。敵の追撃を想像するし、夜だから不時着もできない。帰りに死にたくはない。毎回、何機かは帰って来なかった。未帰還の乗員の遺品が積み上がっていった。

秘密基地で終戦

4月5日、薄暮攻撃から戻った際、滑走路にいたゼロ戦に接触した翼が火を噴き、顔に大やけどを負った。藤枝で療養し、6月に復帰すると、部隊は都城（宮崎県）に近い岩川《いわがわ》の秘密基地に移っていた。鹿屋基地の存在が米軍に知られたためだ。

出撃は続いたが、隊長は「無理はするな」と言うようになった。本土決戦に備え、1機でも温存したかったのだと思う。

8月15日はシーンとしていた。玉音放送は聞いていない。18日の夜、隊長が兵舎に全員を集め、「戦争は終わった。負けた」と告げた。ショックだった。最後の訓示は翌日か翌々日。「あす、各自思い思いに好きなところへ飛んで行け」。芙蓉部隊の解散だった。寂しくてたまらず、泣きながら故郷へ飛んだ。

NEWS WORD

芙蓉（ふよう）部隊

1945 年1月、静岡県藤枝基地で3飛行隊により再編成された海軍夜間戦闘機部隊。「彗星（すいせい）」60 機、「ゼロ戦」25 機を保有。当時 29 歳だった指揮官の美濃部正少佐は2月末、連合艦隊の沖縄戦作戦会議で「全機特攻」方針が示された際、末席から異議を唱え、特攻編成からの除外を認めさせた。主力部隊はその後、鹿児島県の鹿屋基地、さらには岩川基地に移動。終戦まで正攻法の夜間出撃を繰り返し、米軍に打撃を与えた。未帰還機は 47 機、戦死搭乗員は 70 人を超えた。

巻末グラフ

写真で見る戦後

原爆投下と空襲で多くの都市部が焦土と化した70年前。あれから日本は目覚ましい復興を遂げ、今日に至った。政局、快挙、事故、災害……。１９４５年から10年刻みに、激動の歩みを写真で振り返る。（肩書は当時）

1945

広島の原爆ドーム

原爆投下翌月に撮影された原爆ドーム（旧広島県産業奨励館）=1945年9月（AFP=時事）

キャンディーを配る米兵

長野県軽井沢町で子供たちにキャンディーを配る米陸軍通信部隊の兵士=1945年9月（米国立公文書館提供）

日本初の
トランジスタラジオ

日本初のトランジスタラジオ「TR-55」。トランジスタの採用で小型・軽量化が実現、電子機器の個人向け製品の第1号機となった=1955年8月（ソニー提供）

自民党結党

自由民主党の結党について語る鳩山一郎氏（中央）と石橋湛山氏（左隣）ら=1955年11月（鳩山会館事務局提供）

1955

1965

佐藤首相、沖縄訪問

首相として戦後初めて沖縄を訪問し、那覇空港に着いた佐藤栄作首相（中央）。後ろは田中角栄自民党幹事長=1965年8月

朝永博士にノーベル賞

スウェーデン駐日大使（右）からノーベル物理学賞とメダルを受ける朝永振一郎博士。日本人として2人目の受賞者となった=1965年12月

女性初のエベレスト登頂

女性として初めてエベレスト（チョモランマ）を登頂したエベレスト日本女子登山隊の田部井淳子さん＝1975年5月（エベレスト日本女子登山隊提供）

三木首相、襲われる

日本武道館で行われた佐藤栄作元首相の国民葬会場入り口前で男（中央）に襲われ、転倒した三木武夫首相＝1975年6月

1975

昭和天皇訪米

初めての米国訪問でハワイ・ホノルル空港に到着した昭和天皇＝1975年10月

1985

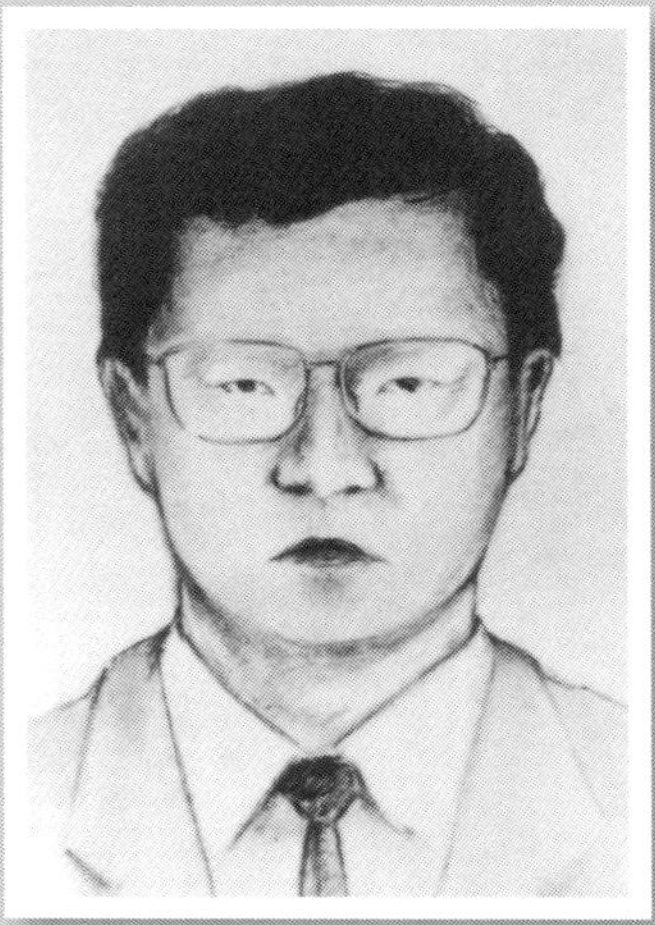

グリコ・森永事件

大阪府警が公開したグリコ・森永事件の犯人の1人とみられる男の似顔絵。「キツネ目の男」と呼ばれた=1985年1月

NTT発足

民営化に伴い発足した巨大企業「日本電信電話会社（NTT）」。新社章を除幕する真藤恒社長=1985年4月

日航機墜落現場

日航機墜落現場に散乱する機体胴体部分の残骸。520人が犠牲になった=1985年8月

阪神大震災

阪神大震災で黒煙を上げ、燃え続ける神戸の住宅街=1995年1月（時事通信社ヘリコプターより）

オウム真理教事件

山梨県上九一色村（当時）にあったオウム真理教の第6サティアンで逮捕され、警視庁に移送される松本智津夫（麻原彰晃）死刑囚（中央）=1995年5月

1995

戦後50年・村山首相談話

戦後50年に当たり首相談話を発表する村山富市首相。半世紀前のアジアの植民地支配と侵略について謝罪した=1995年8月

2005

福知山線事故

JR福知山線の列車脱線現場で行われる救出作業。乗客106人が死亡した=2005年4月（時事通信社ヘリコプターより）

自衛隊のイラク派遣延長

イラク・サマワに派遣された陸上自衛隊の車列の警戒に当たる軽装甲機動車と隊員=2005年6月

「郵政解散」

郵政民営化をめぐって衆院が解散され、険しい表情の小泉純一郎首相（右）=2005年8月

執筆者・デスク一覧

■編集局

〔政治部〕後藤正明、水島信、高橋浩之、宮澤薫、島矢貴典、松井邦衛、国木田龍也、市川謙吾、小松晋、松本賢志、大塚洋一、水谷洋介

〔経済部〕鹿森秀輝、松本亜夕美、戸田亜澄、新井拓真、川村豊、佐々木宏、遠藤達也、五十嵐誠

〔内政部〕又坂匡、丸山実子、相京真伍、増渕慶彦、今泉勝、新部たまみ、渡部裕子、真栄城徳泰

〔社会部〕岡部哲雄、松本信彦、不動尚史、桑原盛光、山中貴裕、渡辺恒平、佐藤広淳、小崎暁、鈴木隆智、関島薫、中上芳子

〔運動部〕鳥居浩三、園部和弘、佐々木和則、宮沢博史、和田隆文、鳥居雄一

〔外信部〕大熊良明

〔外経部〕加藤岳文、長澤大、本杉邦夫

〔文化特信部〕水口郁雄、寺田滋、角谷正樹、森映子、竹葉秀彦、上野舞

〔女性編集チーム〕三浦直美、菊地えり

〔写真部〕有島康、岩田有、桐明靖之、今泉茂聡、田口元也、安藤秀隆、鴻田寛之、竹井路子、須黒佑真、山本祐也、千葉原航平、堀池和朗、河野綾香

■支社・総支局

〔国内〕越智小牧、岩間康郎、武司智美、山本拓也、川村碧、及川彩、上原栄二、梅崎勇介、山口亮子、前田祐貴、濱田理央、森裕紀子、境克彦、吉永大地、大石剛、石塚マリコ、仲辻史泰、森下祐介

〔海外〕堀川諭、平岩貴比古、北井邦亮、大場尚文、吉田健一

※所属は執筆当時

写真＝写真部、時事通信フォト、ＡＦＰ、ＥＰＡ

図表＝グラフィック班：松平修司、相馬博、星有子、白土玲南、赤羽玲香

検証《けんしょう》　繁栄《はんえい》と混迷《こんめい》の戦後《せんご》70年
——日本《にほん》と国際社会《こくさいしゃかい》の歩《あゆ》み

2016年4月1日　初版発行

編著者：時事通信社
発行者：松永　努
発行所：株式会社時事通信出版局
発　売：株式会社時事通信社
〒104-8178　東京都中央区銀座5-15-8
電話03(5565)2155　http://book.jiji.com

印刷／製本　中央精版印刷株式会社

ISBN978-4-7887-1452-6　C0036　Printed in Japan